服务贸易评论

Review of Trade in Services

2023年第1辑（总第12辑）

黄建忠◎主　　编
蔡宏波◎执行主编

经济管理出版社
ECONOMY & MANAGEMENT PUBLISHING HOUSE

图书在版编目（CIP）数据

服务贸易评论.2023年.第1辑：总第12辑/黄建忠主编；蔡宏波执行主编.—北京：经济管理出版社，2023.11

ISBN 978-7-5096-9511-1

Ⅰ.①服… Ⅱ.①黄… ②蔡… Ⅲ.①服务贸易—对外贸易—丛刊 Ⅳ.①F740.4-55

中国国家版本馆 CIP 数据核字（2023）第 237184 号

责任编辑：胡　茜
助理编辑：杜羽茜　等
责任印制：黄章平
责任校对：蔡晓臻

出版发行：经济管理出版社
　　　　　（北京市海淀区北蜂窝 8 号中雅大厦 A 座 11 层　100038）
网　　址：www.E-mp.com.cn
电　　话：（010）51915602
印　　刷：唐山玺诚印务有限公司
经　　销：新华书店
开　　本：880mm×1230mm/16
印　　张：13.75
字　　数：388 千字
版　　次：2023 年 12 月第 1 版　　2023 年 12 月第 1 次印刷
书　　号：ISBN 978-7-5096-9511-1
定　　价：68.00 元

编委会

主　　编：黄建忠

执行主编：蔡宏波

本辑编委（按姓氏首字母排序）：

序　言

习近平主席在 2023 年中国国际服务贸易交易会全球服务贸易峰会发表致辞时强调，"当前百年变局加速演进，世界经济复苏动力不足。服务贸易是国际贸易的重要组成部分，服务业是国际经贸合作的重要领域。全球服务贸易和服务业合作深入发展，数字化、智能化、绿色化进程不断加快，新技术、新业态、新模式层出不穷，为推动经济全球化、恢复全球经济活力、增强世界经济发展韧性注入了强大动力"。

随着新的时代发展变化，以及近年来国际国内政治经济格局的剧烈变动，全球服务贸易发展呈现出一些新动态、新趋势和若干值得深入思考的新问题。

第一，全球新冠疫情暴发导致服务贸易部门间差异化发展，后疫情时代服务行业面临结构重整的巨大变化；第二，服务产品的无形性、不可储存性、异质性、生产消费时空一致性等基本特征虽略有变化，但并未根本改变，因而其供应链、价值链相对较短的性质仍然突出；第三，基于人工智能、大数据、云计算、区块链等的迅速发展，数字贸易规模显著上升，国际服务贸易领域的数字化比重不断提高，极大拓展了服务贸易的范畴和空间；第四，服务业部门及其之间可以实现短期内的自我累积循环，服务业产业链价值链呈现一定的"区块化"发展趋势；第五，制造业服务化在更大范围、更深层次上推动了服务贸易边界的持续延伸；第六，发展中国家和新兴市场经济体正在积极推动全球服务贸易秩序和规则重构；等等。毋庸讳言，如上这些复杂的理论与实践发展，都与服务经济有着千丝万缕的联系，也因此大大丰富了服务贸易的研究内容和对象。

本辑共刊发来自全国高校服务经济与贸易领域学者的 9 篇学术论文，他们有的量化评估中国数字服务行业制度型开放的贸易效应及福利，并比较数字服务贸易与传统贸易之间的差异；有的利用多国垄断竞争均衡模型探讨了服务贸易自由化的作用机制，实证检验在数字经济时代服务贸易自由化对服务业与制造业融合发展的影响；有的考察了区域贸易协定下全球服务贸易格局重塑和贸易利益的分配；有的深入分析了数字服务贸易发展格局、发展动力及制约因素；有的基于 Heckman 样本选择模型具体估计了中国海运服务贸易出口潜力并提出相关政策建议；等等。通过阅读这些论文，相信大家能够在面对新的形势思考国际服务贸易理论与实践问题，特别是我国服务贸易发展的新问题时，获得富有价值的参考和启发。

黄建忠　蔡宏波

2023 年 12 月 23 日

目 录

中国数字服务行业制度型开放的经济效应估计[*]

钱学锋　　常　娱^{**}

内容提要： 在世界各国进一步扩大对外开放的边际难度增大的背景下，中国提出的"制度型开放"发展路径有助于解决深化价值链分工的动力不足以及开放规则滞后等问题。本文构建微观理论模型，量化评估中国数字服务行业制度型开放的贸易效应及福利效应，并比较了该行业的制度型开放与传统贸易开放之间的差异。研究发现，中国数字服务行业的制度型开放会导致该行业名义工资及平均价格水平上涨，由于工资上涨超过了价格上涨幅度，因此消费者福利上升。制度型开放对该行业出口企业的集约边际及扩展边际均有积极影响。对于非出口企业，制度型开放促使该类企业的市场份额及利润上涨，单个企业价格降低，企业开始生产的生产率门槛降低。相较于传统贸易开放，制度型开放的资源再配置效应更显著，国内企业进入出口市场的概率以及在国内市场继续运营的概率均升高。因此，可以加速推进数字服务行业制度型开放的进程，扩大该领域制度型开放的范围。

关键词： 数字服务行业；制度型开放；异质性企业；贸易效应；福利效应

中图分类号： F117

一、引言

21世纪以来，全球普遍面临着继续深化对外开放的边际难度递增的挑战，中国的对外开放进程亦不例外。主要有两种原因导致了这一现象：一方面，全球价值链分工格局基本定型，进一步深化分工的边际收益降低，单靠深化价值链分工来扩大对外开放的难度增大。另一方面，现有的开放规则具有滞后性。对外开放已经从产品开放过渡到生产阶段的开放，从边境开放过渡到边境后的开放，从贸易开放过渡到结构性共存（常娱和钱学锋，2022）。然而，现有的国际贸易规则更侧重于促进商品流通而非生产合作。为了解决深化价值链分工动力不足的问题以及开放规则滞后的问题，需要发展出一种新的开放形态。

在此背景下，中国提出了"制度型开放"概念。制度型开放是指在国际间以及区域间，在贸易规则和规制、投资规则和规制、生产中的管理和标准等方面进行协调和融合。制度型开放是有别于传统贸易开放（商品和要素流动型开放）的新的开放形态。2021年发布的《中华人民共和国国民经济和社会发展第十四个五年规划和2035年远景目标纲要》指出："全面提高对外

＊ 基金项目：国家社科基金重大项目"全球价值链背景下国际贸易政策体系调整与中国应对策略研究"阶段性研究成果（21&ZD083）。

＊＊ 作者简介：钱学锋，男，安徽安庆人，中南财经政法大学工商管理学院教授、博士生导师。常娱（通讯作者），女，湖北武汉人，中南财经政法大学工商管理学院博士研究生；电子邮箱：1436534924@qq.com。

开放水平,推进贸易和投资自由化便利化,持续深化商品和要素流动型开放,稳步拓展规则、规制、管理、标准等制度型开放。"2022年党的二十大报告进一步强调:"稳步扩大规则、规制、管理、标准等制度型开放。"在此之前,"制度型开放"这一概念已经多次在中央会议中被讨论,如2018年12月中央经济工作会议提出要推动传统的商品和要素流动型开放向制度型开放转变,2019年第十三届全国人大二次会议提出要在继续拓展商品和要素流动型开放的同时,更加注重制度型开放。由此可见,制度型开放将是中国未来扩大对外开放的发展方向。目前通过深化价值链分工来扩大开放的边际难度增加,而制度型开放侧重于通过边境后的制度融合来扩大开放;当前对外开放领域存在规则滞后问题,而制度型开放则通过在贸易过程中侧重于规则的跨境协调和融合来解决规则滞后问题。

中国数字服务行业的制度型开放是一种更深入的开放模式,旨在推动规则、规制、管理以及标准的跨境协调和融合。通过引入高标准的国际通行制度,制度型开放为国内企业创造了更优质的营商环境。同时,通过改善国内的基础设施和连通性、改良电子交易系统及支付系统等,制度型开放有助于提高单个企业的生产效率。最后,制度型开放通过减少由于标准、规制不同导致的企业适应成本,由于监管不一致导致的制度摩擦成本等,降低了企业进入出口市场的隐性制度成本。

2012~2022年,全球数字服务行业的对外开放进程快速发展,出口额年均增速达到7%~8%[①]。2021年,全球数字服务行业跨境贸易额3.86万亿美元,在服务贸易中的占比达到63.3%[②]。中国的数字服务行业相较于中国的制造业和农业更需要制度型开放。主要原因有如下三点:第一,中国的数字服务行业规模庞大且发展迅速,对中国经济的当前影响及未来预期影响均较大。中国的电商交易额、移动支付交易规模均居全球首位。中国的个人、文娱、金融等服务贸易,过去十年的年均增速达到了15%~25%[③]。鉴于该行业对中国经济的重要性,需要通过制度型开放促进该行业的发展。第二,中国的数字服务行业国际化程度较低,出口能力不足,需要加速扩大对外开放。中国规模最大的数字服务供应商阿里巴巴及腾讯近三年的海外市场营收占总营收的比例皆在10%以下,而美国主要的数字服务供应商谷歌及苹果近三年的海外市场营收占比皆在50%以上[④]。制度型开放是继续扩大对外开放的路径之一。第三,中国的数字服务行业的行业规则、监管标准、服务标准等与发达国家存在较为明显的差异,导致中国在该行业的国际贸易秩序中处于被动不利地位。目前数字服务行业的国际通行规则分为注重数据自由流动的"美式模板"和注重隐私保护的"欧盟模板",全球已有超过100个国家和地区与美欧签订了涉及数据跨境流动规则的双多边贸易协议[⑤]。中国缺乏国际数字服务行业的规则制定权,又因数据本地化等政策导致游离于"美式模板"与"欧盟模板"之外。长此以往,不仅容易面对美欧的"规则围堵",而且会导致中国与主要贸易伙伴缺乏便捷的数据流动机制,中国企业进入海外市场的合规成本和运营风险升高。2020年8月,美国寻求将亚太经合组织(APEC)中的跨境隐私规则体系(CBPRs)独立出去,有意在排除中国的情况下推进国际规则制定。这一事例揭示了中国在国际数字服务规则秩序中处于被动地位会造成的负面影响,需要通过制度型开放融入国际通行规则体系,以避免被"规则排除"的不利局面。

中国数字服务行业在发展过程中已多次进行了跨境规则、规制方面的协调和融合,即已多

---

① 资料来源:联合国贸发会。
② 资料来源:中华人民共和国国家发展和改革委员会《畅通数据要素"双循环"完善全球数据"定价链"》。
③ 资料来源:中国服务贸易协会《2022中国服务贸易行业研究报告——数字贸易创新对服务贸易的影响》。
④ 资料来源:阿里巴巴2022财政年度报告、汇丰银行2022年腾讯研报。
⑤ 资料来源:《世界开放报告2022》。

次开展过制度型开放。在基础设施和连通性方面，中国加入《区域全面经济伙伴关系协定》（RCEP）后对电信网络的接入及企业的访问权限进行了规范，给企业的跨境信息传输提供了电信网络及服务方面的保障。在电子交易方面，中国加入中韩、中澳自由贸易协定（FTA）时就电子商务跨境物流、电子商务个人隐私保护签订了相关协约。中国《自由贸易试验区外商投资准入特别管理措施（负面清单）（2021 年版）》中对增值电信业务的外资持股比例的限制也规定了电子商务除外。在支付系统方面，中国加入 RCEP 后采用国际公认的金融服务标准，促进了支付体系的进一步国际化。在知识产权保护方面，2016 年《中华人民共和国网络安全法》延续了《服务贸易总协定》（GATS）法律框架下的"技术中立"原则。在网络服务提供者对平台上的侵权内容的赔偿责任豁免方面，中国《信息网络传播权保护条例》第二十条参照《美墨加三国协议》（USMCA）框架下美国的数字贸易规则，制定了相同的侵权责任豁免条款。在其他影响数字化服务贸易的壁垒方面，《中华人民共和国个人信息保护法》规定了个人信息的境外提供安全评估可依据 GATS 的安全例外条款进行豁免。《中华人民共和国网络安全法》对不同性质的运营者分别设置了不同的数据保护标准，这一管理方式与 GATS 以及《全面与进步跨太平洋伙伴关系协定》（CPTPP）框架下的"原则+例外"管理模式相兼容。中国数字服务行业制度型开放现状如表 1 所示。

表 1 中国数字服务行业制度型开放现状

开放方面	主要内容	相关规则
基础设施和连通性	光纤、卫星、无线网	《技术性贸易壁垒协议》（TBT）、《关税及贸易总协定》（GATT）、《信息技术协议》（ITA）、GATS 电信附件和基础电信协议
	电信服务（互联网接入、邮件等）	GATS、GATS 电信附件和基础电信协议
	终端设备（计算机、智能手机等）	TBT、《与贸易有关的知识产权协定》（TRIPS）、GATT、《贸易便利化协定》（TFA）、ITA
	域名、IP 地址、软件、互联网协议	TRIPS、TBT
	互联网交换点	TBT
	企业访问权限	《中华人民共和国电信法》
电子交易	电子商务跨境物流	中韩 FTA、中澳 FTA
	电子商务个人隐私保护	中韩 FTA、中澳 FTA
	外资股权限制	《外商投资准入特别管理措施（负面清单）（2018 年版）》
	"冻结条款""棘轮条款"	中澳 FTA、中新 FTA
支付系统	金融与支付服务	GATS、GATS 金融附件
	电子商务金融支付	中韩 FTA、中澳 FTA
	金融服务标准	RCEP
知识产权	技术中立	《中华人民共和国网络安全法》
	数字娱乐（电影、音乐、电子书等）	GATS、TRIPS
	第三方侵权责任豁免	《信息网络传播权保护条例》
其他影响数字服务贸易的壁垒	社交媒体、数据存储和处理、云计算等	GATS、TRIPS、GATT、TFA、ITA
	网络运行安全和网络信息安全"原则+例外"	《中华人民共和国网络安全法》
	境内存储可依据 GATS 的安全例外条款得到豁免	《中华人民共和国网络安全法》
	金融及电信领域国民待遇、最惠国待遇、市场准入等	RCEP

资料来源：作者整理。

数字服务行业的制度型开放与传统贸易开放存在明显不同。中国数字服务行业的制度型开放以促进规则、规制、管理、标准的跨境协调及融合为目的，传统的贸易开放则以促进数字服务的跨境流通为目的。首先，数字服务行业的制度型开放可以改善国内企业的营商环境，而传统的贸易开放侧重于减少边境壁垒，较少涉及国内企业的营商环境。通过制度型开放引入高标准的国际通行制度，可为国内企业提供更优的政务环境、市场环境、法治环境。例如，关于数字服务企业的投资限制，侧重于传统贸易开放的 GATS 采用正面清单模式，经过制度型开放谈判，《国际服务贸易协定》（TISA）改为采用混合模式。最终 CPTPP、USMCA、《欧盟日本经济伙伴关系协定》（EPA）均采用负面清单模式，且 CPTPP、USMCA、EPA 均设立了数字服务行业的国民待遇、最惠国待遇、市场准入等条款，为该行业的企业提供了更自由且公平的投资环境。其次，数字服务行业的制度型开放可提升国内单个企业的生产效率，而传统的贸易开放通过竞争效应筛选出生产率更高的企业，通过筛选提升行业内企业的整体生产效率，对于单个企业的生产效率并无提升作用。制度型开放可通过完善国内的基础设施及连通性、改良国内的电子交易系统及支付系统，进而提升国内单个企业的生产效率。例如，CPTPP、USMCA 放宽了企业的电信网络访问权限，提升了企业利用网络服务的效率。CPTPP 规定了金融服务的规制一致性，为企业的跨境融资提供了便利。根据美国国际贸易委员会（USITC）发布的《美国和全球经济中的数字贸易》，22% 的内容企业及 24% 的社交企业认为消除跨境数字服务流通壁垒可使企业生产率增长 15% 以上。制度型开放可通过规则、管理的跨境协调消除数字流通壁垒进而提升企业生产率。最后，数字服务行业的制度型开放可降低国内相关企业进入出口市场的隐性制度成本，而传统的贸易开放可以降低关税等显性成本，并不能降低由于标准、规制不同导致的企业适应成本，以及由于监管不一致导致的制度摩擦成本等隐性制度成本。例如，中国由于重视网络安全问题，在"跨境数据流动"和"数据存储本地化"方面与国际通行规则差异较大。通过谈判及沟通，基础设施的数据存储可依据 GATS 的安全例外条款得到豁免。《中华人民共和国网络安全法》对于跨境数字服务也并未施加强制性的数据本地化要求。这些相关规则可减少跨国企业进入中国市场的适应成本，也可减少数据流动及存储方面存在的国内外监管异质性造成的制度摩擦。

中国数字服务行业已积累了一定的制度型开放经验。但是，中国在"跨境数据自由流动"和"数据存储非强制本地化"等方面的规则与 USMCA、CPTPP 等规则体系依然存在较大差异。换言之，中国数字服务行业存在较大的进一步推进制度型开放的空间。另外，制度型开放作为新的开放形态以及中国未来对外开放的发展方向，在实践中以及学术研究中都具有重要的意义与价值。在此背景下，本文研究中国数字服务行业制度型开放的贸易效应以及福利效应，并分析比较了该行业制度型开放与传统贸易开放的区别。这一研究既可以为数字服务行业进一步推进制度型开放提供理论支撑，又可以定量分析在推进制度型开放过程中，该行业的各贸易指标和福利指标的变化情况及其与传统贸易开放的区别。

目前，制度型开放的相关研究以文字分析、定性分析为主。制度型开放对经济的影响仍然缺乏坚实的微观理论基础和严谨的量化评估。本文以 Melitz（2003）行业内异质性企业模型为基础对制度型开放的过程进行了理论建模，构建了包含产品市场均衡、劳动力市场均衡、自由进入达到均衡以及贸易平衡的四市场微观模型，并利用现实数据展开了量化分析。本文有可能从以下几个方面对已有研究做出边际贡献：

第一，本文构建了制度型开放的微观理论模型。目前，制度型开放的相关研究主要以文本分析为主，这些文本分析补充了国内对于制度型开放的研究空白，具有理论意义和实践意义，但是缺乏坚实的微观理论支撑。本文以 Melitz（2003）行业内异质性企业模型为基准，构建了存在初始制度差异的两国贸易模型，分析了制度型开放对名义工资、行业平均价格水平、人均福利、出口企业的二元边际、资源再配置效应的影响，填补了国内制度型开放研究缺乏微观理论模型的空白。

第二，本文进行了制度型开放的定量分析。目前，制度型开放的相关研究以定性研究为主，缺乏定量研究。潘安和魏龙（2013）、刘德学和孙博文（2019）、裴长洪和刘斌（2019）等分别定量研究了单一制度对行业比较优势、贸易量、区域贸易状况等的影响，但这些是单一制度的变化造成的影响而不是制度型开放的影响，制度型开放是在贸易过程中的制度体系的融合和协调而非单一制度的变化。目前国内对制度型开放的研究尚缺乏充分的量化分析。本文以OECD数据库数字服务贸易限制性指数中的电子交易限制性指数、支付系统限制性指数、知识产权限制性指数衡量中国数字服务行业制度型开放过程中营商环境、企业生产效率及制度摩擦成本等因素，构建结构模型，对中国数字服务行业制度型开放的贸易效应及福利效应进行量化分析。

第三，本文将制度型开放的研究视角从宏观层面深入微观层面。目前，国内对制度型开放的研究视角以宏观层面为主。戴翔和张二震（2019）分析了制度型开放对微观企业的要素凝聚力的影响以及对微观企业竞争力的影响，但是停留在理论假说的层面，并没有对该理论假说加以证实。本文以Melitz（2003）为基准模型，将研究视角从宏观层面延伸到了微观企业层面，分析了制度型开放中消费者人均福利的变化，以及生产者单个企业价格的变化；此外，还分析比较了出口企业与非出口企业的各类经济指标在制度型开放过程中的变化。

本文的结构安排如下：第一部分为引言，交代了制度型开放的国内外背景、中国数字服务行业的制度型开放现状及本文可能的边际贡献。第二部分为文献综述。第三部分为理论模型，探索性地刻画了制度型开放，并以Melitz（2003）为基准构建了产品市场、劳动力市场、企业的自由进入及双边贸易达到平衡的微观理论模型。第四部分对各指标体系变量进行了介绍，对数据来源进行了说明，并简述了结构模型的构建。第五部分在前述基础上对中国数字服务行业制度型开放的贸易效应及福利效应进行了量化估计，包括制度型开放对中国数字服务行业名义工资、行业平均价格水平、人均福利、企业出口的二元边际、企业开始生产的门槛生产率、单个企业价格、非出口企业的销量及利润以及资源再配置效应的影响。第六部分为中国数字服务行业制度型开放与传统贸易开放的比较，将制度型开放的各项指标与传统的贸易开放的各项对应指标进行了比较，重点列举了中国与部分国家之间数字服务行业制度型开放与传统贸易开放下名义工资、人均福利、非出口企业销量及利润之间的倍数关系。第七部分为结论性评述以及针对性的政策建议。

二、文献综述

与本文研究相关的第一类文献是围绕制度型开放的内涵及外延进行的分析探讨。在制度型开放的目的方面，现有文献通常认为有三种主要的目的：一是制度创新。林圻（2019）指出制度型开放可以促进政策变化，激发制度创新。张丹（2020）指出制度型开放的重点是制度创新。史彦泽（2019）认为对原有制度造成冲击和革新是制度引进的目的。尹晨等（2019）认为制度型开放可以通过对国内外优势制度进行选择性吸纳从而增加制度性公共产品的供给。二是降低交易成本。东艳（2019）认为国际分工的深化会使由国家之间的制度差异所造成的摩擦增加，而制度型开放可以缓解制度摩擦加深的这一趋势。吴大华（2019）、张茉楠（2019）认为制度型开放侧重于在贸易规则上接轨国际，通过打造国际化的高质量的经贸规则体系来降低商品及服务的跨境流通成本。盛斌和高疆（2018）指出，规制的碎片化、差异性使企业难以同时满足不同国家、不同行业的要求，增加了贸易成本。三是打造新的比较优势。裴长洪和刘斌（2019）提出了复合比较优势的概念，广义的制度优势即为复合比较优势的一种。戴翔和张二震（2019）指出，制度型开放可以通过打造更优的制度环境助力中国的产业提升在全球价值链上的位置。安礼伟和张二震（2020）认为，在要素分工阶段，一国的贸易竞争力来源于其聚合其他国家优势要素的能力。在制度型开放的侧重点方面，相关文献围绕贸易规则、生产及投资规则、经济体系改革等展开了讨论。何立胜（2019）、许德友和王梦菲（2019）认为"制度型开放"指的是规则和标准的跨境融合。陈福利（2019）、周学智（2019）认为制度型开放是通过与国际投资规则的接轨来促进外商投资。还有部分学者认为制度型开放应该深化到基本经济体系的范畴。戴翔和张雨（2019）、黄新华和赵荷花（2022）认为政府规制变革是引领制度型开放的关键。赵龙跃（2022）认为产品在全球价值链不同阶段的质量、安全和环境规则标准是制度型开放的改革重点。在制度型开放的改革方向上，现有文献从境内改革和境外共建两个方面进行了拓展。在境内改革方面，杨剑等（2021）对政府决策性文件进行词频分析，得出制度型开放更加侧重于国内改革和国内制度建设的观点。迟福林（2020）按照"开放倒逼改革"的思路，认为制度型开放的目的是促使国内的市场化改革继续深化。郭贝贝和董小君（2022）认为从深度来看，制度型开放就是更深层次的"境内开放"。所对接的规则等制度已从"边境"措施延伸至"境内"措施，如标准一致化（知识产权、环境、劳工等）、竞争一致化（竞争政策、投资、国有企业、政府采购等）、监管一致化（法治、反腐败、监管协同等）等。在境外共建方面，裴长洪和彭磊（2021）认为制度型开放的内涵包括参与全球经济治理、积极为全球提供公共产品等。赵蓓文（2021）认为，对于全球通行贸易规则不仅需要去主动对接，还需要积极地去引领、共建、扩展。赵伟洪和张旭（2022）认为应促进以发展中国家为主体的投资贸易规则纳入经济全球化多边主义制度体系。整体而言，当前关注制度型开放的文献都是以定性分析、文字分析为主，缺乏建模分析以及量化分析。

与本文研究相关的第二类文献是讨论制度对贸易的影响。研究制度对贸易的影响的文献主要可以分为三类。第一类是探讨两国之间的制度差异对两国之间贸易的影响。其一是经济制度的差异，如许家云等（2017）、刘德学和孙博文（2019）。其二是政治、历史文化造成的制度差异，如 Drysdale 等（2009）、Becker 等（2013）、Jun 等（2017）。其三是法律、规范方面的制度差异，如研究契约差距的 Ji 等（2014）、Levchenko（2007），研究诉讼差距的 Feinberg 和 Meurs（2005）、Aggarwal 和 Fogarty（2004），研究管制差距的余壮雄和付利（2017）。第二类是探讨国内制度质量对本国贸易与投资状况的影响。其一是研究制度对本国的贸易比较优势的影响。比如，邱斌等（2014）、魏浩和程玮（2010）、Acemoglu 和 Robinson（2000）、潘安和魏龙（2013）研究制度因素与行业特征的协同效应对比较优势的影响；Nunn 和 Trefler（2013）、Acemoglu 和 Robinson（2022）、Antràs 和 Helpman（2006）、戴翔和金碚（2014）研究制度通过影响要素积累和技术创新进而影响比较优势；Nunn（2007）、Roelfsema 和 Zhang（2012）、Anderson 和 Marcouiller（2002）研究制度通过影响合约执行能力进而影响比较优势。其二是研究制度变迁对本国贸易增长的影响，如李富强等（2008）、郭苏文和黄汉民（2010）、杨友才（2010）、李强和魏巍（2013）。其三是研究制度因素对本国跨境投资的影响，如邓明（2012）、周经和张利敏（2014）研究贸易措施、商业管理、法律法规等对跨境投资的影响。郭苏文和赵政安（2010）研究财政自由以及贸易自由度对跨境投资的影响。蒋冠宏和蒋殿春（2012）、Blonigen 等（2007）研究法治程度、政府效能对跨境投资的影响。第三类是探讨 FTA 等区域贸易协定的制度环境对该区域贸易状况的影响。其一是研究法律规则规范对 FTA 内贸易状况的影响，如毛其淋和许家云（2018）、龚新蜀和刘庆延（2010）、张奕芳和刘富华（2018）、裴长洪和刘斌（2019）。其二是研究制度环境通过影响交易成本进而影响 FTA 内贸易状况，如陈昊和陈小明（2011）、周俊（2017）。其三是研究区域贸易协定内的贸易限制对 FTA 内贸易状况的影响，如 Duggan 等（2013）、Rodriguez 和 Rodrik（2000）研究贸易限制对制造业的影响，Grosso 等（2015）研究贸易易限制对进出口的影响，Beverelli 等（2017）研究贸易限制对经济持续发展的影响。

与本文研究相关的第三类文献是数字服务行业的制度壁垒消除方面的文献。数字服务行业的制度型开放过程也是制度壁垒消除的过程。关于数字服务行业制度壁垒的来源，Ferencz（2019）使用 DSTRI 数据库中各国数字服务行业的贸易限制水平分析了各国对该行业贸易规则方面的诉求，认为各国对数字服务行业核心诉求的差异导致了该行业的跨境制度壁垒。王拓（2019）持有相似看法。关于数字服务行业制度壁垒的主要表现形式，Ferencz 和 Frederic（2019）认为是各国在基础设施连通性、电子交易及支付系统方面的差异，刘洪愧（2020）则认为是各国监管规则不同造成的企业的适应性成本。关于数字服务行业制度壁垒的影响，Meltzer和 Joshua（2014）认为会阻碍数据的跨境自由流动从而减少数据流的经济价值；OECD（2013）认为各国在该行业的立法差异会造成监管碎片化进而增加贸易成本，阻碍贸易流通；Ferracane 和 Marel（2019）利用引力模型的量化分析证实了跨境制度壁垒会阻碍数字服务行业的贸易互动；Spiezia 和 Tscheke（2020）对各国数字服务行业的管制措施进行了量化，得出了管制措施差异化会阻碍双边贸易互动的结论。

三、理论模型

1. 制度型开放的刻画

在本文的模型中，制度型开放会影响营商环境、生产效率以及制度摩擦成本，进而分别影响企业的分布、边际生产成本以及出口固定成本。制度型开放影响 Z 变量的机制如图 1 所示。

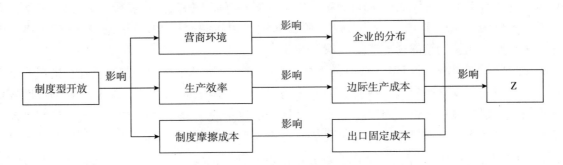

图 1　制度型开放影响 Z 变量的机制

据前文分析，制度型开放可改善国内企业的营商环境，可提升国内单个企业的生产效率，可降低国内相关企业进入出口市场的制度成本。现有文献支持了制度型开放有优化营商环境、提升企业生产效率以及降低出口企业制度摩擦成本作用的观点。在营商环境方面，袁小慧（2019）提出推动营商环境国际化是推动制度型开放的目的之一。焦方义和姜帅（2019）指出制度型开放是东北地区营商环境的优化路径之一。迟福林（2020）认为制度型开放将通过开放倒逼改革的路径优化营商环境。在企业生产效率方面，安礼伟和张二震（2020）认为制度型开放可以通过提升企业利用要素的能力从而提升企业生产效率。米红和刘悦（2018）提出制度型开放会提升企业的生产率。刘军和王恕立（2015）指出制度型开放可以通过降低企业的沟通成本提升出口企业的生产效率。在降低出口企业的制度摩擦方面，东艳（2019）认为制度型开放可以缓解因国际分工深化造成的制度摩擦加深的趋势。吴大华（2019）、许英明（2019）认为制度型开放通过打造国际化的经贸规则体系来降低跨境流通成本。盛斌和高疆（2018）认为，规制的碎片化、差异性使企业难以同时满足不同国家、不同行业的要求，而制度型开放可以降低由此导致的贸易成本。

制度型开放的过程是国内制度体系的整体变化过程，因此刻画制度型开放不同于刻画单一制度，需要刻画整体的制度体系。设 A 国制度体系指数为 A，B 国制度体系指数为 B。B 国制度比 A 国更优，则 $A<B$。设 A 国企业生产率的分布为 $u_A(\varphi)$，B 国企业生产率的分布为 $u_B(\varphi)$。根据 Gogokhia 和 Berulava（2021）、Soppelsa 等（2021），制度质量更优的国家企业生产率的平均水平更高。由于 B 国制度比 A 国更优，则 B 国企业生产率的平均水平比 A 国企业生产率的平均水平更高，也就是 $u_B(\varphi)$ 的期望大于 $u_A(\varphi)$ 的期望。造成这一现象的原因在于制度质量更优的国家具有更优的营商环境，根据申烁等（2021）的研究，营商环境又会影响该国企业生产率的分布。根据现有文献，优化营商环境是制度型开放的目的之一，故可以假设制度型开放通过影响营商环境进而影响了国内企业生产率的分布。设 A 国生产率分布的累积分布函数为 $G_A(\varphi)=1-\left(\dfrac{A}{\varphi}\right)^k$，$B$ 国生产率分布的累积分布函数为 $G_B(\varphi)=1-\left(\dfrac{B}{\varphi}\right)^k$，则 $u_A(\varphi)$ 的期望是 $\dfrac{AK}{K-1}$，$u_B(\varphi)$ 的期望是 $\dfrac{BK}{K-1}$。如此假设即可保证 $u_B(\varphi)$ 的期望大于 $u_A(\varphi)$ 的期望。由于 B 国的制度体系已是国际通行制度，故 B 保持不变。设 $Z=A/B$，因为 $A<B$，所以 $0<Z\leq 1$。

根据 Bosch 等（2019），制度质量更优的国家企业生产效率更高。在本文中，劳动是唯一的生产要素，生产效率更高等同于边际劳动投入更低。根据现有文献，制度型开放可以提升企业的生产效率，故可以假设制度型开放影响企业的边际劳动投入。设 A 国生产单位产品的成本为 $l=f_1'+f_2'+q/A\varphi$，B 国生产单位产品的成本为 $l=f_1'+f_2'+q/B\varphi$（相关符号解释见下文）。两国边际劳动投入分别为 $1/A\varphi$、$1/B\varphi$。因为 $A<B$，所以 B 国的边际劳动投入更低。设 $Z=A/B$，将 B 单位化为 1，两国边际生产成本分别为 $w/Z\varphi$、$1/\varphi$。

根据余壮雄和付利（2017）、Stevens 和 Shenkar（2012），两国之间的制度差异会造成企业进入出口市场时的制度摩擦成本。在制度型开放的过程中，两国间制度差异缩小，则制度摩擦成本相应缩小。根据现有文献，制度型开放可以降低出口企业的制度摩擦成本，本文将制度摩擦成本包含在出口固定成本里，故可以假设制度型开放影响企业的出口固定成本。设 A 国与 B 国进行贸易时制度摩擦成本为 $\sqrt[2]{(A-B)^2}$。将 B 单位化为 1，则 $A=Z$ 且 $0<Z\leq 1$。每期出口固定成本为 $\delta\left(f_{ex}+\sqrt[2]{(A-B)^2}\right)=\delta f_{ex}+\delta\sqrt[2]{(Z-1)^2}=\delta f_{ex}+\delta(1-Z)=f_{x1}'+f_{x2}'+\delta-\delta Z$（相关符号解释见下文）。

综上所述，Z 变量同时受到企业的分布、边际生产成本以及出口固定成本的影响，Z 变量的变化也反映了这三者的变化，故用 Z 变量来刻画制度型开放的程度。假设在进行制度型开放之前，初始制度体系差异为 Z^*。Z 变量越接近 Z^*，说明两国间制度型开放的程度越低；Z 变量越接近 1，说明两国间制度型开放的程度越高。

2. 数字服务行业的刻画

本文对 Melitz 模型进行了改造，以适用于数字服务行业。改造包括转换生产成本、转换市场准入壁垒、考虑异质性和市场竞争，以及交易成本的变化。这些改造使得 Melitz 模型能够更好地刻画数字服务行业特有的生产成本结构、市场准入、企业间的差异和竞争关系，以及数字服务行业中的生产和交易特征，如表 2 所示。

表 2　数字服务行业的特征刻画

改变方面	主要内容	反映的特征
转换生产成本	将生产固定成本转换为数字服务行业中的信息和数据获取成本、数字安全成本	反映了数字服务行业独特的生产成本结构
转换市场准入壁垒	将市场准入壁垒转化为技术能力壁垒和网络外部性壁垒	反映了数字服务行业中企业进入境外市场所面临的特定挑战
异质性和市场竞争	数字服务行业中企业之间的异质性变得更加显著，并且市场的垄断竞争也更加激烈	反映了数字服务行业中企业之间的差异和竞争关系，以更准确地刻画市场情况
交易成本变化	将运输成本和关税转换为数字服务行业中的双边服务贸易成本	反映了数字服务行业中企业的生产和交易方式

资料来源：作者整理。

通过表 2 中对 Melitz 模型的改造，本文能够更好地将该模型应用于数字服务行业，并更准确地分析数字服务行业中的经济现象。

首先，本文对生产成本进行了转换。在传统 Melitz 模型中，生产成本为制造业的生产固定成本 f。然而，在数字服务行业中生产成本有所不同。本文借鉴 Arnim 和 Taylor（2007）将制造业中的物理成本和关税转换为数字服务业中的信息和数据获取成本 f_1'、数字安全成本 f_2'。这种转换反映了数字服务行业生产过程的特殊性，并更准确地反映了实际情况，则 A 国生产单位数字服务的成本为 $l=f_1'+f_2'+q/Z\varphi$，B 国生产单位数字服务的成本为 $l=f_1'+f_2'+q/\varphi$。

其次，本文对生产部门进入外国市场的市场准入壁垒进行了转换。在传统 Melitz 模型中，企业进入外国市场的市场准入壁垒表现为出口固定成本 f_x。然而，在数字服务行业中，市场准入壁垒更多地与技术能力和网络外部性有关。因此，本文借鉴 Baldwin 等（2005）的研究，将数字服务行业中的市场准入壁垒转化为技术能力壁垒和网络外部性壁垒。这种改变更准确地反映了数字服务行业中企业进入国外市场的固定成本，则 A 国生产部门进入 B 国市场的市场准入壁垒为 $f_{x1}'+f_{x2}'+\delta-\delta Z$。其中，$f_{x1}'$ 表示技术能力壁垒，f_{x2}' 表示网络外部性壁垒，$\delta-\delta Z$ 表示制度摩擦成本。

再次，本文进一步考虑了数字服务行业中的异质性和市场竞争。由于数字化技术的广泛应用，数字服务行业中企业之间的异质性表现得更为明显，并且市场竞争格局也发生了变化。与制造业相比，数字服务市场往往呈现出更高程度的垄断竞争。为了更准确地描述数字服务行业中的市场现象，本文借鉴了 Zhou（2002）的方法，并将企业分为具有定产定价权的生产部门和不具有定产定价权的合作部门。合作部门在实践中可能包括研发、法务和其他支持部门，它们为生产部门提供支持和协助。由于数字服务行业中企业生产率的差异更加显著，企业的总生产率不再符合连续概率分布，而是符合离散分布。但是将企业拆分为多个生产部门后，单个生产部门的生产率依然符合连续概率分布。例如，数字服务企业腾讯，可以拆分为游戏部门、云计算和云服务部门、金融服务部门、网络媒体部门等生产部门。各生产部门的生产率有所不同，且假设 A 国市场上所有数字服务生产部门的生产率符合 $G_A(\varphi)=1-\left(\dfrac{A}{\varphi}\right)^k$ 的连续概率分布。本文采用离散分布来描述由多个生产部门组成的企业的总生产率，可以更准确地捕捉数字服务行业中企业生产率差异的显著性，以及由此导致的企业间更高程度的垄断竞争。

最后，本文对境外交易成本进行了改变。在传统的 Melitz 模型中，境外交易成本（表示为 τ）主要涉及运输成本和关税，用于描述跨国贸易中商品的运输和贸易壁垒。然而，在数字服务行业中，不存在实体商品的运输成本和针对商品的关税。因此，为了适应数字服务行业的特点，本文取消了生产部门境外交易的运输成本和关税（τ），并引入了双边服务贸易成本（表示为 τ_1'）的概念。双边服务贸易成本（τ_1'）是指数字服务行业中企业在进行国际交易时所面临的各种成本和壁垒。这些成本可能包括跨国数据流动的法律和隐私规定、跨国互联网接入的限制、数字版权保护措施、语言和文化差异等。

3. 产品市场的均衡

（1）消费者的需求。

A 国名义工资为 w_A，B 国名义工资为 w_B。由于 w_B 保持不变，为简便起见设 $w = w_A/w_B$。A 国名义工资为 w，B 国名义工资单位化为 1。消费者效用符合 CES 效用函数 $U = \left[\int_{w \in \Omega} q(w)^\rho dw \right]^{1/\rho}$。其中 $P_A = \left[\int_{w \in \Omega} p_A(w)^{1-\sigma} dw \right]^{1/1-\sigma}$ 和 $P_B = \left[\int_{w \in \Omega} p_B(w)^{1-\sigma} dw \right]^{1/1-\sigma}$ 分别为两国的行业平均价格水平。根据 Melitz（2003）的研究以及扩展产品数量的假设，A 国消费者对 A 国数字服务的需求为 $q_{AA}(\varphi) = Lw \dfrac{p_{AA}(\varphi)^{-\sigma}}{P_A^{1-\sigma}}$，$B$ 国消费者对 A 国数字服务的需求为 $q_{AB}(\varphi) = L \dfrac{p_{AB}(\varphi)^{-\sigma}}{P_B^{1-\sigma}}$，$B$ 国消费者对 B 国数字服务的需求为 $q_{BB}(\varphi) = L \dfrac{p_{BB}(\varphi)^{-\sigma}}{P_B^{1-\sigma}}$，$A$ 国消费者对 B 国数字服务的需求为 $q_{BA}(\varphi) = Lw \dfrac{p_{BA}(\varphi)^{-\sigma}}{P_A^{1-\sigma}}$。

（2）生产部门的供给。

根据 Melitz（2003）的研究及对内部化和交易成本的假设，A 国生产部门利润最大化时的价格为 $p(A\varphi) = \dfrac{MC}{1+(\rho-1)} = \dfrac{w/A\varphi}{\rho} = \dfrac{w}{\rho A\varphi} = \dfrac{w}{\rho Z\varphi}$，$B$ 国生产部门利润最大化时的价格为 $p(B\varphi) = \dfrac{MC}{1+(\rho-1)} = \dfrac{1/\varphi}{\rho} = \dfrac{1}{\rho\varphi}$。

（3）临界生产部门零利润。

根据 Melitz（2003）的研究及对市场准入壁垒的假设，开始生产的临界生产部门的生产率为开始生产门槛生产率，临界生产部门利润为 0。则 A 国生产且在 A 国销售的生产部门的门槛利润为 $r(\varphi_{AA}^*) = (f_1' + f_2')\sigma w$。$A$ 国生产且在 B 国销售的生产部门的门槛利润为 $r(\varphi_{AB}^*) = (f_{x1}' + f_{x2}' + \delta - \delta Z)\sigma w$。$B$ 国生产且在 B 国销售的生产部门的门槛利润为 $r(\varphi_{BB}^*) = (f_1' + f_2')\sigma$。$B$ 国生产且在 A 国销售的生产部门的门槛利润为 $r(\varphi_{BA}^*) = (f_{x1}' + f_{x2}' + \delta - \delta Z)\sigma$。

4. 劳动力市场的均衡

因为生产部门生产只用到劳动力一个生产要素，在均衡状态下，生产部门的总收入等于工人的总支付。

$$wL = M_A \bar{r}_{AA} + M_A \frac{1 - G_A(\varphi_{AB}^*)}{1 - G_A(\varphi_{AA}^*)} \bar{r}_{AB} \tag{1}$$

$$L = M_B \bar{r}_{BB} + M_B \frac{1 - G_B(\varphi_{BA}^*)}{1 - G_B(\varphi_{BB}^*)} \bar{r}_{BA} \tag{2}$$

式（1）中，wL 是 A 国生产部门给 A 国工人的总支付，M_A 是 A 国均衡状态下的在位生产部门数量，$\bar{r}_{AA}$ 是 A 国内销生产部门的平均收入。$M_A\dfrac{1-G_A(\varphi_{AB}^*)}{1-G_A(\varphi_{AA}^*)}$ 是 A 国在位生产部门数量乘以生产部门进入出口市场的条件概率，这一乘积即为 A 国进入出口市场的生产部门数量。$\bar{r}_{AB}$ 是 A 国出口生产部门的平均收入。$M_A\bar{r}_{AA}+M_A\dfrac{1-G_A(\varphi_{AB}^*)}{1-G_A(\varphi_{AA}^*)}\bar{r}_{AB}$ 即为 A 国生产部门的总收入。式（2）同理。

5. 生产部门的自由进入均衡

设自由进入已达到稳态均衡 $P_{in}\bar{v}=f_e$。其中，$\bar{v}$ 表示未来平均利润流的现值，P_{in} 为生产部门进入市场的概率。两国生产部门自由进入（FE）条件分别为：

$$wf_e=(1-G_A(\varphi_{AA}^*))\overline{\pi}_{AA}+(1-G_A(\varphi_{AB}^*))\overline{\pi}_{AB} \tag{3}$$

$$f_e=(1-G_B(\varphi_{BB}^*))\overline{\pi}_{BB}+(1-G_B(\varphi_{BA}^*))\overline{\pi}_{BA} \tag{4}$$

生产部门一旦开始生产的沉没劳动成本为 f_e，式（3）中，wf_e 是 A 国的总沉没成本，$1-G_A(\varphi_{AA}^*)$ 为 A 国生产部门开始生产的概率，$\overline{\pi}_{AA}$ 是 A 国开始生产部门的平均利润。$1-G_A(\varphi_{AB}^*)$ 为 A 国生产部门出口的概率，$\overline{\pi}_{AB}$ 是 A 国出口生产部门的平均利润。由于本模型没有额外的时间贴现，式（3）中 $(1-G_A(\varphi_{AA}^*))\overline{\pi}_{AA}+(1-G_A(\varphi_{AB}^*))\overline{\pi}_{AB}$ 即为 A 国未来平均利润流的现值乘以 A 国生产部门进入市场的概率。式（4）同理。根据 Felbermayr 和 Jung（2012）的研究，在生产率服从帕累托分布的前提下，各国生产部门的平均利润水平分别为：$\overline{\pi}_{AA}=(f_1'+f_2')w\dfrac{\sigma-1}{k-(\sigma-1)}$，$\overline{\pi}_{AB}=(f_{x1}'+f_{x2}'+\delta-\delta Z)w\dfrac{\sigma-1}{k-(\sigma-1)}$，$\overline{\pi}_{BB}=(f_1'+f_2')\dfrac{\sigma-1}{k-(\sigma-1)}$，$\overline{\pi}_{BA}=(f_{x1}'+f_{x2}'+\delta-\delta Z)\dfrac{\sigma-1}{k-(\sigma-1)}$。

6. 贸易平衡

因为模型内只有两个国家，达到稳态均衡时，贸易是平衡的，所以出口＝进口，则 A 国出口＝B 国进口＝B 国出口。

$$M_A\frac{1-G_A(\varphi_{AB}^*)}{1-G_A(\varphi_{AA}^*)}\bar{r}_{AB}=M_B\frac{1-G_B(\varphi_{BA}^*)}{1-G_B(\varphi_{BB}^*)}\bar{r}_{BA} \tag{5}$$

式（5）中，$M_A\dfrac{1-G_A(\varphi_{AB}^*)}{1-G_A(\varphi_{AA}^*)}$ 是 A 国进入出口市场的生产部门数量，$\bar{r}_{AB}$ 是 A 国出口生产部门的平均收入。$M_A\dfrac{1-G_A(\varphi_{AB}^*)}{1-G_A(\varphi_{AA}^*)}\bar{r}_{AB}$ 为 A 国出口总贸易额，也就是 B 国进口总贸易额。B 国的总进口额又等于 B 国的总出口额 $M_B\dfrac{1-G_B(\varphi_{BA}^*)}{1-G_B(\varphi_{BB}^*)}\bar{r}_{BA}$。

四、量化分析

1. 制度型开放的指标变量和数据来源

如前文所述，制度型开放程度用营商环境、生产部门的生产效率以及出口生产部门面临的制度摩擦来衡量。对于数字服务行业而言，营商环境主要包含基础设施及连通性方面的建设、知识产权的保护及使用、电子交易系统以及支付系统的构建。生产部门生产效率也受到电子交易体系、支付系统以及知识产权制度的影响。出口生产部门面临的制度摩擦主要来源于两国之间支付系统的差异、电子交易体系的差异、知识产权制度的差异以及影响数字化服务贸易的其他壁垒。指标之间的对应关系如图2所示。

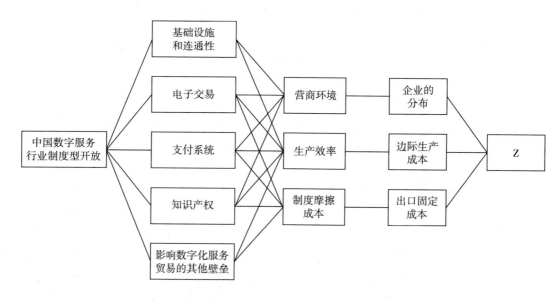

图 2   中国数字服务行业制度型开放的刻画指标

综上所述，数字服务贸易限制性指数综合统计了基础设施和连通性、电子交易、支付系统、知识产权以及影响数字化服务贸易的其他壁垒。该指数适合用来度量数字服务行业的制度型开放程度。本文认为数字服务贸易限制指数与制度质量呈反向变动关系，将两国贸易中数字服务贸易限制指数高的国家设为 A 国，将数字服务贸易限制指数低的国家设为 B 国。

$$Z = \frac{1-A\ 国数字服务贸易限制性指数}{1-B\ 国数字服务贸易限制性指数} \tag{6}$$

数字服务贸易限制指数的数据来源为 OECD 相关数据库，目前有 2014~2021 年的数据，由美国、英国、澳大利亚等 75 个国家或地区与中国构成双边国家（地区）对，依据这 75 个国家和地区对在 2014~2021 年的数据可以求出 600 个不同的 Z 值。接下来用这 600 个 Z 值求出对应的内生 w，再分别用 Z 和 w 进行后续分析。为简化分析，贸易成本 τ_1'、劳动人口 L、位置参数 b 取 75 个国家或地区的平均值。中国数字服务行业与部分国家或地区 2014~2021 年的平均制度型开放程度如图 3 所示。

图 3 显示，中国与其他国家或地区的制度型开放程度一般为 0.55~0.9。与中国制度型开放程度低于 0.55 的有加拿大、哥斯达黎加、多米尼加及厄瓜多尔等。加拿大采用"美式模板"数字服务规则，注重跨境数据自由流通，与中国行业规则差异较大，故与中国制度型开放程度较低。多米尼加与厄瓜多尔与中国数字服务跨境贸易额较少，贸易互动较不频繁，故与中国制度型开放程度较低。与中国制度型开放程度高于 0.9 的有柬埔寨、哈萨克斯坦、老挝及赞比亚等。这些国家或地区采用了与中国类似的网络安全标准，并且参与中国"一带一路"倡议与中亚信息通信技术发展战略，故而与中国的数字服务行业规则融合程度较高，制度型开放程度较高。

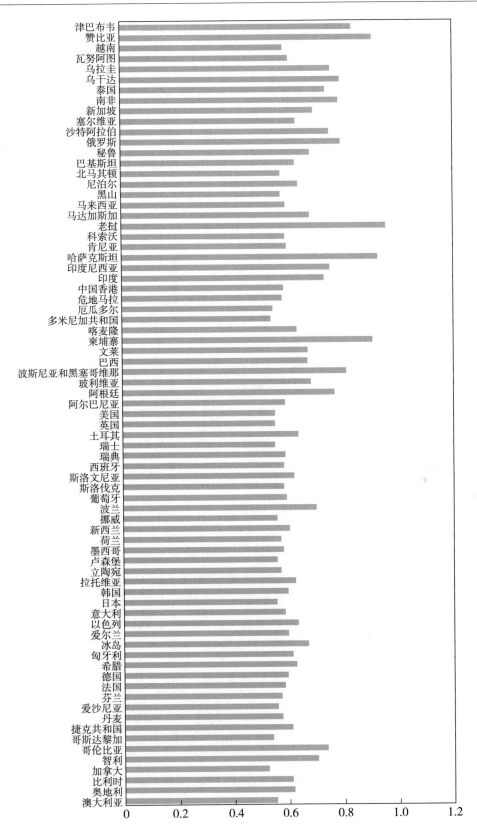

图 3 中国数字服务行业与部分国家或地区 2014~2021 年的平均制度型开放程度

资料来源：作者整理。

2. 其他变量的指标变量和数据来源

形状参数 K 的估值借鉴毛海涛等（2019），使用帕累托分布下生产部门生产率中位数 $\phi_{median} = \frac{1}{c_M}\left\{1 - \frac{1}{2}\left[1 - c_M^{-k}\phi_{max}^{-k}\right]\right\}^{-\frac{1}{k}}$ 和均值 $\phi_{mean} = \frac{c_M^{-k}}{1 - c_M^{-k}\phi_{max}^{-k}}\frac{k}{k-1}\left[c_M^{k-1} - \phi_{max}^{1-k}\right]$。当 $\phi_{max} = \infty$ 时，生产部门生产率符合无上界的帕累托分布，此时生产部门生产率中位数和均值的比为 $\phi_{median-unbounded}/\phi_{mean-unbounded} = 2^{1/k}(k-1)k$。由生产部门生产率的中位数、均值、最大值和最小值，求解方程即可得无上界和有上界帕累托分布下 k 的数值。

贸易成本 τ_1' 的估值借鉴胡宗彪（2014）估算的双边服务贸易成本。Anderson 和 Van Wincoop（2003）将双边贸易成本视为边境壁垒和地理距离的函数。Novy（2013）指出该估算方法没有考虑到两国间的贸易成本可能是非对称的，并且国家间的国内贸易成本也可以不同，并提出了新的估算方法，即 $\tau_{HF} = \left(\frac{x_{HH}x_{FF}}{x_{HF}x_{FH}}\right)^{\frac{1}{2(\sigma-1)}} - 1$。其中，$x_{HH}$ 为 H 地区的本地区贸易额，x_{FF} 为 F 地区的本地区贸易额，x_{HF} 为 H 地区出口到 F 地区的贸易额，x_{FH} 为 F 地区出口到 H 地区的贸易额。τ_{HF} 由贸易额和形状参数共同决定，形状参数 K 前文已给出，故而只需计算出 H 地区和 F 地区之间以及其内部的贸易额，即可得出两地区间的贸易成本。胡宗彪（2014）认为 Novy（2013）的贸易成本测度方法能够抓住影响国际服务贸易成本的全部因素，以微观理论为基础，对数据的要求相对较低，充分考虑了多边阻力影响，放松了双边贸易成本对称性的假设，是一种较好的测度方法，并利用该测度方法及世界投入产出表（WIOT）中的双边服务贸易数据，估算了中国和世界其他国家或地区的双边服务贸易成本。本文借鉴胡宗彪（2014）的中国与其他国家或地区双边服务贸易成本作为贸易成本 τ_1' 的估值。

位置参数 b 由形状参数以及生产部门平均生产率按照 $b = \frac{k-1}{k}\tilde{\varphi}$ 进行估值。根据帕累托分布的性质，位置参数 b 与形状参数 K 以及平均生产率 $\tilde{\varphi}$ 有关。形状参数 K 前文已估计出，本文按照传统做法，以各国人均 GDP 来表示 $\tilde{\varphi}$。

替代弹性 σ 借鉴 Ottaviano 和 Melitz（2005）取常用估值 4。劳动人口 L 来源于 OECD 相关数据库中的所有国家或地区人口数量的平均值，人均 GDP 来源于 OECD 相关数据库中的各国（或地区）人均 GDP 的平均值。由于数字服务贸易限制指数的最早年份为 2014 年，贸易成本 τ_1'、劳动人口 L、位置参数 b 均以 2014 年的数据表示。各外生参数的数据来源与估计方法如表 3 所示。

表 3 外生参数

参数符号	参数介绍	数据来源和估计方法
σ	替代弹性	借鉴 Ottaviano 和 Melitz（2005）
L	劳动人口	OECD 数据库
K	形状参数	借鉴毛海涛等（2019）
τ_1'	贸易成本	借鉴胡宗彪（2014）
b	位置参数	由 K 以及 $\tilde{\varphi}$ 计算

尽管国家间的贸易成本、劳动人口和位置参数在实际中存在明显异质性，本文以制度型开放对中国数字服务行业影响为核心，故选取参数均值以降低其他因素的干扰，以更突出制度型开放的作用。此为简化策略，旨在将复杂现实抽象化，使研究更聚焦于核心主题，即制度型开

放的影响。使用均值方法可以有效控制其他影响因素，避免其对主要研究对象的干扰。

　3. 均衡系统构建

　均衡系统使用了产品市场均衡条件，劳动力市场均衡条件式（1）、式（2），生产部门的自由进入条件式（3）、式（4）以及贸易平衡条件式（5），利用结构模型求解制度型开放程度与名义工资的关系式。通过两国的数字服务贸易限制指数求出两国制度型开放程度 Z_A、Z_B，使用式（6）求得 Z，再求出内生变量 A 国名义工资为 w_A 以及 B 国名义工资为 w_B，进而求出 $w = w_A / w_B$。接下来用 Z、w 求出行业平均价格水平 P、人均福利 U、出口生产部门的集约边际 r 及扩展边际 T、单个生产部门均衡价格 pp、非出口生产部门的销量及利润 Q、生产部门进入出口市场的概率 P_1 及生产部门不出口的概率 P_2 等指标。

五、制度型开放的影响

　已知制度型开放在贸易开放中注重规则和制度的融通，目的是对国内外制度体系进行协调和融合，因而在两国之间的制度型开放的进程中，两国的制度体系差异逐渐消失。设 A 国与 B 国的初始制度体系之比为 Z^*，则制度型开放的过程，就是 Z 从 $Z^* \to 1$ 的过程。设 B 国的制度优于 A 国，制度型开放的过程是 A 国的制度体系向 B 国的制度体系靠拢。B 国制度体系不变，由于制度体系 Z 是本模型唯一自变量，故 B 国制度体系不变，则 w_B、P_B 都不变。

　1. 对名义工资及行业平均价格水平的影响

　由式（1）~式（5）可求出 w 与 Z 的关系式[①]：

$$w^{\frac{2k\sigma+1}{1-\sigma}} = \frac{1}{Z^{3k}} \cdot \frac{Z^{-k} - \tau_1'^{-k}\left(\dfrac{f_{x1}' + f_{x2}' + \delta - \delta Z}{f_1' + f_2'}\right)^{\frac{\sigma-k-1}{\sigma-1}} w^{\frac{-k\sigma}{\sigma-1}}}{1 - \tau_1'^{-k}\left(\dfrac{f_{x1}' + f_{x2}' + \delta - \delta Z}{f_1' + f_2'}\right)^{\frac{\sigma-k-1}{\sigma-1}} w^{\frac{k\sigma}{\sigma-1}} Z^{-k}} \tag{7}$$

　将相关数据通过结构模型分析得出 w 和 Z 的散点图，如图 4（a）所示。

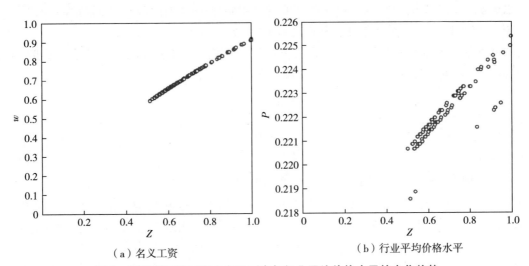

　　　　（a）名义工资　　　　　　　　　　　　（b）行业平均价格水平

图 4　制度型开放过程中名义工资与行业平均价格水平的变化趋势

---

　① 限于篇幅，推导过程从略，备索。

图 4（a）表明，随着制度型开放程度 Z 增加，A 国名义工资 w 增加。由模型分析可知，前文假设 $Z=A/B$ 且 $w=w_A/w_B$。前述均衡系统中有 Z 和 w 两个自变量，w 是 Z 的函数，则本模型中仅有 Z 一个自变量。当 Z 从 $Z^*\to1$ 时，$w=w_A/w_B$ 单增，又因为 w_B 不变，所以 w_A 单增。由理论分析可知，竞争效应是在制度型开放过程中 A 国名义工资上涨的原因。A 国营商环境改善导致更多生产部门进入市场，而劳动力总量 L 不变。新进入生产部门对 L 的竞争抬高了名义工资。由量化分析可知，中国和 75 个国家或地区的贸易数据显示中国与贸易伙伴的名义工资之比与两者之间的制度型开放程度是正相关关系。制度型开放程度每增加 1 个百分点，中国数字服务行业的名义工资大约上升 0.64 个百分点。综上所述，在制度型开放过程中名义工资上涨。

由式（1）~式（5）可求出 $\dfrac{P_A}{P_B}$ 与 Z 的关系式：[①]

$$\frac{P_A}{P_B}=\frac{Z^2}{w^{\frac{2\sigma}{\sigma-1}}} \tag{8}$$

图 4（b）表明，随着制度型开放程度 Z 增加，A 国行业平均价格水平提升。由模型分析可知，因为 P_B 不变，所以 $\dfrac{P_A}{P_B}$ 的变化反映了 P_A 的变化。图 4（b）显示，当 Z 从 $Z^*\to1$ 时，$\dfrac{P_A}{P_B}$ 单增，即 P_A 单增。由理论分析可知，成本效应是在制度型开放过程中行业平均价格水平上涨的原因。A 国名义工资的提升导致了生产部门生产成本的增长，成本的增长造成了平均名义价格水平的提升。由量化分析可知，中国和 75 个国家或地区的贸易数据显示中国与贸易伙伴的行业平均价格水平之比与两者之间的制度型开放程度是正相关关系。制度型开放程度每增加 1 个百分点，中国数字服务行业的平均价格水平大约上升 0.03 个百分点。综上所述，在制度型开放过程中行业平均价格水平上涨。

图 4（b）中异常值的出现，可归因于以下三个主要因素：第一，各国执行数字服务规则的力度存在差异，这可能引发了数据分布的偏离；第二，由于各国统计方法的不一致，可能产生统计偏差，进而影响数据的准确性；第三，数字服务限制指数可能未能充分涵盖所有影响因素，从而导致部分数据异常。这三种因素共同作用，可能导致图 4（b）中出现异常值。在后文的分析中，也可能遇到类似的异常值，这些异常值的出现同样可以归因于这三种因素。

2. 对人均福利及单个生产部门均衡价格的影响

已知人均福利=实际工资=名义工资/价格指数。B 国的名义工资及价格指数都不变，由此 B 国人均福利 U_B 不变。设 A 国与 B 国的人均福利之比为 U。

$$U=\frac{U_A}{U_B}=\frac{\dfrac{w_A}{P_A}}{\dfrac{w_B}{P_B}}=\frac{wP_B}{P_A} \tag{9}$$

将相关数据通过结构模型分析得出 U 与 Z 的散点图，如图 5（a）所示。

图 5（a）表明，随着制度型开放程度 Z 增加，A 国人均福利增加。由模型分析可知，因为 B 国人均福利不变，所以 A 国与 B 国的人均福利之比 U 的变化反映了 A 国人均福利的变化。当 Z 从 $Z^*\to1$ 时，A 国与 B 国的人均福利之比 U 单增，即 A 国人均福利单增。由理论分析可知，在前文分析中，A 国在制度型开放的过程中名义工资及行业平均价格水平均上涨。由 U 单增可知 A

---

① 限于篇幅，推导过程从略，备索。

国名义工资上涨的幅度超过 A 国行业平均价格水平上涨的幅度。A 国人均福利上涨的原因是 A 国行业平均价格水平的涨幅小于名义工资的涨幅。由量化分析可知，中国和 75 个国家或地区的贸易数据显示中国与贸易伙伴的人均福利之比与两者之间的制度型开放程度是正相关关系。制度型开放程度每增加 1 个百分点，中国数字服务行业的人均福利大约上升 0.61 个百分点。综上所述，在制度型开放过程中人均福利上涨。

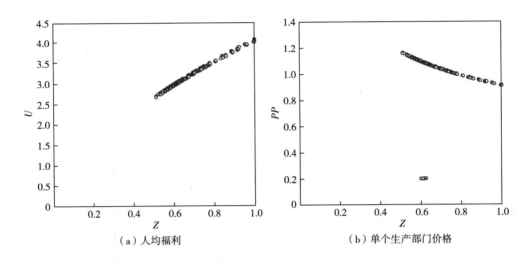

（a）人均福利　　　　　　　　（b）单个生产部门价格

图 5　制度型开放过程中人均福利与单个生产部门价格的变化趋势

为了求出 A 国单个生产部门均衡价格，设 A 国有一个生产率为 φ_α 的生产部门，在 B 国也有一个生产率同样为 φ_α 的生产部门。已知 $p_A(\varphi_\alpha) = \dfrac{w}{\rho Z \varphi}$，$p_B(\varphi_\alpha) = \dfrac{1}{\rho \varphi}$，A 国与 B 国该生产部门均衡价格之比 $pp = p_A(\varphi_\alpha)/p_B(\varphi_\alpha) = w/Z$。将相关数据通过结构模型分析得出 pp 与 Z 的散点图，如图 5（b）所示。

图 5（b）表明，随着制度型开放程度 Z 增加，A 国单个生产部门均衡价格下降。由模型分析可知，制度体系 Z 是本模型唯一的自变量，故 B 国制度体系不变，则 $p_B(\varphi_\alpha)$ 不变。此时 pp 的变化即可反映 A 国单个生产部门均衡价格的变化。由理论分析可知，在制度型开放的过程中，既存在导致 A 国单个生产部门均衡价格上升的因素，也存在导致 A 国单个生产部门均衡价格下降的因素。制度质量提升引发生产部门的边际生产成本降低，导致 A 国单个生产部门价格降低。名义工资及实际工资上涨引发劳动力成本增加，则导致 A 国单个生产部门价格上升。A 国单个生产部门均衡价格的涨跌取决于生产部门边际成本降低的影响是否大于劳动力成本增加的影响。图 5（b）显示，随着制度型开放程度的增加，A 国单个生产部门均衡价格下降。该结论说明在实际经验中制度型开放导致的生产部门边际成本降低的影响大于制度型开放导致的劳动力成本增加的影响。由量化分析可知，中国和 75 个国家或地区的贸易数据显示中国与贸易伙伴的单个生产部门均衡价格之比与两者之间的制度型开放程度是负相关关系。制度型开放程度每增加 1 个百分点时，中国数字服务行业的单个生产部门均衡价格大约下降 0.36 个百分点。综上所述，在制度型开放过程中单个生产部门的均衡价格降低。

3. 对出口生产部门二元边际的影响

（1）对集约边际的影响。

根据 Klenow 和 Rodriguez-Clare（2004），用 A 国生产部门在出口市场上获得的平均收入 $\bar{r}_{AB}$

来刻画出口生产部门的集约边际。

$$\bar{r}_{AB} = \bar{\pi}_{AB} + f_{x1}' + f_{x2}' + \delta - \delta Z = (f_{x1}' + f_{x2}' + \delta - \delta Z) w \frac{\sigma-1}{k-(\sigma-1)} + f_{x1}' + f_{x2}' + \delta - \delta Z \quad (10)$$

将相关数据通过结构模型分析得出 $\bar{r}_{AB}$ 与 Z 的散点图，如图 6（a）所示。

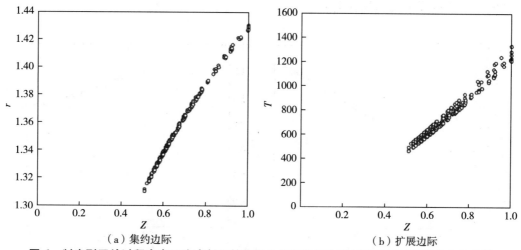

（a）集约边际   （b）扩展边际
图 6　制度型开放过程中出口生产部门的集约边际与出口生产部门的扩展边际的变化趋势

图 6（a）表明，随着制度型开放程度 Z 增加，A 国出口生产部门的集约边际增加。由模型分析可知，A 国生产部门在出口市场上获得的平均收入 $\bar{r}_{AB}$ 反映了 A 国出口生产部门的集约边际。图 6（a）显示，当 Z 从 $Z^* \to 1$ 时，$\bar{r}_{AB}$ 单增。由理论分析可知，A 国出口生产部门集约边际上升的原因有以下两个方面：一是 A 国制度质量提升带来的生产部门生产成本下降，增强了 A 国产品在国际市场上的竞争力，造成了 A 国生产部门平均出口额的上升。二是 A 国制度质量提升带来的制度摩擦成本下降，降低了 A 国生产部门的出口成本，增加了 A 国生产部门的平均出口额。上述两个方面的综合影响通过成本效应拉高了集约边际 $\bar{r}_{AB}$，其中包括生产成本下降导致的成本效应以及贸易摩擦成本下降导致的成本效应。由量化分析可知，中国和 75 个国家或地区的贸易数据显示中国出口生产部门的集约边际与两国（或地区）之间的制度型开放程度是正相关关系。制度型开放程度每增加 1 个百分点，中国数字服务行业出口生产部门的集约边际大约上升 0.13 个百分点。综上所述，在制度型开放过程中出口生产部门集约边际增长。

（2）对扩展边际的影响。

根据 Hummels 和 Klenow（2005），用出口生产部门的数量来刻画出口生产部门的扩展边际。M_A 是 A 国均衡状态下的在位生产部门数量。$M_A \dfrac{1-G_A(\varphi_{AB}^*)}{1-G_A(\varphi_{AA}^*)}$ 是 A 国在位生产部门数量乘以生产部门进入出口市场的条件概率，这一乘积即为 A 国进入出口市场的生产部门数量。

$$M_A \frac{1-G_A(\varphi_{AB}^*)}{1-G_A(\varphi_{AA}^*)} = M_B \frac{\left(\frac{1}{\varphi_{BA}^*}\right)^k}{\left(\frac{1}{\varphi_{BB}^*}\right)^k} \frac{\bar{r}_{BA}}{\bar{r}_{AB}} = M_B \left(\tau_1'^{-1} \left(\frac{f_1' + f_2'}{f_{x1}' + f_{x2}' + \delta - \delta Z} \right)^{\frac{1}{\sigma-1}} w^{\frac{1}{\sigma-1}} \frac{P_B}{P_A} \right)^k \frac{\bar{r}_{BA}}{\bar{r}_{AB}}$$

$$= M_B \left(\tau_1'^{-1} \left(\frac{f_1' + f_2'}{f_{x1}' + f_{x2}' + \delta - \delta Z} \right)^{\frac{1}{\sigma-1}} w^{\frac{1}{\sigma-1}} \frac{P_B}{P_A} \right)^k \frac{(f_{x1}' + f_{x2}' + \delta - \delta Z) \frac{\sigma-1}{k-(\sigma-1)} + f_{x1}' + f_{x2}' + \delta - \delta Z}{(f_{x1}' + f_{x2}' + \delta - \delta Z) w \frac{\sigma-1}{k-(\sigma-1)} + f_{x1}' + f_{x2}' + \delta - \delta Z}$$

设：

$$T = \left(\tau_1'^{-1} \left(\frac{f_1' + f_2'}{f_{x1}' + f_{x2}' + \delta - \delta Z} \right)^{\frac{1}{\sigma - 1}} w^{\frac{1}{\sigma - 1}} \frac{P_B}{P_A} \right)^k \frac{(f_{x1}' + f_{x2}' + \delta - \delta Z) \dfrac{\sigma - 1}{k - (\sigma - 1)} + f_{x1}' + f_{x2}' + \delta - \delta Z}{(f_{x1}' + f_{x2}' + \delta - \delta Z) w \dfrac{\sigma - 1}{k - (\sigma - 1)} + f_{x1}' + f_{x2}' + \delta - \delta Z} \tag{11}$$

将相关数据通过结构模型分析得出 T 与 Z 的散点图，如图6（b）所示。图6（b）表明，随着制度型开放程度 Z 增加，A 国出口生产部门扩展边际增加。由模型分析可知，由于 A 国的开始生产门槛生产率和出口门槛生产率发生了变化（见后文），因此 M_A 和 $\dfrac{1 - G_A(\varphi_{AB}^*)}{1 - G_A(\varphi_{AA}^*)}$ 都发生了变化，$M_A \dfrac{1 - G_A(\varphi_{AB}^*)}{1 - G_A(\varphi_{AA}^*)}$ 这一乘积的大小难以直接衡量，需要间接衡量。根据贸易平衡条件 $M_A \dfrac{1 - G_A(\varphi_{AB}^*)}{1 - G_A(\varphi_{AA}^*)} \bar{r}_{AB} = M_B \dfrac{1 - G_B(\varphi_{BA}^*)}{1 - G_B(\varphi_{BB}^*)} \bar{r}_{BA}$，$B$ 国的开始生产门槛生产率满足 $r(\varphi_{BB}^*) = f\sigma$。因为 f、σ 都是常数，所以 $r(\varphi_{BB}^*)$ 也是常数，φ_{BB}^* 保持不变。由于 B 国的生产部门的生产率分布也没有发生变化，故 M_B 保持不变。T 的变化即反映了 $M_A \dfrac{1 - G_A(\varphi_{AB}^*)}{1 - G_A(\varphi_{AA}^*)}$ 的变化。图6（b）显示，当 Z 从 $Z^* \to 1$ 时，T 单增。

由理论分析可知，扩展边际上升的原因有以下两个方面：一是生产成本下降、制度摩擦成本下降带来的出口临界生产率的下降，导致更多的生产部门进入出口市场；二是 A 国制度质量和营商环境的提升和改善从总体上提升了 A 国生产部门的生产率，导致更多的生产部门进入出口市场。上述两个方面的综合影响通过成本效应及 A 国生产部门竞争力增加拉高了 A 国出口生产部门的扩展边际。其中既包括生产成本下降导致的成本效应以及贸易摩擦成本下降导致的成本效应，也包括由生产部门生产制度和生产部门营商环境的共同改善导致的生产部门竞争力的增加。由量化分析可知，中国和75个国家或地区的贸易数据显示中国出口生产部门的扩展边际与两国（或地区）之间的制度型开放程度是正相关关系。制度型开放程度每增加1个百分点，中国数字服务行业的出口生产部门扩展边际大约上升1.40个百分点。综上所述，在制度型开放过程中出口生产部门的扩展边际上升。

4. 对生产部门开始生产的门槛生产率及非出口生产部门销量利润的影响

由式（1）~式（5）可求出 $\dfrac{\varphi_{AA}^*}{\varphi_{BB}^*} = \dfrac{1}{Z} w \dfrac{P_B}{P_A}$。将相关数据通过结构模型分析得出 wP_B/ZP_A 与 Z 的散点图，如图7（a）所示。

图7（a）表明，随着制度型开放程度 Z 增加，A 国生产部门开始生产的门槛生产率下降。由模型分析可知，制度体系 Z 是本模型唯一的自变量，故 B 国制度体系不变，则 φ_{BB}^* 不变。当 Z 从 $Z^* \to 1$ 时，$\dfrac{\varphi_{AA}^*}{\varphi_{BB}^*}$ 下降，即 φ_{AA}^* 下降。由理论分析可知，制度型开放的第一种效应是 A 国生产部门的边际生产成本降低；第二种效应是 A 国生产部门的营商环境改善；第三种效应是 A 国名义工资和实际工资均上升，劳动力成本增加；第四种效应是进入 A 国市场的外国产品增多，生产部门面临的竞争加剧。其中，第一、第二种效应导致 A 国生产部门开始生产的门槛生产率降低，第三、第四种效应导致 A 国生产部门开始生产的门槛生产率升高。当第一、第二种效应的综合影响大于第三、第四种效应的综合影响时，生产部门开始生产的门槛生产率降低；反之亦然。图7（a）显示，中国制度型开放的第一、第二种效应的综合影响大于第三、第四种效应的综合

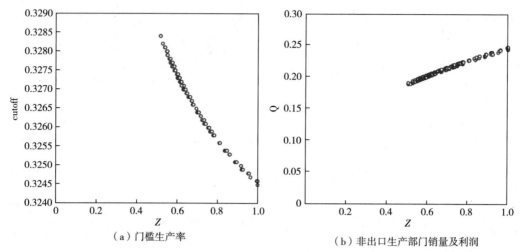

（a）门槛生产率　　　　　　　　　　（b）非出口生产部门销量及利润

图7　制度型开放过程中生产部门开始生产的门槛生产率与非出口生产部门销量及利润的变化趋势

影响。中国生产部门开始生产的门槛生产率降低的原因是边际生产成本降低及营商环境改善带来的影响大于劳动成本增加以及生产部门竞争加剧带来的影响。由量化分析可知，中国和75个国家或地区的贸易数据显示中国与贸易伙伴的生产部门开始生产的门槛生产率之比与两者之间的制度型开放程度是负相关关系。制度型开放程度每增加1个百分点，中国数字服务行业的生产部门开始生产的门槛生产率大约下降0.39个百分点。综上所述，在制度型开放过程中生产部门开始生产的门槛生产率降低。

为了分析制度型开放对非出口生产部门销量及利润的影响，设A国有一个生产部门α，该生产部门的生产率为φ_α，生产部门α不出口。在B国也有一个生产部门，生产率同样为φ_α，该生产部门也不出口。根据Melitz（2003），对于同样生产率为φ的生产部门：

$$q_A(\varphi_\alpha) = (ZP_A/wP_B)^\sigma q_B(\varphi_\alpha)$$

$$r_A(\varphi_\alpha) = (ZP_A/wP_B)^{\sigma-1} r_B(\varphi_\alpha)$$

将相关数据通过结构模型分析得出(ZP_A/wP_B)与Z的散点图，如图7（b）所示。图7（b）表明，随着制度型开放程度Z增加，A国非出口生产部门的销量及利润下降。由模型分析可知，由于B国制度体系不变，且B国对应生产部门不出口，故B国对应生产部门不受与A国贸易的影响，则$q_B(\varphi_\alpha)$不变，$r_B(\varphi_\alpha)$不变。图7（b）显示，当Z从$Z^* \rightarrow 1$的过程中，ZP_A/wP_B单增。已知$\sigma>1$，$\sigma-1>0$，故$(ZP_A/wP_B)^\sigma$与$(ZP_A/wP_B)^{\sigma-1}$皆为单增。由理论分析可知，非出口生产部门销量及利润上升的原因是营商环境的改善以及生产部门生产成本下降带来的成本效应。其中生产部门的生产成本下降是由A国制度质量的提升导致的。由量化分析可知，中国和75个国家或地区的贸易数据显示中国与贸易伙伴的非出口生产部门销量及利润之比与两者之间的制度型开放程度是正相关关系。制度型开放程度每增加1个百分点时，中国数字服务行业非出口生产部门的销量及利润大约上升0.39个百分点。综上所述，在制度型开放过程中A国非出口生产部门销量及利润上升。

5. 对资源再配置效应的影响

根据Melitz（2003），国际贸易将带来行业内的资源再配置效应。生产率最高的生产部门（生产率大于生产部门出口的门槛生产率）将进入出口市场，收入及利润都因为国际贸易的展开而增加。生产率次之的生产部门（生产率大于开始生产的门槛生产率但小于出口的门槛生产率）将开始生产但不出口，收入及利润都因为国际贸易的展开而受损。生产率最低的生产部门（生产率小于开始生产的门槛生产率）将退出市场。资源从退出市场的生产部门及开始生产但不出口的生产部门向出口生产部门配置。

由式（1）～式（5）可得：

$$\frac{\varphi_{AA}^*}{\varphi_{BB}^*} = \frac{1}{Z} w \frac{P_B}{P_A}$$

$$\frac{\varphi_{AB}^*}{\varphi_{BB}^*} = \frac{\tau_1'}{Z} \left(\frac{f_{x1}' + f_{x2}' + \delta - \delta Z}{f_1' + f_2'} \right)^{\frac{1}{\sigma-1}} w^{\frac{\sigma}{\sigma-1}}$$

因为 $r(\varphi_{BB}^*) = f\sigma$ 为常数，所以 φ_{BB}^* 不变。

（1）出口生产部门市场份额和利润都增加，A 国生产部门出口的概率为：

$$P(\varphi > \varphi_{AB}^*) = \left(\frac{A}{\varphi_{AB}^*} \right)^k = \left(\frac{Z^2}{\tau_1' \left(\frac{f_{x1}' + f_{x2}' + \delta - \delta Z}{f_1' + f_2'} \right)^{\frac{1}{\sigma-1}} w^{\frac{\sigma}{\sigma-1}}} \right)^k \left(\frac{1}{\varphi_{BB}^*} \right)^k$$

（2）开始生产但不出口的生产部门其市场份额和利润将受损，A 国生产部门开始生产但不出口的概率为：

$$P(\varphi > \varphi_{AA}^*) = \left(\frac{A}{\varphi_{AA}^*} \right)^k = \left(\frac{A}{\frac{wP_B\varphi_{BB}^*}{ZP_A}} \right)^k = \left(\frac{Z^2 P_A}{wP_B} \right)^k \left(\frac{1}{\varphi_{BB}^*} \right)^k$$

$$P(\varphi_{AA}^* < \varphi \leqslant \varphi_{AB}^*) = \left[\left(\frac{Z^2 P_A}{wP_B} \right)^k - \left(\frac{Z^2}{\tau_1' \left(\frac{f_{x1}' + f_{x2}' + \delta - \delta Z}{f_1' + f_2'} \right)^{\frac{1}{\sigma-1}} w^{\frac{\sigma}{\sigma-1}}} \right)^k \right] \left(\frac{1}{\varphi_{BB}^*} \right)^k$$

（3）生产率最低的生产部门被迫停产，A 国生产部门停产的概率为：

$$P(\varphi \leqslant \varphi_{AA}^*) = 1 - \left(\frac{Z^2 P_A}{wP_B} \right)^k \left(\frac{1}{\varphi_{BB}^*} \right)^k$$

将相关数据通过结构模型分析得出 $P_1 = \left(\dfrac{Z^2}{\tau_1' \left(\frac{f_{x1}' + f_{x2}' + \delta - \delta Z}{f_1' + f_2'} \right)^{\frac{1}{\sigma-1}} w^{\frac{\sigma}{\sigma-1}}} \right)^k$，$P_1$ 与 Z 的散点图如

图8(a)所示。

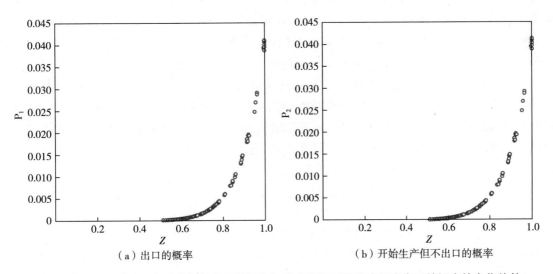

（a）出口的概率　　　　　　　　　　（b）开始生产但不出口的概率

图8　制度型开放过程中生产部门出口的概率与生产部门开始生产但不出口的概率的变化趋势

图 8（a）表明，随着制度型开放程度 Z 增加，A 国生产部门出口的概率增加。由模型分析可知，A 国生产部门出口的概率 $P(\varphi>\varphi_{AB}^*)=P_1\left(\dfrac{1}{\varphi_{BB}^*}\right)^k$。制度体系 Z 是本模型唯一的自变量，故 B 国制度体系不变，则 φ_{BB}^* 不变。P_1 的变化即反映了 $P(\varphi>\varphi_{AB}^*)$ 的变化。图 8（a）显示，当 Z 从 $Z^*\to1$ 时，P_1 单增。由理论分析可知，制度型开放会导致 A 国营商环境改善进而导致 A 国生产部门的整体生产率分布右移，有出口实力的生产部门占比增多。制度型开放同样导致 A 国制度质量的提升，进而提升了 A 国生产部门的生产率，使达到出口生产率门槛的 A 国生产部门占比增多。制度型开放还导致 A 国出口生产部门面临的贸易摩擦成本降低，促进了 A 国生产部门的出口。边际生产成本降低、营商环境改善以及制度摩擦成本降低的综合影响导致 A 国生产部门出口的概率增加。由量化分析可知，中国和 75 个国家或地区的贸易数据显示中国生产部门出口的概率与两国（或地区）之间的制度型开放程度是正相关关系。制度型开放程度每增加 1 个百分点，中国数字服务行业生产部门出口的概率大约上升 8.97 个百分点。综上所述，在制度型开放过程中 A 国生产部门出口的概率增加。

将相关数据通过结构模型分析得出 $P_2=\left(\dfrac{Z^2P_A}{wP_B}\right)^k-\left(\dfrac{Z^2}{\tau\left(\dfrac{f_x+\delta-\delta Z}{f}\right)^{\frac{1}{\sigma-1}}\dfrac{\sigma}{w^{\sigma-1}}}\right)^k$，$P_2$ 与 Z 的散点图如

图 8（b）所示。随着制度型开放程度 Z 增加，A 国生产部门开始生产但不出口的概率增加。由模型分析可知，A 国生产部门开始生产但不出口的概率 $P(\varphi_{AA}^*<\varphi\leqslant\varphi_{AB}^*)=P_2\left(\dfrac{1}{\varphi_{BB}^*}\right)^k$。制度体系 Z 是本模型唯一的自变量，故 B 国制度体系不变，则 φ_{BB}^* 不变。P_2 的变化即反映了 $P(\varphi_{AA}^*<\varphi\leqslant\varphi_{AB}^*)$ 的变化。图 8（b）显示，当 Z 从 $Z^*\to1$ 时，P_2 单增。由理论分析可知，营商环境的改善以及生产部门生产成本下降带来的成本效应导致非出口生产部门销量及利润上升，进而使选择不出口的生产部门增多。中国制度型开放的第一、第二种效应的综合影响大于第三、第四种效应的综合影响，导致中国在制度型开放过程中生产部门开始生产的门槛生产率降低，进而导致了停止生产的生产部门减少。不出口的生产部门增多及停止生产的生产部门减少共同导致了 A 国生产部门开始生产但不出口的概率增加。由量化分析可知，中国和 75 个国家或地区的贸易数据显示中国生产部门开始生产但不出口的概率与两国（或地区）之间的制度型开放程度是正相关关系。制度型开放程度每增加 1 个百分点，中国数字服务行业的生产部门选择开始生产但不出口的概率大约上升 8.97 个百分点。综上所述，在制度型开放过程中生产部门开始生产但不出口的概率增加。

根据 Melitz（2003），停止生产的生产部门及开始生产但不出口的生产部门在贸易开放过程中利益受损，资源由停止生产的生产部门及开始生产但不出口的生产部门重新分配到出口生产部门。在制度型开放过程中，生产部门进入出口市场的概率随着制度型开放程度的增加而增加，且出口生产部门是资源再配置过程中的受益者，故制度型开放会导致国际贸易的资源再配置作用增强。

六、制度型开放与传统贸易开放的比较

相较于制度型开放，中国数字服务行业的传统贸易开放聚焦于促进数字服务的跨境流通。主要手段是减少关税和非关税壁垒，以及通过增强市场竞争压力，筛选出生产率更高的企业，

从而提升整个行业的生产效率。传统贸易开放也包括推动国际贸易协定中的市场准入和国民待遇原则，以促进贸易自由化。然而，它并没有深入企业的内部运营和管理，因此在改善企业营商环境、提升单个企业生产效率以及降低企业进入出口市场的隐性制度成本等方面，其效果有限。总的来看，中国数字服务行业的制度型开放和传统贸易开放在目标、关注点和实施手段上存在明显的差异。制度型开放更侧重于国内环境的优化和国际规则的融合，而传统贸易开放更聚焦于降低边境壁垒和促进数字服务的跨境流通。不过，两者都是为了实现开放经济，推动数字服务行业的发展，但是制度型开放更注重制度环境和基础设施建设，更有利于长期发展和竞争力提升。

中国数字服务行业的制度型开放，是在《中华人民共和国国民经济和社会发展第十四个五年规划和 2035 年远景目标纲要》中提出的重要策略。它被视为中国未来扩大对外开放的重要发展方向，同时也符合中国数字服务行业从产品开放向生产阶段的开放，从边境开放向边境后的开放，从贸易开放向结构性共存的转变。本文以 Melitz 行业内异质性生产部门模型为基准，构建均衡系统，利用结构模型分别求解出完全的制度型开放与传统的贸易开放达到长期均衡状态时的各贸易及福利指标，发现完全制度型开放的各项指标与传统的贸易开放的各项对应指标之间存在倍数关系，且这一倍数是两国之间初始制度体系差异的函数。为简便起见，下文中将两国间的这一倍数的值称为两国间的制度型开放乘数。

设 A 国与 B 国的初始制度体系之比为 Z^*，在完全的制度型开放中，由于国内外制度完全相互融合，Z^* 变为 1。在传统的贸易开放中，各国的制度体系保持不变，两国的制度体系之比保持为 Z^* 不变。因为 B 国的制度优于 A 国，所以制度型开放的过程是 A 国的制度体系向 B 国的制度体系靠拢，B 国制度体系不变。由于制度体系 Z 是本模型唯一的自变量，故 B 国制度体系不变则 B 国名义工资 w_B、B 国行业价格水平 P_B 等变量都不变。

1. 名义工资的比较

本文利用 OECD 数据库中的相关数据，将前文所述的 75 个国家或地区与中国组成双边贸易伙伴。先分别求出贸易伙伴国在传统的贸易开放与完全的制度型开放状态下分别达到长期均衡时中国的名义工资的表达式，再用完全的制度型开放状态下的名义工资除以传统的贸易开放状态下的名义工资，得到该组贸易伙伴国的名义工资的制度型开放乘数。由式（1）～式（5）可求出在传统贸易开放中的名义工资 w^* 与两国初始制度差异 Z^* 的关系为 $w^{*\frac{2k\sigma}{1-\sigma}+1}=$

$$\frac{1}{Z^{*3k}}\frac{Z^{*-k}-\tau_1'^{-k}\left(\frac{f_{x1}'+f_{x2}'+\delta-\delta Z^*}{f_1'+f_2'}\right)^{\frac{\sigma-k-1}{\sigma-1}}w^{*\frac{-k\sigma}{\sigma-1}}}{1-\tau_1'^{-k}\left(\frac{f_{x1}'+f_{x2}'+\delta-\delta Z^*}{f_1'+f_2'}\right)^{\frac{\sigma-k-1}{\sigma-1}}w^{*\frac{k\sigma}{\sigma-1}}Z^{*-k}}$$，在完全的制度型开放中名义工资符合 $w^{\frac{2k\sigma}{1-\sigma}+1}=$

$$\frac{1-\tau_1'^{-k}\left(\frac{f_{x1}'+f_{x2}'}{f_1'+f_2'}\right)^{\frac{\sigma-k-1}{\sigma-1}}w^{\frac{-k\sigma}{\sigma-1}}}{1-\tau_1'^{-k}\left(\frac{f_{x1}'+f_{x2}'}{f_1'+f_2'}\right)^{\frac{\sigma-k-1}{\sigma-1}}w^{\frac{k\sigma}{\sigma-1}}}$$，则名义工资的制度型开放乘数 $\alpha_w=\frac{w}{w^*}$。使用结构模型计算出中国与部分国家或地区的 α_w 值，如表 4 所示。

表 4　中国与部分国家或地区的名义工资制度型开放乘数

国家或地区	α_w 值	国家或地区	α_w 值
阿尔巴尼亚	1.718	马来西亚	1.715

续表

国家或地区	α_w 值	国家或地区	α_w 值
阿根廷	1.425	美国	1.807
爱尔兰	1.579	秘鲁	1.545
奥地利	1.674	南非	1.394
澳大利亚	1.807	尼泊尔	1.615
巴基斯坦	1.656	挪威	1.789
巴西	1.562	葡萄牙	1.710
北马其顿	1.750	日本	1.732
比利时	1.681	瑞典	1.720
冰岛	1.649	瑞士	1.807
波斯尼亚和黑塞哥维那	1.364	塞尔维亚	1.635
玻利维亚	1.545	沙特阿拉伯	1.464
丹麦	1.755	斯洛伐克	1.742
德国	1.737	斯洛文尼亚	1.678
多米尼加	1.840	泰国	1.458
俄罗斯	1.404	瓦努阿图	1.679
厄瓜多尔	1.819	危地马拉	1.745
法国	1.768	文莱	1.562
芬兰	1.768	乌干达	1.358
哈萨克斯坦	1.442	乌拉圭	1.431
韩国	1.706	西班牙	1.737
荷兰	1.764	希腊	1.707
黑山	1.750	新加坡	1.609
加拿大	1.879	新西兰	1.694
柬埔寨	1.253	以色列	1.707
捷克	1.679	意大利	1.637
津巴布韦	1.025	印度	1.476
喀麦隆	1.632	印度尼西亚	1.443
科索沃	1.715	英国	1.807
肯尼亚	1.716	越南	1.734
老挝	1.234	赞比亚	1.252
卢森堡	1.793	中国香港	1.736
马达加斯加	1.547		

达到均衡稳态时，两国之间的名义工资的制度型开放乘数 α_w 是两国之间初始制度差异 Z^* 的函数。由表 4 可知，中国与表中国家或地区的 α_w 皆大于 1，即完全的制度型开放在达到长期均衡时 A 国的名义工资高于传统的贸易开放达到长期均衡时 A 国的名义工资。表 4 中的最大值是加拿大的名义工资制度型开放乘数 1.879，表示中国如果与加拿大进行贸易开放，完全的制度型开放会导致中国的均衡名义工资是传统的贸易开放下均衡名义工资的 1.879 倍。表 4 中的最小值是津巴布韦的名义工资制度型开放乘数 1.025。竞争效应是导致这一现象的原因之一。在制度

型开放的过程中，A 国营商环境改善，导致更多生产部门进入 A 国市场，而 A 国劳动力总量 L 不变，新进入生产部门对 L 的竞争抬高了名义工资。这一结果呼应了现有研究的发现，即区域营商环境质量与该区域名义工资存在正相关关系。

2. 人均福利的比较

本文先分别求出贸易伙伴国在传统的贸易开放与完全的制度型开放状态下分别达到长期均衡时中国的人均福利的表达式，再用完全的制度型开放状态下的人均福利除以传统的贸易开放状态下的人均福利，得到该组贸易伙伴国的人均福利的制度型开放乘数。人均福利=名义工资/价格指数。由式（1）~式（5）可求出在传统贸易开放中 $\frac{P_A{}^*}{P_B{}^*}$ 与 Z^* 的关系式 $\frac{P_A{}^*}{P_B{}^*}=\frac{Z^{*2}}{w^{*\frac{2\sigma}{\sigma-1}}}$。$A$ 国与 B 国的人均福利之比为 $U^*=\frac{w^*P_B{}^*}{P_A{}^*}$，在完全的制度型开放中人均福利 $U=\frac{wP_B}{P_A}$，则人均福利的制度型开放乘数 $\alpha_U=\frac{U}{U^*}$。使用结构模型计算出中国与部分国家或地区的 α_u 值，如表 5 所示。

表 5 中国与部分国家或地区的人均福利制度型开放乘数

国家或地区	α_u 值	国家或地区	α_u 值
阿尔巴尼亚	2.484	马来西亚	2.489
阿根廷	2.980	美国	2.365
爱尔兰	2.696	秘鲁	2.754
奥地利	2.547	南非	3.044
澳大利亚	2.365	尼泊尔	2.638
巴基斯坦	2.574	挪威	2.388
巴西	2.725	葡萄牙	2.495
北马其顿	2.439	日本	2.464
比利时	2.537	瑞典	2.481
冰岛	2.585	瑞士	2.365
波斯尼亚和黑塞哥维那	3.108	塞尔维亚	2.606
玻利维亚	2.754	沙特阿拉伯	2.900
丹麦	2.432	斯洛伐克	2.451
德国	2.458	斯洛文尼亚	2.541
多米尼加	2.322	泰国	2.914
俄罗斯	3.022	瓦努阿图	2.540
厄瓜多尔	2.349	危地马拉	2.447
法国	2.415	文莱	2.726
芬兰	2.415	乌干达	3.120
哈萨克斯坦	2.944	乌拉圭	2.968
韩国	2.501	西班牙	2.458
荷兰	2.421	希腊	2.500
黑山	2.439	新加坡	2.647
加拿大	2.276	新西兰	2.518

国家或地区	α_u 值	国家或地区	α_u 值
柬埔寨	3.373	以色列	2.500
捷克	2.540	意大利	2.604
津巴布韦	4.091	印度	2.878
喀麦隆	2.611	印度尼西亚	2.944
科索沃	2.487	英国	2.365
肯尼亚	2.486	越南	2.462
老挝	3.424	赞比亚	3.378
卢森堡	2.382	中国香港	2.458
马达加斯加	2.751		

达到均衡稳态时，两国之间的名义工资的制度型开放乘数 α_u 是两国之间初始制度差异 Z^* 的函数。由表5可知，中国与表中国家或地区的 α_u 皆大于1，即完全的制度型开放在达到长期均衡时 A 国的人均福利高于传统的贸易开放达到长期均衡时 A 国的人均福利。表5中的最大值是津巴布韦的人均福利制度型开放乘数4.091，表示中国如果与津巴布韦进行贸易开放，完全的制度型开放会导致中国的人均福利是传统的贸易开放下人均福利的4.091倍。表5中的最小值是加拿大的人均福利制度型开放乘数2.276。名义工资上涨，且价格水平的涨幅小于名义工资的涨幅是人均福利上涨的原因之一。由前文分析可知，A 国不仅名义工资上涨，行业平均价格水平也上涨。由 A 国人均福利上升可知 A 国名义工资上涨的幅度超过 A 国行业平均价格水平上涨的幅度。

3. 对单个生产部门均衡价格的比较

本文先分别求出贸易伙伴国在传统的贸易开放与完全的制度型开放状态下分别达到长期均衡时中国的单个生产部门均衡价格的表达式，再用完全的制度型开放状态下的单个生产部门均衡价格除以传统的贸易开放状态下的单个生产部门均衡价格，得到该组贸易伙伴国的单个生产部门均衡价格的制度型开放乘数。设 A 国有一个生产部门 α，该生产部门的生产率为 φ_α，在 B 国也有一个生产部门，生产率同样为 φ_α。已知 $P_A(\varphi_\alpha) = \dfrac{w}{\rho Z \varphi}$，$P_B(\varphi_\alpha) = \dfrac{1}{\rho \varphi}$，因此 $P_A(\varphi_\alpha)/P_B(\varphi_\alpha) = w/Z$。在传统贸易开放中 $P_A(\varphi_\alpha)/P_B(\varphi_\alpha) = w^*/Z^*$，在完全的制度型开放中 $P_A(\varphi_\alpha)/P_B(\varphi_\alpha) = w/1 = w$，在完全的制度型开放中 $P_A(\varphi_\alpha)/P_B(\varphi_\alpha) = w/1 = w$，则单个生产部门均衡价格的制度型开放乘数 $\alpha_{pp} = \dfrac{wZ^*}{w^*}$。使用结构模型计算出中国与部分国家或地区的 α_w 值，如表6所示。

表6　中国与部分国家的单个生产部门均衡价格制度型开放乘数

国家或地区	α_w 值	国家或地区	α_w 值
阿尔巴尼亚	1.015	马来西亚	1.016
阿根廷	1.088	美国	0.997
爱尔兰	1.047	秘鲁	1.056
奥地利	1.025	南非	1.097
澳大利亚	0.997	尼泊尔	1.039
巴基斯坦	1.029	挪威	1.000

续表

国家或地区	α_w 值	国家或地区	α_w 值
巴西	1.052	葡萄牙	1.017
北马其顿	1.008	日本	1.012
比利时	1.024	瑞典	1.015
冰岛	1.031	瑞士	0.997
波斯尼亚和黑塞哥维那	1.106	塞尔维亚	1.034
玻利维亚	1.056	沙特阿拉伯	1.075
丹麦	1.007	斯洛伐克	1.010
德国	1.011	斯洛文尼亚	1.023
多米尼加	0.990	泰国	1.079
俄罗斯	1.094	瓦努阿图	1.024
厄瓜多尔	0.994	危地马拉	1.010
法国	1.005	文莱	1.052
芬兰	1.005	乌干达	1.103
哈萨克斯坦	1.081	乌拉圭	1.087
韩国	1.018	西班牙	1.011
荷兰	1.005	希腊	1.018
黑山	1.008	新加坡	1.040
加拿大	0.982	新西兰	1.021
柬埔寨	1.141	以色列	1.018
捷克	1.024	意大利	1.034
津巴布韦	1.230	印度	1.074
喀麦隆	1.035	印度尼西亚	1.083
科索沃	1.015	英国	0.997
肯尼亚	1.016	越南	1.012
老挝	1.148	赞比亚	1.141
卢森堡	0.999	中国香港	1.011
马达加斯加	1.056		

达到均衡稳态时，两国之间的单个生产部门均衡价格的制度型开放乘数 α_{pp} 是两国之间初始制度差异 Z^* 的函数。由表6可知，中国与表中国家或地区的 α_{pp} 约等于1，即完全的制度型开放在达到长期均衡时 A 国的单个生产部门均衡价格与传统的贸易开放达到长期均衡时 A 国的单个生产部门均衡价格并没有显著差别。在制度型开放的过程中，制度质量提升导致生产的边际成本降低，继而导致 A 国单个生产部门均衡价格降低。名义工资及实际工资（人均福利）上升导致生产部门使用劳动力的成本增加，继而导致 A 国单个生产部门均衡价格升高。由表6可知，制度型开放升高单个生产部门均衡价格的效应与降低单个生产部门均衡价格的效应是大致相等的，即制度质量提升导致生产成本降低的影响与名义工资及实际工资升高导致生产成本升高的影响互相抵消。由表5可知，制度型开放对单个生产部门均衡价格并无显著影响。

4. 对生产部门开始生产的门槛生产率的比较

本文先分别求出贸易伙伴国在传统的贸易开放与完全的制度型开放状态下分别达到长期均

衡时中国的生产部门开始生产的门槛生产率的表达式，再用完全的制度型开放状态下的生产部门开始生产的门槛生产率除以传统的贸易开放状态下的生产部门开始生产的门槛生产率，得到该组贸易伙伴国的生产部门开始生产的门槛生产率的制度型开放乘数。由式（1）～式（5）可求出在传统贸易开放中两国生产部门开始生产的门槛生产率之比为 $\frac{1}{Z^*}w^*\frac{P_B{}^*}{P_A{}^*}$，在完全的制度型开放中两国生产部门开始生产的门槛生产率之比为 $\frac{1}{Z}w\frac{P_B}{P_A}$，则生产部门开始生产的门槛生产率的制度型开放乘数 $\alpha_{cutoff}=\dfrac{ZP_AP_B{}^*w^*}{Z^*P_A{}^*P_Bw}$。使用结构模型计算出中国与部分国家或地区的 α_{cutoff} 值，如表7所示。

表7　中国与部分国家或地区的生产部门开始生产的门槛生产率制度型开放乘数

国家或地区	α_{cutoff} 值	国家或地区	α_{cutoff} 值
阿尔巴尼亚	0.325	马来西亚	0.325
阿根廷	0.324	美国	0.326
爱尔兰	0.325	秘鲁	0.325
奥地利	0.325	南非	0.324
澳大利亚	0.326	尼泊尔	0.325
巴基斯坦	0.325	挪威	0.326
巴西	0.325	葡萄牙	0.325
北马其顿	0.325	日本	0.325
比利时	0.325	瑞典	0.325
冰岛	0.325	瑞士	0.326
波斯尼亚和黑塞哥维那	0.324	塞尔维亚	0.325
玻利维亚	0.325	沙特阿拉伯	0.324
丹麦	0.325	斯洛伐克	0.325
德国	0.325	斯洛文尼亚	0.325
多米尼加	0.326	泰国	0.324
俄罗斯	0.324	瓦努阿图	0.325
厄瓜多尔	0.326	危地马拉	0.325
法国	0.326	文莱	0.325
芬兰	0.326	乌干达	0.324
哈萨克斯坦	0.324	乌拉圭	0.324
韩国	0.325	西班牙	0.325
荷兰	0.326	希腊	0.325
黑山	0.325	新加坡	0.325
加拿大	0.326	新西兰	0.325
柬埔寨	0.323	以色列	0.325
捷克	0.325	意大利	0.325
津巴布韦	0.323	印度	0.324
喀麦隆	0.325	印度尼西亚	0.324

国家或地区	α_{cutoff} 值	国家或地区	α_{cutoff} 值
科索沃	0.325	英国	0.326
肯尼亚	0.325	越南	0.325
老挝	0.323	赞比亚	0.323
卢森堡	0.326	中国香港	0.325
马达加斯加	0.325		

达到均衡稳态时，两国之间的生产部门开始生产的门槛生产率的制度型开放乘数 α_{cutoff} 是两国之间初始制度差异 Z^* 的函数。由表7可知，中国与表中国家或地区的 α_{cutoff} 比较稳定，都在 0.32 左右，表示完全的制度型开放均衡状态下生产部门开始生产的门槛生产率是传统贸易开放均衡状态下生产部门开始生产的门槛生产率的 0.32 倍。制度型开放可造成边际生产成本降低与营商环境改善，从而使更多的生产部门进入市场，降低生产部门开始生产的门槛生产率。制度型开放同时也可造成名义工资和实际工资上升，劳动力成本增加，进入 A 国市场的外国产品增多，生产部门面临的竞争加剧，抬高生产部门开始生产的门槛生产率。由表7中数据可知，制度型开放对生产部门开始生产的门槛生产率的总体影响是降低的。在表7中，加拿大的生产部门开始生产的门槛生产率制度型开放乘数 0.326，表示中国如果与加拿大进行贸易开放，完全的制度型开放会导致中国的生产部门开始生产的门槛生产率是传统的贸易开放下生产部门开始生产的门槛生产率的 0.326 倍。

5. 对非出口生产部门销量及利润的比较

本文先分别求出贸易伙伴国在传统的贸易开放与完全的制度型开放状态下分别达到长期均衡时中国的非出口生产部门销量及利润的表达式，再用完全的制度型开放状态下的非出口生产部门销量及利润除以传统的贸易开放状态下的非出口生产部门销量及利润，得到该组贸易伙伴国的非出口生产部门销量及利润的制度型开放乘数。设 A 国有一个生产部门 α，该生产部门的生产率为 φ_α，生产部门 α 不出口。在 B 国也有一个生产部门，生产率同样为 φ_α，该生产部门也不出口。根据 Melitz（2003），对于同样生产率为 φ 的生产部门：

$$q_A(\varphi_\alpha) = (ZP_A/wP_B)^\sigma q_B(\varphi_\alpha)$$
$$r_A(\varphi_\alpha) = (ZP_A/wP_B)^{\sigma-1} r_B(\varphi_\alpha)$$

B 国制度体系不变，且 B 国对应生产部门不出口，故 B 国对应生产部门不受到与 A 国贸易的影响，则 $q_B(\varphi_\alpha)$ 不变，$r_B(\varphi_\alpha)$ 不变，则 $q_A(\varphi_\alpha)$ 与 $r_A(\varphi_\alpha)$ 的值仅受 ZP_A/wP_B 的影响。在传统贸易开放中的非出口生产部门销量及利润受到 $Z^* P_A^* / w^* P_B^*$ 的影响，在完全的制度型开放中非出口生产部门销量及利润受到 ZP_A/wP_B 的影响，则非出口生产部门销量及利润的制度型开放乘数 $\alpha_Q = \dfrac{w^* P_A P_B^*}{Z^* w P_A^* P_B}$。使用结构模型计算出中国与部分国家或地区的 α_Q 值，如表8所示。

表8　中国与部分国家或地区的不出口生产部门销量及利润制度型开放乘数

国家或地区	α_Q 值	国家或地区	α_Q 值
阿尔巴尼亚	4.203	马来西亚	4.200
阿根廷	3.902	美国	4.287
爱尔兰	4.066	秘鲁	4.030

续表

国家或地区	α_Q 值	国家或地区	α_Q 值
奥地利	4.161	南非	3.867
澳大利亚	4.287	尼泊尔	4.102
巴基斯坦	4.143	挪威	4.270
巴西	4.048	葡萄牙	4.196
北马其顿	4.234	日本	4.217
比利时	4.167	瑞典	4.205
冰岛	4.135	瑞士	4.287
波斯尼亚和黑塞哥维那	3.834	塞尔维亚	4.122
玻利维亚	4.030	沙特阿拉伯	3.947
丹麦	4.239	斯洛伐克	4.226
德国	4.221	斯洛文尼亚	4.166
多米尼加	4.319	泰国	3.938
俄罗斯	3.879	瓦努阿图	4.165
厄瓜多尔	4.299	危地马拉	4.229
法国	4.251	文莱	4.047
芬兰	4.251	乌干达	3.835
哈萨克斯坦	3.924	乌拉圭	3.908
韩国	4.191	西班牙	4.221
荷兰	4.247	希腊	4.192
黑山	4.234	新加坡	4.096
加拿大	4.354	新西兰	4.181
柬埔寨	3.705	以色列	4.192
捷克	4.165	意大利	4.124
津巴布韦	3.410	印度	3.958
喀麦隆	4.119	印度尼西亚	3.921
科索沃	4.201	英国	4.287
肯尼亚	4.201	越南	4.218
老挝	3.682	赞比亚	3.703
卢森堡	4.275	中国香港	4.221
马达加斯加	4.032		

达到均衡稳态时，两国之间的非出口生产部门销量及利润的制度型开放乘数 α_Q 是两国之间初始制度差异 Z^* 的函数。由表8可知，中国与表中国家或地区的 α_Q 皆大于1，即完全的制度型开放在达到长期均衡时 A 国的非出口生产部门销量及利润高于传统的贸易开放达到长期均衡时 A 国的非出口生产部门销量及利润。表8中的最大值是加拿大的非出口生产部门销量及利润制度型开放乘数4.354，表示中国如果与加拿大进行贸易开放，完全的制度型开放会导致中国的均衡非出口生产部门销量及利润是传统的贸易开放下均衡非出口生产部门销量及利润的4.354倍。表8中的最小值是津巴布韦的非出口生产部门销量及利润制度型开放乘数3.410。制度型开放导致制度质量的提升，减少了生产部门的边际劳动投入，增加了非出口生产部门的销量及利润。

制度型开放改善营商环境，也增加了非出口生产部门的销量及利润。同时制度型开放导致实际工资上升，将减少非出口生产部门的销量及利润。由表 7 可知，制度型开放对非出口生产部门的销量及利润的正面影响大于负面影响。

七、结论与政策启示

本文的研究目的是分析中国数字服务行业制度型开放对微观生产部门及消费者的影响，研究该行业制度型开放的贸易效应及福利效应，以及该行业制度型开放与传统贸易开放的区别。

本文主要有五点研究发现：第一，制度型开放会导致中国数字服务行业名义工资及行业平均价格水平的上升，且行业平均价格水平的涨幅小于行业名义工资的涨幅，消费者人均福利上升。第二，制度型开放会同时影响生产部门出口的二元边际，对出口生产部门的集约边际及扩展边际均有正面影响。第三，制度型开放通过营商环境的改善以及制度质量的改良影响国内的非出口生产部门，促使国内非出口生产部门的市场份额及利润上涨，单个生产部门价格降低，生产部门开始生产的门槛生产率门槛降低。第四，制度型开放的资源再配置效应相较于传统贸易开放更显著，国内生产部门进入出口市场的概率以及留在国内市场运营的概率均升高，国内生产部门退出市场的概率降低。第五，相比传统的贸易开放，制度型开放在达到长期均衡状态时的各项贸易及福利指标均存在较大的乘数效应。

本文的政策启示主要在于：第一，加速推进数字服务行业制度型开放的进程，扩大制度型开放的范围。在确保国家安全的前提下，逐步削减数据跨境流动管控、网络内容审查和过滤要求、数字产品及服务的国内税费、歧视性公共采购制度等数字服务贸易壁垒。一方面要加强数字服务行业基础设施及连接性的建设水平，提升知识产权保护力度，使其尽快与发达国家接轨。另一方面在电子交易规则与支付系统建设方面应采用国际通行标准。中国在立法层面已基本有了国际化的法治基础，接下来可利用中韩、中澳自由贸易协定中获得国际广泛承认的数字服务规则框架，吸纳 TFA《贸易便利化协定》、ITA 中已经构建的数字服务贸易监管模式，沿袭并细化 GATS 协议中已存在的多边争端解决机制，丰富国内数字服务规则制度供给。

第二，扩大数字劳工平台劳动关系的覆盖范围，建立国际通行的劳工标准。中国数字服务行业的劳动力主要由数字劳工平台提供。中国的大部分数字劳工平台，如滴滴出行、美团外卖等采用加盟合作模式或共享模式，并不签订劳动合同，而是通过劳务合同或合作合同用工。在此背景下，不仅工人权益不能得到充分保障，制度型开放具有的提升名义工资及人均福利的福利效应难以惠及普通劳工，而且"非正规就业"的广泛存在导致中国的数字劳工经济处于"非正规经济"的状态，与国际通行的劳工标准存在差异，对制度型开放造成了阻碍。政府相关部门应扩大数字劳工平台劳动关系的覆盖范围，建立明确的劳动关系认定标准。例如，参照国际劳工组织《关于从非正规经济向正规经济转型的建议书》（2015 年版）的规则框架，对数字劳工平台采取相应的激励机制和违规惩罚，促进数字劳工平台正规化发展。

第三，优化新企业进入市场以及企业出口的审批流程。中国在试点地区进行过降低数字服务企业准入门槛的改革探索，接下来应将试点地区的成功经验向全国范围推广。在拓宽民营企业进入数字服务行业的渠道方面，2018 年工信部发布的《关于移动通信转售业务正式商用的通告》规定了可给符合要求的民营企业发放基础电信领域的正式商用牌照，然而截至 2021 年底累计仅有 42 家民营企业获得牌照。这一数据同发达国家相比偏小，需要对民营企业的牌照申请进行优化，降低企业申请牌照的时间成本和行政负担。在降低中小企业的运营成本方面，2021 年政府工作报告要求"中小企业宽带和专线平均资费再降10%"。电信服务部门应落实政府工作报告的要求，降低中小企业的互联网访问成本，为制度型开放进程中更多的中小企业进入市场提供便利。同时，在对出口企业的监管方面，中国以政府为监管主体，而欧盟经济体更倾向于采用企业自治、行业自律和社会监督形成多元共治格局。中国应在业已尝试的调用社会力量进行辅助监管的基础上，继续探索多元共治监管制度，在有效降低出口企业的合规成本及行政管理成本的同时，尽可能与发达国家接轨，从而降低中国企业在海外运营以及外资企业在中国运营的适应成本。

第四，增强行业监管的法治化、规范化程度。过几年，中国数字服务行业监管的法治化程度及制度型开放程度得到了增强，如借鉴欧盟《通用数据保护条例》（GDPR）中的概念和监管框架制定并颁布了《网络安全法》《个人信息保护法》，但仍然存在一定的不足。一是对"关键信息基础设施"等概念使用较为广泛的定义及较为模糊的措辞容易导致贸易争端。同时，中国《网络安全法》的正式版本与两个更新草案之间的差异也可能导致混淆。针对这一问题，中国政府先后发布了《个人信息和重要数据出境安全评估办法》（以下简称《办法》）及《数据出境安全评估指南（第一版）》（以下简称《指南》）以对数据本地化规则、数据主体及相关信息披露要求等内容进行详细说明。但其中依然存在较为模糊的条款，《指南》确实提供了有关如何识别"重要数据"的详细说明，但标明重要数据"包括但不限于"所写的条款，在实际执行中关于"重要数据"的界定仍然存在争议。二是相关法律的适用范围不明确，容易引起国际社会的不适应。例如，《网络安全法》及其更新草案在适用范围及相关规定等方面存在分歧。该法律第三十七条规定，数据本地化只能由"关键信息基础设施的运营者"来实施，但《个人信息和重要数据出境安全评估办法（征求意见稿）》和《数据出境安全评估指南（草案）》修改了语言，还注意到所有"网络运营者"均有义务恪守（《个人信息和重要数据出境安全评估办法（征求意见稿）》第二条和《数据出境安全评估指南（草案）》第3.1条）。《指南》的"其他"部分也指出，《指南》仅"部分"介绍了相关行业和部门，相关机构负责做出超出《指南》的决定。三是中国的监管制度体系法治化程度不足。例如《办法》和《指南》不是具有法律约束力的准则。此外，中国的部分约定俗成的行业监管标准以合作倡议和行政措施的形式存在，而非通过法律的形式加以固定和规范。例如，《二十国集团数字经济发展与合作倡议》实施以来形成了关于无纸化通关、电子交易单据、数字认证的互认、电子支付等方面的一批非正式行业规则，需要以法条的形式加以固定。2022年12月，国务院发布《关于构建数据基础制度更好发挥数据要素作用的意见》，其中概述了加强数据经济的20项措施，也需要以法律形式加以规范。

第五，推动中国行业标准及数据治理的境外输出。一是扩大中国《全球数据安全倡议》（GDSI）的合作范围。该倡议旨在就"全球数字领域的标准和法规"达成国际协议，涵盖跨境数据传输、数据安全等，目前已获得东盟、阿拉伯联盟及部分国家或地区的支持。接下来应扩大GDSI的合作范围，争取更多国家的支持，以输出中国的数据传输规则及数据安全标准，改变数字服务领域的跨境合作规则只能在"美式模板"和"欧盟模板"之间二选一的现状。二是依托中国"数字丝绸之路"（DSR），通过向东道国提供数字基础设施和服务，影响其他国家的数字经济的环境，使DSR合作国家接受中国的数据治理规范和规则。在对DSR合作国家的宽带连接、智能城市和数据中心的投资协议中附带经过规范化的中国数据治理标准，以支持中国扩大数据获取和将DSR国家整合到以中国为中心的更广泛的数字生态系统中。三是参与各种标准制定组织和论坛，以争取数字服务行业国际标准的规则制定权。例如，中国已参与3GPP（第三代合作伙伴计划）和国际电信联盟（ITU），并通过参与国际技术工作组等方式在面部识别和物联网领域参与了部分国际标准制定。接下来应通过ITU会议及技术合作等渠道继续影响国际规范和规则，塑造更适合中国公司和技术的国际标准。

参考文献

［1］Acemoglu D，Robinson J A. Political Losers as a Barrier to Economic Development ［J］. American Economic Review，2000，90（2）：126-130.

［2］Acemoglu D，Robinson J. Non-Modernization：Power-Culture Trajectories and the Dynamics of Political Institutions ［J］. Annual Review of Political Science，2022，25：323-339.

［3］Aggarwal V K，Fogarty E A. Between Regionalism and Globalism：European Union Transregional and Inter-Regional Trade Strategies ［M］//Aggarwal V K，Fogarty E A. European Union Trade Strategies：Between Globalism and Regionalism. London：Palgrave Macmillan，2004.

［4］Anderson J E，VanWincoop E. Gravity with Gravitas：A Solution to the Border Puzzle ［J］. American Economic Review，2003，93（1）：170-192.

［5］Anderson J E，Marcouiller D. Insecurity and the Pattern of Trade：An Empirical Investigation ［J］. Review of Economics and Statistics，2002，84（2）：342-352.

［6］Antràs P，Helpman E. Contractual Frictions and Global Sourcing ［R］. NBER Working Paper，2006.

［7］Arnim R，Taylor L. World Bank CGE Macroeconomics and the Doha Debate ［R］. Purdue University，Center for Global Trade Analysis，Global Trade Analysis Project，Research Paper，2007.

［8］Baldwin R E，Skudelny F，Taglioni D. Trade Effects of the Euro：Evidence from Sectoral Data ［J］. Social Science Electronic Publishing，2005，66（1）：33-51.

［9］Becker B，Chen J，Greenberg D. Financial Development，Fixed Costs，and International Trade ［J］. The Review of Corporate Finance Studies，2013，2（1）：1-28.

［10］Beverelli C，Fiorini M，Hoekman B. Services Trade Policy and Manufacturing Productivity：The Role of Institutions ［J］. Journal of International Economics，2017，104：166-182.

［11］Blonigen B A，Davies R B，Waddell G R，et al. FDI in Space：Spatial Autoregressive Relationships in Foreign Direct Investment ［J］. European Economic Review，2007，51（5）：1303-1325.

［12］Bosch G，Van Zanten H H E，Zamprogna A，et al. Conversion of Organic Resources by Black Soldier Fly Larvae：Legislation，Efficiency and Environmental Impact ［J］. Journal of Cleaner Production，2019，222：355-363.

［13］Drysdale P D，Yu S，Armstrong S P. Asia's Changing Position in the World Economy：Projections Through to 2020 ［R］. EABER Working Paper，2009.

［14］Duggan V，Rahardja S，Varela G. Can Open Service Sector FDI Policy Enhance Manufacturing Productivity？Evidence from Indonesia ［R］. Policy Research Working Papers，2013.

［15］Feinberg R M，Meurs M. Market Reform，Infrastructure and Exchange Rate Passthrough in Central and Eastern Europe ［J］. Post-Communist Economies，2005，17（1）：21-32.

［16］Felbermayr G，Jung B. Unilateral Trade Liberalization in the Melitz Model：A Note ［J］. University of Tübingen Working Papers in Business and Economics，2012，32（2）：1724-1730.

［17］Ferencz J，Frederic G. Barriers to Trade in Digitally Enabled Services in The G20 ［R］. OECD Trade Policy Paper，No. 232，2019.

［18］Ferencz J. The OECD Digital Services Trade Restrictiveness Index ［R］. OECD Trade Policy

Paper, No. 221, 2019.

［19］Ferracane M F, Marel E. Do Data Restrictions Inhibit Trade in Services ［R］. EUI Working Papers, No. 29, 2019.

［20］Gogokhia T, Berulava G. Business Environment Reforms, Innovation and Firm Productivity in Transition Economies ［J］. Eurasian Business Review, 2021, 11 (2): 221-245.

［21］Grosso M G, Gonzales F, Miroudot S, et al. Services Trade Restrictiveness Index (STRI): Scoring and Weighting Methodology ［R］. OECD Trade Policy Papers, No. 177, 2015.

［22］Hummels D, Klenow P J. TheVariety and Quality of A Nation's Exports ［J］. American Economic Review, 2005, 95 (3): 704-723.

［23］Ji K, Magnus J R, Wang W. Natural Resources, Institutional Quality, and Economic Growth in China ［J］. Environmental and Resource Economics, 2014, 57 (3): 323-343.

［24］Jun B, Alshamsi A, Gao J, et al. Relatedness, Knowledge Diffusion, and the Evolution of Bilateral Trade ［J］. SSRN Electrumic Journal, 2017.

［25］Klenow P J, Rodriguez-Clare A. Externalities and Growth ［R］. NBER Working Papers, No. 11009, 2004.

［26］Levchenko A A. Institutional Quality and International Trade ［J］. The Review of Economic Studies, 2007, 74 (3): 791-819.

［27］Melitz M J. The Impact of Trade on Intra-Industry Reallocations and Aggregate Industry Productivity ［J］. Econometrica, 2003, 71 (6): 1695-1725.

［28］Meltzer, Joshua P. The Importance of the Interment and Transatlantic Data Flows for U. S. and EU Trade and Investment ［R］. The Brookings Institution: Global Economy and Development, No. 79, 2014.

［29］Novy D. Gravity Redux: Measuring International Trade Costs with Panel Data ［J］. Economic inquiry, 2013, 51 (1): 101-121.

［30］Nunn N, Trefler D. Incomplete Contracts and the Boundaries of the Multinational Firm ［J］. Journal of Economic Behavior and Organization, 2013, 94: 330-344.

［31］Nunn N. Relationship-Specificity, Incomplete Contracts, and the Pattern of Trade ［J］. The Quarterly Journal of Economics, 2007, 122 (2): 569-600.

［32］OECD. The OECD Privacy Framework ［R］. OECD Working Papers, No. 7, 2013.

［33］Ottaviano G I P, Melitz M J. MarketSize, Trade, and Productivity ［R］. NBER Working Paper, 2005 (w11393).

［34］Rodriguez F, Rodrik D. Trade Policy and Economic Growth: A Skeptic's Guide to the Cross-National Evidence ［J］. NBER Macroeconomics Annual, 2000, 15 (1): 261-325.

［35］Roelfsema H, Zhang Y. The Causal Effect of Institutional Quality on Outsourcing ［J］. The Journal of International Trade & Economic Development, 2012, 21 (6): 895-920.

［36］Soppelsa M E, Lozano-Gracia N, Xu L C. The Effects of Pollution and Business Environment on Firm Productivity in Africa ［J］. International Regional Science Review, 2021, 44 (2): 203-228.

［37］Spiezia V, Tscheke J. International Agreements on Cross-Border Data Flows and International Trade: A Statistical Analysis ［R］. OECD Science, Technology and Industry Working Papers, No. 9, 2020.

［38］Stevens C E，Shenkar O. The Liability of Home：Institutional Friction and Firm Disadvantage Abroad［M］//Institutional Theory in International Business and Management. Emerald Group Publishing Limited，2012：127-148.

［39］Zhou H. Three Essays on Industrial Organization［D］. Baltimore University of Maryland，2002.

［40］安礼伟，张二震. 新时代我国开放型经济发展的几个重大理论问题［J］. 社会科学文摘，2020（11）：16-18.

［41］常娱，钱学锋. 制度型开放的内涵、现状与路径［J］. 世界经济研究，2022（5）：92-101.

［42］陈福利. 外商投资法开启中国制度型开放新征程［J］. 中国人大，2019（8）：41-42.

［43］陈昊，陈小明. 文化距离对出口贸易的影响：基于修正引力模型的实证检验［J］. 中国经济问题，2011（6）：76-82.

［44］陈伟光，刘彬，聂世坤. 融合还是分立：全球经济治理制度变迁的逻辑［J］. 东北亚论坛，2022，31（3）：29-43+127.

［45］迟福林. 迟福林：以服务贸易为重点建设高水平开放型经济新体制［J］. 山东经济战略研究，2020（10）：51-52.

［46］迟福林. 以制度型开放深化服务业市场化改革［J］. 北方经济，2020（10）：4-5.

［47］戴翔，金碚. 产品内分工、制度质量与出口技术复杂度［J］. 经济研究，2014，49（7）：4-17+43.

［48］戴翔，张二震. "一带一路"建设与中国制度型开放［J］. 国际经贸探索，2019，35（10）：4-15.

［49］戴翔，张雨. 制度型开放：引领中国攀升全球价值链新引擎［J］. 江苏行政学院学报，2019（5）：45-52.

［50］邓明. 制度距离、"示范效应"与中国 OFDI 的区位分布［J］. 国际贸易问题，2012（2）：123-135.

［51］东艳. 制度摩擦、协调与制度型开放［J］. 华南师范大学学报（社会科学版），2019（2）：79-86+192.

［52］龚新蜀，刘庆延. 新疆与南亚区域合作联盟经济合作问题研究［J］. 商业经济，2010（16）：26-28.

［53］郭贝贝，董小君. 新发展格局下制度型开放的逻辑、内涵和路径选择［J］. 行政管理改革，2022（4）：76-84.

［54］郭苏文，黄汉民. 制度距离对我国外向 FDI 的影响：基于动态面板模型的实证研究［J］. 国际经贸探索，2010，26（11）：21-26.

［55］郭苏文，赵政安. 我国货币供应量与经济增长的动态相关性实证研究：基于 VAR 模型的脉冲响应函数分析［J］. 商业时代，2010（36）：37-38.

［56］何立胜. 全方位对外开放呼唤制度型开放［J］. 小康，2019（19）：24-25.

［57］胡宗彪. 企业异质性、贸易成本与服务业生产率［J］. 数量经济技术经济研究，2014，31（7）：68-84.

［58］黄新华，赵荷花. 制度型开放中政府规制变革的动因、挑战与路径［J］. 北京社会科学，2022（3）：119-128.

［59］蒋冠宏，蒋殿春. 中国对外投资的区位选择：基于投资引力模型的面板数据检验［J］.

世界经济，2012（9）：21-40.

［60］焦方义，姜帅．东北地区营商环境的现状及优化路径研究［J］．北方论丛，2019（1）：9-14.

［61］李富强，董直庆，王林辉．制度主导、要素贡献和我国经济增长动力的分类检验［J］．经济研究，2008（4）：53-65.

［62］李强，魏巍．制度变迁与区域进出口贸易的关联：强制性抑或诱致性［J］．改革，2013（2）：11-18.

［63］林圻．以制度型开放释放改革红利［J］．上海人大月刊，2019（6）：34.

［64］刘德学，孙博文．经济制度距离与贸易发展——基于跨国面板数据的实证研究［J］．国际商务（对外经济贸易大学学报），2019（1）：21-33.

［65］刘洪愧．数字贸易发展的经济效应与推进方略［J］．改革，2020（3）：40-52.

［66］刘军，王恕立．异质性服务企业、沟通成本与 FDI 动机［J］．世界经济，2015（6）：88-114.

［67］毛海涛，钱学锋，张洁．中国离贸易强国有多远：基于标准化贸易利益视角［J］．世界经济，2019，42（12）：3-26.

［68］毛其淋，许家云．贸易政策不确定性与企业储蓄行为：基于中国加入 WTO 的准自然实验［J］．管理世界，2018，34（5）：10-27+62.

［69］米红，刘悦．参数调整与结构转型：改革开放四十年农村社会养老保险发展历程及优化愿景［J］．中共浙江省委党校学报，2018，34（6）：17-27.

［70］潘安，魏龙．制度距离对中国稀土出口贸易的影响——基于 18 个国家和地区贸易数据的引力模型分析［J］．国际贸易问题，2013（4）：9.

［71］裴长洪，刘斌．中国对外贸易的动能转换与国际竞争新优势的形成［J］．经济研究，2019，54（5）：4-15.

［72］裴长洪，彭磊．中国开放型经济治理体系的建立与完善［J］．改革，2021（4）：1-14.

［73］邱斌，唐保庆，孙少勤，等．要素禀赋，制度红利与新型出口比较优势［J］．经济研究，2014，49（8）：107-119.

［74］申烁，李雪松，党琳．营商环境与企业全要素生产率［J］．经济与管理研究，2021，42（6）：124-144.

［75］盛斌，高疆．中国与全球经济治理：从规则接受者到规则参与者［J］．南开大学学报（哲学社会科学版），2018（5）：18-27.

［76］史彦泽．积极推进我国对外开放转向制度型开放［J］．奋斗，2019（1）：13-15.

［77］王拓．数字服务贸易及相关政策比较研究［J］．国际贸易，2019（9）：80-89.

［78］魏浩，程玲．中国出口商品结构、劳动力市场结构与高端人才战略［J］．财贸经济，2010（10）：93-99.

［79］吴大华．吴大华：西部地区要抓住制度型开放新机遇［J］．经济研究信息，2019（3）：25-26.

［80］许德友，王梦菲．新中国成立以来的开放体制及其演变：从反封锁到制度型开放［J］．中共南京市委党校学报，2019（3）：8-13.

［81］许家云，周绍杰，胡鞍钢．制度距离、相邻效应与双边贸易：基于"一带一路"国家空间面板模型的实证分析［J］．财经研究，2017，43（1）：75-85.

［82］许英明．外商投资法开启制度型开放新时代［N］．中国经济时报，2019－03－13（005）．

［83］杨剑，张威，张丹．制度型开放注意力配置研究：基于自贸试验区方案文本［J］．国际经济合作，2021（3）：50-58.

［84］杨友才．制度变迁、路径依赖与经济增长：一个数理模型分析［J］．制度经济学研究，2010（2）：21-33.

［85］尹晨，周思力，王祎馨．论制度型开放视野下的上海自贸区制度创新［J］．复旦大学学报（社会科学版），2019（5）：175-180.

［86］余壮雄，付利．中国企业对外投资的区位选择：制度障碍与先行贸易［J］．国际贸易问题，2017（11）：115-126.

［87］袁小慧．以制度型开放推动营商环境国际化［J］．群众，2019（10）：23-24.

［88］张丹．自贸试验区对推动制度型开放的主要成效，面临障碍及建议［J］．对外经贸实务，2020（3）：4-8.

［89］张茉楠．《外商投资法》：面向制度型开放的中国［J］．金融与经济，2019（4）：1.

［90］张奕芳，刘富华．互联网贸易、出口效率改进及经济增长效应：基于随机前沿模型的新理论解释［J］．经济问题探索，2018（8）：115-124.

［91］赵蓓文．制度型开放与中国参与全球经济治理的政策实践［J］．世界经济研究，2021（5）：3-8+134.

［92］赵龙跃．高水平对外开放的理论创新与战略抉择［J］．学术前沿，2022（1）：34-45.

［93］赵伟洪，张旭．中国制度型开放的时代背景、历史逻辑与实践基础［J］．经济学家，2022（4）：17-27.

［94］周经，张利敏．制度距离、强效制度环境与中国跨国企业对外投资模式选择［J］．国际贸易问题，2014（11）：99-108.

［95］周俊．制度情境与企业违规：基于跨国面板数据的实证研究［J］．外国经济与管理，2017，39（3）：114-128.

［96］周学智．中国吸引外资向"制度型开放"迈进［J］．今日中国，2019，68（3）：48-50.

Estimation of Trade Effect and Welfare Effect of Institutional Opening in China's Digital Service Industry

QIAN Xuefeng   CHANG Yu

Abstract: In the context of increasing marginal difficulty in further opening up to the outside world, the development path of "institutional opening" proposed by China will help solve the problems of insufficient motivation to deepen the division of labor in the value chain and lagging rules for opening up. This paper constructs a general equilibrium model to quantitatively evaluate the trade effect and welfare effect of institutional opening in China's digital service industry, and compares the differences between institutional opening and traditional trade opening. The study found that institutional opening will lead to an increase in the nominal wage and average price level of China's digital service industry, because the increase in wages exceeds the increase in prices, thus increasing consumer welfare. Institutional opening has a positive impact on the intensive margin and expansion margin of exporting enterprises in this industry. For non-exporters, institutional openness promotes their market share and profits, lowers the price of sole proprietorships and lowers the productivity of start-ups. Compared with traditional trade opening, the resource reallocation effect of institutional opening is more significant, and the probability of domestic enterprises entering the export market and continuing to operate in the domestic market are both higher. In view of the fact that the institutional opening of China's digital service industry can improve the welfare of domestic producers and consumers, it is necessary to accelerate the process of institutional opening of the industry and expand the scope of institutional opening.

Keywords: Digital Services Industry; Institutional Openness; Heterogeneous Firms; Trade Effect; Welfare Effect

服务贸易自由化促进我国制造业与服务业融合发展效应研究

黄繁华　纪　洁[*]

内容提要：本文首先利用多国垄断竞争均衡模型，探讨了服务贸易自由化对服务业与制造业融合发展的作用机制，其次通过建立计量分析模型，利用我国制造业微观企业数据，实证检验了在数字经济时代服务贸易自由化对服务业与制造业融合发展的具体影响。研究结果显示，服务贸易自由化能显著促进我国服务业与制造业融合发展，显著提升制造业企业的服务化水平，而行业的数字化则强化了服务贸易开放的正向效应。服务贸易自由化与行业数字化的影响机制主要表现在降低企业中间品成本、压缩管理费用、提高企业全要素生产率等方面。从企业特征的异质性上讲，服务贸易开放和行业数字发展水平对经营时间长、规模大、资本密集度低的制造业企业服务化转型助推作用更为明显；从区域特征异质性上看，服务贸易自由化和行业数字化对处于城市化、经济发展和外商投资水平较高地区的企业服务化进程正向效应更为强烈。

关键词：服务贸易自由化；制造业与服务业融合发展；数字经济

中图分类号：F740

一、引　言

　　服务贸易是国际贸易的重要组成部分。改革开放以来，我国逐步加大服务业对外开放力度，通过降低或取消跨境服务贸易壁垒、减少外商投资进入门槛等，不断提高我国服务贸易自由化水平。在 2023 年中国国际服务贸易交易会全球服务贸易峰会上，习近平主席指出，中国将坚持推进高水平对外开放，放宽服务业市场准入，有序推进跨境服务贸易开放进程。促进现代服务业与先进制造业融合发展，是我国实现实体经济高质量融合发展的重要内容，是我国壮大实体经济和增强制造业核心竞争力的需要，也是培育和完善我国现代化产业体系的要求和途径。提高服务贸易自由化程度，一方面可能因为国外的"示范"效应，促进我国现代服务业与先进制造业融合发展；另一方面可能因为我国服务市场的对外开放和竞争的加剧，从而不利于现代服务业与先进制造业的融合发展。因此，基于数字经济时代背景，考察服务贸易自由化对促进我国制造业与服务业融合发展的实际影响，具有重要的理论价值和实践意义。

　　综观国内外有关研究，和本文相关的研究成果主要可归纳为以下三个方面：一是关于制造业与服务业融合发展的模式和测量。一般认为，现代服务业与先进制造业融合发展是顺应了新一轮科技革命和产业变革，是基于工业经济时代大规模专业化分工的产业边界逐渐模糊或消融，

---

　　*　作者简介：黄繁华，男，江苏宜兴人，南京大学商学院国际经济与贸易系教授、博士生导师；研究方向为国际贸易、世界经济；电子邮箱：fhhuang@ nju. edu. cn。纪洁，女，江苏南京人，南京大学商学院国际经济与贸易系博士研究生。

进而发展出新的产业形态的过程。制造业与服务业融合发展的重要模式是制造业服务化，即制造企业为了获取竞争优势，将价值链由以制造为中心向以服务为中心转变。关于制造业服务化水平的测量，大多数学者是从制造企业的投入角度进行衡量（顾乃华、夏杰长，2010；周念利、包雅楠，2021；Lodefalk，2017）。也有少部分学者是从制造业的产出角度，通过计算服务销售收入占总收入比例来评估制造业服务化的水平（Neely，2008；Crozet and Milet，2017；Breinlich et al.，2018；陈丽娴、沈鸿，2017；赵宸宇，2021）。有学者认为目前中国制造业服务化水平依旧相对不高（彭水军等，2017）；还有学者进一步指出，可以通过降低中间投入品成本、增强研发创新、提高全要素生产率，以提高制造业服务化水平（杨玲，2015；刁莉、朱琦，2018）。邹国伟等（2018）认为，服务业 FDI 能带来国外的先进管理经验和技术，从而可以降低生产成本，提高生产效率，促进国内制造企业的服务化转型。

二是关于服务贸易自由化对制造业的影响。目前不少学者从微观层面进行分析，结果表明服务贸易自由化对制造业企业发展产生正向效应。主要观点包括：服务贸易自由化形成的进口竞争增加了制造业企业可选择的服务投入种类，从而降低了企业的服务中间品成本（Amiti and Konings，2007；Bas，2014；彭水军、舒中桥，2021）；国外竞争者的参与带来的先进技术推动了企业生产率的提升（Arnold et al.，2011；侯欣裕等，2018；邵朝对等，2021）；以法律、会计为代表的专业服务的对外开放，有利于提升企业的管理和组织运营能力，降低企业管理成本，进而提高企业经营绩效（孙浦阳等，2018；张艳、付鑫，2022）；金融服务部门开放与服务贸易自由化紧密相连，金融开放支持了企业的研发创新活动（钟娟等，2012；武力超等，2019）等。

三是关于数字技术发展对制造业的影响。学者普遍认为，近年来数字技术的蓬勃兴起，对制造业发展产生了深远的影响。王可和李连燕（2018）指出，互联网技术是数字技术的重要组成部分，互联网的应用增强了制造业企业的创新投入；黄群慧等（2019）则强调了数字技术的应用提高了制造业的全要素生产率。另外，有学者指出数字技术的迅速发展和数字产品的日益繁多推动数字要素成为企业生产的新型投入，极大地促进了企业的研发创新（Brynjolfsson and Saunders，2010；刘佳琪、孙浦阳，2021）。同时，提高企业数字化程度降低了企业的内部管理成本和外部交易成本，有助于提高组织的管理效率，实现组织的高效运转（施炳展，2016；袁淳等，2021）；提升数字经济发展水平降低了中间品成本（何树全等，2021），显著扩大了中间品进口（石良平、王素云，2018）。

本文在已有研究成果基础上，主要有以下几个边际贡献：一是分析视角具有新意。不仅考察服务贸易自由化对制造企业服务化转型的影响，还进一步实证检验了服务贸易开放与产业数字化的交互作用对制造企业服务化的效应，从而拓展和完善了既有成果。二是采用服务销售收入占比作为制造企业服务化水平的度量方法，这比目前一般使用服务投入的衡量方法针对性更强。同时，本文在产业数字发展水平的测算上，扩充了度量数字发展水平的二级指标，从而比现有其他成果的测算更加全面和精确。三是实证分析建立在我国大量的微观企业数据基础上，计量分析中既有服务贸易自由化以及产业数字化总体效应的研究，也有针对作用机制以及异质性的实证检验等。

二、理论分析和命题假说

为了探讨服务贸易自由化对促进制造业与服务业融合发展的影响，本文选择制造业服务化作为主要考察维度。通过参考已有成果特别是 Breinlich 等（2018）的研究成果，本文进行如下数理模型推导：

首先，假设每个国家中的企业都处于垄断竞争市场并且构建一个多国家局部均衡模型。在模型中，企业在定价时忽略其定价选择对行业产品总数量的影响。进一步地，假设在每个国家中，行业是连续的，在每个行业中有一个代表性的消费者，消费者消费特定行业的服务产品和货物产品。再假设消费者对于服务和货物的偏好是独立的，并且在每个行业中，其效用函数服从连续的 CES 效用函数形式。于是，可以得到以下消费者对于某个特定国家 n 特定行业 k 中的企业 i 的服务和货物的需求函数：

$$\begin{cases} q_{iknS} = \dfrac{P_{knS}^{\delta} E_{knS}}{p_{iknS}^{\delta}} \\[3mm] q_{iknG} = \dfrac{P_{knG}^{\theta} E_{knG}}{p_{iknG}^{\theta}} \end{cases} \tag{1}$$

其中，q_{iknS}、q_{iknG} 分别为消费者对第 n 国第 k 个行业第 i 个企业的服务和货物产品的消费需求；E_{knS}、E_{knG} 分别为消费者对第 n 国第 k 个行业所有服务及货物的消费需求；P_{knS}、P_{knG} 分别为第 n 国第 k 个行业服务和货物产品的价格水平；p_{iknS}、p_{iknG} 分别为第 n 国第 k 个行业中的第 i 个企业服务与货物产品的价格；θ、δ 分别为货物和服务的需求价格弹性。假设 θ、δ 均大于 1。从上述需求等式可以看出，在消费者对特定行业的总消费需求和该行业价格水平不变的情况下，该行业中的企业服务或货物的价格越高，消费者对该产品的需求越小。

假设企业 i 的生产函数如下：

$$\begin{cases} Y_{iS} = A_{iS} L_{iS} \\ Y_{iG} = A_{iG} L_{iG} \end{cases} \tag{2}$$

其中，L_{iS}、L_{iG} 分别为企业 i 生产服务和货物产品的劳动力投入。A_{iS}、A_{iG} 分别反映企业生产服务和货物产品的专业能力，这种专业能力主要是指企业的员工在长期生产过程中所积累的生产熟练程度、工作经验等，是需要时间去积累的能力，在短期内总量较为固定。假设一个企业所拥有的专业能力总量为 A_i，企业可以选择将专业能力投入货物产品和服务产品的生产。

$$A_i = \left[(A_{iS})^{\varphi} + (A_{iG})^{\varphi} \right]^{\frac{1}{\varphi}} \tag{3}$$

其中，φ 为专业能力在货物和服务商品生产之中的专用程度。若专业能力的专用度高，即投入生产某种产品的专业能力很难被转移至生产另一种商品，那么 φ 值就小；若专业能力的专用度低，即投入生产某种商品的技能熟练度或工作经验较容易被转移并用于生产另一种商品，那么 φ 值就大。

假设 D_k 为企业 i 所面临的行业数字发展水平，尽管企业的专业能力总量 A_i 在短期内不变，不会受到数字发展水平的影响，但是专业能力在服务产品和货物产品之间的分配却受到数字发展水平的影响，即有 $A_i = \overline{A}_i$，$A_{iS} = A_{iS}(D_k)$，$A_{iG} = A_{iG}(D_k)$，其中 $\overline{A}_i$ 为具有企业异质性的不变专业能力总量。

假设本国企业在将产品运至第 n 国市场销售时，需要承担冰山成本 σ_{nS} 和 σ_{nG}。那么，企业 i 将 Y_{inS} 数量的服务产品运往第 n 国所需要付出的劳动力为 $L_{inS} = \dfrac{\sigma_{nS} Y_{inS}}{A_{iS}}$，将 Y_{inG} 数量的货物产品运往外国所需要付出的劳动力为 $L_{inG} = \dfrac{\sigma_{nG} Y_{inG}}{A_{iG}}$。

那么企业所面临的利润最大化问题及约束为：

$$\max\pi_i = \sum_{n=1}^{N}\left(p_{inS}Y_{inS} + p_{inG}Y_{inG} - w_iL_{in}\right)$$

$$\text{s. t. } A_i = \left[\left(A_{iS}\right)^{\varphi} + \left(A_{iG}\right)^{\varphi}\right]^{\frac{1}{\varphi}}$$

$$L_{in} = L_{inS} + L_{inG}$$

由于市场均衡时，所有市场的总产出与所有市场的总需求相等，因此将式（1）、式（2）及约束条件代入，并根据一阶条件求得企业 i 的服务和货物产品最优价格水平为：

$$\begin{cases} p_{inS} = \dfrac{\delta}{\delta-1}\dfrac{\sigma_{nS}w_i}{A_{iS}} \\[3mm] p_{inG} = \dfrac{\theta}{\theta-1}\dfrac{\sigma_{nG}w_i}{A_{iG}} \end{cases} \tag{4}$$

从最优价格水平的关系式中可以看出，对于企业而言，其对应产业投入的专业能力越多，该企业服务和货物产品的最优价格水平就越低，表明该企业的产品越具有竞争力。

将式（4）代入企业的利润最大化问题，并分别对 A_{iS}、A_{iG} 求偏导，可得关于 A_{iS}、A_{iG} 的一阶条件 $\dfrac{\partial\pi_i}{\partial A_{iS}}=0$、$\dfrac{\partial\pi_i}{\partial A_{iG}}=0$。根据该一阶条件，得出包含均衡 A_{iS}、A_{iG} 的表达式如下：

$$A_{iS}^{\theta-\delta}\left[\left(\frac{A_i}{A_{iS}}\right)^{\varphi}-1\right]^{\frac{\theta-1-\varphi}{\varphi}} = A_{iG}^{\theta-\delta}\left[\left(\frac{A_i}{A_{iG}}\right)^{\varphi}-1\right]^{\frac{1+\varphi-\delta}{\varphi}} = F(P_{kHS}) \tag{5}$$

其中，$F(P_{kHS}) = (w_i)^{\theta-\delta}\dfrac{\left(\dfrac{\theta}{\theta-1}\right)^{\theta}}{\left(\dfrac{\delta}{\delta-1}\right)^{\delta}}\dfrac{\displaystyle\sum_{n=1}^{N}\sigma_{nS}^{1-\delta}P_{knS}^{\delta-1}E_{knS}}{\displaystyle\sum_{n=1}^{N}\sigma_{nG}^{1-\theta}P_{knG}^{\theta-1}E_{knG}}$。

进一步对式（5）中的均衡 A_{iS}、A_{iG} 求关于本国 k 行业的服务产品市场价格指数 P_{kHS} 的偏导，得到方程组如下（下文中所有下标 H 均代表本国，下标 n 代表非特指的某国）：

$$\begin{cases} \dfrac{\partial A_{iS}}{\partial P_{kHS}} = \dfrac{V_{kHS}^{iS}}{(\theta-\delta)-(\theta-1-\varphi)\dfrac{A_i^{\varphi}}{A_i^{\varphi}-A_{iS}^{\varphi}}} \\[6mm] \dfrac{\partial A_{iG}}{\partial Pk_{HS}} = \dfrac{V_{kHS}^{iG}}{(\theta-\delta)-(1+\varphi-\delta)\dfrac{A_i^{\varphi}}{A_i^{\varphi}-A_{iG}^{\varphi}}} \end{cases} \tag{6}$$

其中，$V_{kHS}^{iS} = (\delta-1)(w_i)^{\theta-\delta}\dfrac{\left(\dfrac{\theta}{\theta-1}\right)^{\theta}}{\left(\dfrac{\delta}{\delta-1}\right)^{\delta}}\dfrac{\sigma_{HS}^{1-\delta}E_{kHS}P_{kHS}^{\delta-2}}{\displaystyle\sum_{n=1}^{N}\sigma_{nG}^{1-\theta}E_{knG}P_{knG}^{\theta-1}}A_{iS}^{1+\delta-\theta}\left[\left(\frac{A_i}{A_{iS}}\right)^{\varphi}-1\right]^{\frac{1+\varphi-\theta}{\varphi}} > 0$，$V_{kHS}^{iG} = (\delta-1)$

$(w_i)^{\theta-\delta}\dfrac{\left(\dfrac{\theta}{\theta-1}\right)^{\theta}}{\left(\dfrac{\delta}{\delta-1}\right)^{\delta}}\dfrac{\sigma_{HS}^{1-\delta}E_{kHS}P_{kHS}^{\delta-2}}{\displaystyle\sum_{n=1}^{N}\sigma_{nG}^{1-\theta}E_{knG}P_{knG}^{\theta-1}}A_{iG}^{1+\delta-\theta}\left[\left(\frac{A_i}{A_{iG}}\right)^{\varphi}-1\right]^{\frac{\delta-1-\varphi}{\varphi}} > 0$。

由式（6）可知，当 $\theta>\delta>1+\varphi$ 时，有 $\dfrac{\partial A_{iS}}{\partial P_{kHS}}<0$，$\dfrac{\partial A_{iG}}{\partial P_{kHS}}>0$；当 $\theta<\delta<1+\varphi$ 时，有 $\dfrac{\partial A_{iS}}{\partial P_{kHS}}>0$，$\dfrac{\partial A_{iG}}{\partial P_{kHS}}<0$。

上述分类讨论表明，当货物的需求弹性大于服务弹性，且专业能力的专用程度足够高（φ 足够小）时，可以跨产出类型共用的专业能力较少。在这种情况下，本国服务贸易自由化造成服务产品市场价格下降时，企业将投入更多专业能力进行服务产品的生产，并减少货物产品的专业能力投入。由于投入专业能力将增加产出，故此时企业将增加服务产出，减少货物产出，实现产出服务化转型。

当货物的需求弹性小于服务弹性，且专业能力的专用度足够低时，专业能力可以较容易地在企业内部生产中转移，从而同时用于两种类型产品的生产。在这种情况下，如果企业面临本国服务贸易自由化，那么将减少服务产品的专业能力投入，并将其投入货物产品生产部门，增加货物产出，减少服务产出，从而抑制企业的服务化转型。考虑到在现实情况下，用于生产服务和货物产品的专业能力专用程度一般是比较高的，不易跨产出类型转移，因此，可得以下假设：

假设 H1：以产出作为衡量指标，假定企业专业能力总量不变，则服务贸易自由化将增加制造企业的服务产出，减少货物产出，从而提高制造企业服务化水平。

进一步地，由于数字发展水平影响专业能力在服务产品和货物产品之间的投入分配，因此在式（6）基础上，继续对 D_k 求偏导，并分别对 $\theta>\delta>1+\varphi$ 和 $\theta<\delta<1+\varphi$ 两种情况进行讨论，可得：若 $\dfrac{\partial A_{iS}}{\partial D_k}>0$，$\dfrac{\partial A_{iG}}{\partial D_k}<0$，则在两种情况下均有 $\dfrac{\partial A_{iS}}{\partial P_{kHS}\partial D_k}<0$，$\dfrac{\partial A_{iG}}{\partial P_{kHS}\partial D_k}<0$。

由上述推导结果，本文得到以下假设：

假设 H2：在服务贸易开放促进制造服务化转型的过程中，提升数字发展水平将显著增加制造企业的服务产出，其增幅超过货物产出，从而推进制造企业服务化进程。

为了衡量服务销售收入占总销售收入比重，本文将求出的最优价格代入式（1），可以求得企业 i 生产服务和货物所获得的本国销售收入分别为：

$$\begin{cases} R_{iHS}=\left(\dfrac{\delta}{\delta-1}\right)^{1-\delta}\left(\dfrac{\sigma_{HS}w_i}{A_{iS}(D_k)}\right)^{1-\delta}(P_{kHS})^{\delta}E_{kHS} \\ R_{iHG}=\left(\dfrac{\theta}{\theta-1}\right)^{1-\theta}\left(\dfrac{\sigma_{HG}w_i}{A_{iG}(D_k)}\right)^{1-\theta}(P_{kHG})^{\theta}E_{kHG} \end{cases} \tag{7}$$

由式（7）可得使用服务销售收入占总销售收入比重作为企业制造服务化衡量指标的公式如下：

$$SR_i=\dfrac{R_{iHS}}{R_{iHS}+R_{iHG}} \tag{8}$$

根据式（7）、式（8），当服务和货物产品的市场价格水平 P_{kHS}、P_{kHG} 以及行业数字发展水平 D_k 变动时，由于 P_{kHS}、P_{kHG}、D_k 对企业专业能力 A_{iS}、A_{iG} 的分配产生的影响取决于企业专业能力专用程度 φ 和产品需求价格弹性 θ、δ 的大小，因此无法从理论中推导出确定的结果，必须结合实证分析。

在作用机制方面，首先，从服务贸易自由化产生的影响上看，提高服务贸易自由化意味着可降低制造企业物流仓储、邮电通信等运输和信息服务的价格，并提高这些服务中间投入品的质量。同时，企业在采购货物中间品的过程中可采用更高效的信息服务，做出更合理的采购决策，从而降低企业的中间品成本；而法律、会计、设计、咨询等专业服务的开放，有助于企业应用更先进的管理模式，提高企业的管理效率，特别地，服务贸易自由化扩大了企业吸收国外先进技术和知识的渠道，并且由于进口竞争产生的倒逼效应，迫使企业增加研发投入和创新，从而促进制造企业服务化转型。其次，考虑行业数字化水平在服务贸易开放进程中的影响，由于服务作为一种无形产品，具有生产与消费的不可分离性、易逝性等天然特性，因此长期以来服务产出效率较低。但是数字技术打破了服务作为无形产品的传统限制，大幅度降低企业在服务产出的中间品、管理成本和研发等方面的开支。不仅如此，提升数字化发展水平必然会完善信息基础设施，提高知识流通速度，增加资源共享方式，提高企业的生产率，从而对制造企业的服务化转型起到促进作用。

以上分析表明，服务贸易自由化和数字发展水平影响制造企业服务化转型的途径，可概括为通过中间品成本、管理成本、研发投入和全要素生产率等渠道。考虑到命题 1、命题 2 的假设前提，可知当满足命题 1 和命题 2 时，存在 $\dfrac{\partial A_{iS}}{\partial M_i}\dfrac{\partial M_i}{\partial P_{kHS}}<0$，$\dfrac{\partial A_{iG}}{\partial M_i}\dfrac{\partial M_i}{\partial P_{kHS}}>0$，$\dfrac{\partial A_{iS}}{\partial M_i}\dfrac{\partial M_i}{\partial P_{kHS}\partial D_k}<0$，$\dfrac{\partial A_{iG}}{\partial M_i}$

$\dfrac{\partial M_i}{\partial P_{kHS}\partial D_k}<0$。

其中，M_i 分别表示企业 i 的中间品成本、管理成本、研发投入和全要素生产率。当 M_i 表示中间品成本和管理成本时，$\dfrac{\partial M_i}{\partial P_{kHS}}>0$，$\dfrac{\partial M_i}{\partial P_{kHS}\partial D_k}>0$，意味着成本随服务贸易自由化下降，数字发展水平进一步强化服务贸易开放的影响；当 M_i 表示研发投入和全要素生产率时，$\dfrac{\partial M_i}{\partial P_{kHS}}<0$，

$\dfrac{\partial M_i}{\partial P_{kHS}\partial D_k}<0$，意味着研发投入和生产率随服务贸易自由化上升，数字发展水平进一步强化服务贸易开放的影响。因此，关于服务贸易自由化和数字发展水平影响制造企业服务化的作用机制，本文提出以下假设：

假设 H3：服务贸易自由化和数字发展水平，将通过降低中间品成本和管理成本，提高研发创新投入和全要素生产率等途径，作用于制造企业的服务化转型。

三、模型构建和指标选取

1. 模型构建

根据以上理论分析，并参考 Breinlich 等（2018）、刘斌和赵晓斐（2020）、赵宸宇（2021）等的研究成果，本文构建以下基准回归模型：

$$\ln Y_{it}=\beta_1\ln S^d_{\tau kt}+\beta_2\ln DEDI_{pkt}+\beta_3\ln S^d_{\tau kt}\times\ln DEDI_{pkt}+\Gamma X_{it}+\lambda_t+\alpha_k+\gamma_p+\varepsilon_{it} \tag{9}$$

其中，Y_{it} 为被解释变量，包括制造业企业的服务销售收入占总收入比重、服务销售收入、货物销售收入；$\ln S^d_{\tau kt}$ 是企业面临的 k 行业第 t 年的本国服务贸易自由化指标的对数值；$\ln DEDI_{pkt}$ 是 p 省 k 行业第 t 年的数字化发展水平对数值；X_{it} 为一系列控制变量，包括本国货物贸易自由化指标的对数值 $\ln G^d_{\tau kt}$、外国服务贸易自由化指标的对数值 $\ln S^f_{\tau kt}$、外国货物贸易自由化指标的对数值 $\ln G^f_{\tau kt}$、企业年龄对数值 $\ln age_{it}$、企业资本密集度对数值 $\ln cap_{it}$、企业资产回报率对数值 $\ln ROA_{it}$、企业规模对数值 $\ln scale_{it}$、企业劳动力生产率对数值 $\ln\rho_{it}$、GDP 对数值 $\ln GDP_{pt}$、城市化水平对数值 $\ln city_{pt}$、外商投资水平对数值 $\ln FDI_{pt}$、自由贸易区 FTZ_{pt}。除此以外，本文还控制了年份、行业、地区固定效应 λ_t、α_k、γ_p。

2. 被解释变量指标

本文基准回归模型的被解释变量是制造业服务化水平。关于制造业服务化水平的测算，本

文参考陈丽娴和沈鸿（2017）、赵宸宇（2021）、Breinlich 等（2018）等的做法，使用服务销售收入占企业总收入的比例来表示。该比例数值越大，表明企业制造业服务化程度越高；反之，说明企业制造业服务化程度越低。由于影响服务销售收入占企业总收入比例大小的成因，既可能是企业服务销售收入增长超过货物销售引起的，也可能是因服务销售收入不变、货物销售收入减少导致的，因此，本文在以服务销售收入占企业总收入的比例作为被解释变量指标基础上，进一步将企业的服务销售收入和货物销售收入，作为辅助性被解释变量。

与大多数学者采用的投入衡量方法相比，本文从产出视角进行的制造服务化水平评估，由于直接与企业的实际经营绩效挂钩，因此针对性和说服力更强。具体原始数据的获取，是利用 Bvd Osiris 数据库，按照关键词提取的方法，分离有关企业的服务和货物销售收入并进行计算。其中，选取的服务产品关键词，参考 OECD 数据库中 STRI 指数、PMR 指数所涉及的服务行业以及我国《生产性服务业统计分类（2019）》中的服务行业关键词。

3. 主要解释变量指标

（1）本国服务贸易自由化水平。

由于不同行业投入的服务中间投入占比不同，因此本文根据 OECD 数据库公布的 STRI 指数计算各行业的加权 STRI 指数作为本国和外国服务贸易自由化的测度指标。使用 WIOD 数据库 2014 年的投入产出表计算我国制造业各行业对服务业各行业的直接消耗系数作为权重，可得：

$$S\tau_{kt}^{d} = \sum_{j} STRI_{jt}^{d} \times w_{jk}^{d} \tag{10}$$

其中，$STRI_{jt}^{d}$ 为本国第 t 年服务业行业 j 的 STRI 指数，w_{jk}^{d} 为本国 2014 年制造业行业 k 使用服务业行业 j 作为中间品的直接消耗系数。STRI 指数用于表示各国的服务贸易壁垒情况，其数值越大表明服务贸易壁垒越高，STRI 指数越小，表明服务贸易开放程度越大。

（2）行业数字发展水平。

本文参考赵涛等（2020）、柏培文和张云（2021）、詹晓宁和欧阳永福（2018）的做法，采用熵值法，先构建地区级数字发展指标，再通过行业加权的方式构建各地区各行业的数字发展指标。同时，参考了《中国区域与城市数字经济发展报告（2020 年）》及其他既有文献，加入了网络安全保障指标，从而构建数字经济发展水平的测度指标。由于各指标的量纲与数量级存在明显的差异，因此，本文对所有三级指标进行归一化处理。按照指标对数字经济发展影响的方向不同，正向和负向指标处理公式如下：

$$正向指标：z'_{lt} = \frac{z_{lt} - \min\{z_l\}}{\max\{z_l\} - \min\{z_l\}}$$

$$负向指标：z'_{lt} = \frac{\max\{z_l\} - z_l}{\max\{z_l\} - \min\{z_l\}}$$

其中，$\max\{z_l\}$ 为第 l 个指标所有年份中的最大值，$\min\{z_l\}$ 为第 l 个指标所有年份中的最小值。

根据熵值法，计算第 t 年第 l 项指标占总指标的比重 v_{lt}：

$$v_{lt} = \frac{z'_{lt}}{\sum_{l=1}^{m} z'_{lt}} \tag{11}$$

进一步地，计算信息熵 e_l，并根据信息熵计算指标权重：

$$e_l = -\frac{1}{\ln m} \sum_{l=1}^{m} v_{lt} \times \ln v_{lt} \tag{12}$$

$$\varpi_l = \frac{1 - e_l}{\sum_{l=1}^{m} d_l} \tag{13}$$

其中，m 表示样本时间跨度。基于各项指标占总指标的比重 v_{lt} 及指标权重 ϖ_l，可以得出数字经济发展水平指标 $DEDI_t$：

$$DEDI_t = \sum_{l=1}^{m} v_{lt} \times \varpi_l \tag{14}$$

根据上述计算过程计算中国 31 个省份（不包含港澳台地区）的数字经济发展水平指标 $DEDI_{pt}$，然后使用各制造业行业使用数字投入占总产出的比重（直接消耗系数）作为行业数字化权重 w_k^{dig}，计算各省份各行业数字发展水平指标：

$$DEDI_{kpt} = DEDI_{pt} \times w_k^{dig} \tag{15}$$

根据数字技术的定义，数字产业有狭义和广义之分，狭义的数字产业聚焦于信息通信产业（ICT），广义的数字产业则是在狭义定义的基础上从数字内容、数字交易等角度对数字产业的内涵进行扩充。本文计算行业权重所使用的数据为 WIOD 数据库 2014 年世界投入产出表，该数据参照 ISIC Rev. 4 行业编码，划分了 56 个行业门类。在充分考虑数据可得性的基础上，本文参考 OECD 数据库 ISIC Rev. 4 行业编码下的 ICT 产业分类及王春云和王亚菲（2019）、党琳等（2021）关于数字产业的选择，从相对狭义但更为精确的角度选择数字行业以衡量各行业的数字化权重，具体行业选择为：C26 计算机、电子和光学产品制造业；J59 电影、录像电视节目制作、录音和音乐出版活动；J60 节目和广播活动；J61 电信；J62 计算机编程、咨询和相关活动；J63 信息服务活动。根据上述行业计算各制造业行业使用数字行业中间品的直接消耗系数作为权重 w_k^{dig}。

4. 控制变量指标

（1）本国货物贸易自由化水平。

本文选取本国各行业最惠国从价税率作为本国货物贸易自由化水平 $G\tau_{kt}^d$ 的测度指标。

（2）外国服务贸易自由化水平。

综合考虑了样本期间测度服务、货物贸易自由化水平的数据以及中国与各国贸易规模数据的可得性，本文选取 27 个国家构建外国服务贸易自由化水平①。首先按照所选取国家的投入产出表及 STRI 指数构建各国各行业的服务贸易自由化指标；其次根据 2014 年中国与各国进出口贸易额占中国进出口贸易总额的比重作为权重进行加权，合成外国服务贸易自由化指标。具体计算公式如下：

$$S\tau_{kt}^f = \sum_n a_n \sum_j STRI_{njt}^f \times w_{njk}^f \tag{16}$$

其中，$STRI_{njt}^f$ 表示（除中国外）第 n 国第 t 年服务业行业 j 的 STRI 指数，w_{njk}^f 表示第 n 国 2014 年制造业行业 k 使用服务业行业 j 作为中间品的直接消耗系数，a_n 表示 2014 年第 n 国与中国的贸易额占中国对外贸易总额的比重。

（3）外国货物贸易自由化水平。

同样使用外国服务贸易壁垒中选取的 27 个国家，按照加权平均的方式计算外国货物贸易壁垒。具体计算公式如下：

---

① 选取的国家如下：澳大利亚、巴西、加拿大、瑞士、印度尼西亚、印度、日本、韩国、墨西哥、挪威、俄罗斯、土耳其、美国，以及欧盟成员国中的法国、德国、意大利、荷兰、丹麦、英国（2014 年英国尚未脱欧）、西班牙、奥地利、芬兰、瑞典、波兰、捷克、立陶宛、比利时。

$$Gr_{kt}^{f} = \sum_{n} a_{n} \times MFN_{nkt} \tag{17}$$

其中，Gr_{kt}^{f} 表示第 t 年制造业行业 k 的外国货物贸易壁垒，MFN_{nkt} 表示第 n 国第 t 年制造业行业 k 的最惠国从价税率。

（4）企业年龄。

企业年龄由样本当年的时间减去企业成立年份计算得到。

（5）资本密集度。

使用企业资本存量除以员工人数计算得到。

（6）资产回报率。

使用企业利润总额除以企业资产总额计算得到。

（7）劳动生产率。

使用企业营业收入除以员工人数计算得到。

（8）员工人数。

使用企业总员工数衡量。

（9）人均 GDP 水平。

以 2014 年为基期进行平减得到企业所在省份的实际人均 GDP 水平。

（10）城市化水平。

使用企业所在省份常住人口除以省域面积计算得到。

（11）外商直接投资水平。

使用企业所在省份的实际利用外资数据测度。

（12）自由贸易区。

虚拟变量，若在样本期间某年，企业所在省份设立了自由贸易区，则该年及后续年份中虚拟变量值均设为 1；否则为 0。

5. 内生性讨论

作为主要解释变量的本国服务贸易自由化水平，是由 STRI 指数加权构成。具体地，STRI 指数分别从外资准入限制、人员流动限制、其他歧视性措施、竞争限制、监管透明度五个方面对国家的服务贸易限制程度进行评估，这些限制措施与贸易限制政策密切相关。政策因素所构成的非关税壁垒影响企业的产出结构，同时国家也倾向于制定政策保护结构转型中的制造业。若该内生性问题存在，那么得到的估计结果是有偏的，存在反向因果造成的内生性问题。为解决内生性问题，本文参考刘斌和赵晓斐（2020）的研究，构建如下工具变量：

$$IV_{kt}^{2} = \sum_{n} S\tau_{kt}^{n} \times SI_{n} \tag{18}$$

$$SI_{n} = 1 - \left(\frac{pcGDP_{n}}{pcGDP_{n}+pcGDP_{chn}} \right)^{2} - \left(\frac{pcGDP_{chn}}{pcGDP_{n}+pcGDP_{chn}} \right)^{2} \tag{19}$$

其中，$S\tau_{kt}^{n}$ 表示满足外生条件的外国 n 第 k 个制造行业的服务贸易自由化水平，$S\tau_{kt}^{n}$ 的构建方法与本国服务贸易自由化指标的构建方法相同。SI_{n} 为中国与外国 n 的人均 GDP 的相似指数，构建方法如式（19）所示，其中 $pcGDP_{n}$ 为外国 n 的人均 GDP 水平，$pcGDP_{chn}$ 为中国的人均 GDP 水平。中国与外国 n 的人均 GDP 越相近，SI_{n} 越大，表示两国越可能具有相似的经济发展水平、产业结构和贸易政策，因此赋予外国 n 的服务贸易自由化水平更大的权重。在所有可获得数据的国家中，选取截至 2018 年既未与中国签订自由贸易协定（FTA），也不属于同一地理区域的国家作为满足外生条件的国家，以保证工具变量的外生性。

6. 解释变量和控制变量数据和描述性统计

计算本国和外国服务贸易自由化水平的原始数据来源于 OECD 数据库，本国和外国货物贸易自由化水平的原始数据来源于 WTO 关税数据库。企业数据来源于 BvD Osiris 数据库，测度工具变量的原始数据来源于世界银行数据库，人均 GDP、外商直接投资水平、城市化水平的原始数据来源于各省份统计年鉴。计算行业数字发展水平的各项三级指标原始数据来源于《中国统计年鉴》、《中国科技统计年鉴》、《中国第三产业统计年鉴》、《中国信息产业年鉴》、《中国劳动统计年鉴》、CSMAR 国泰安数据库、北大法宝、《中国宽带速率状况报告》、《政务指数报告》及《中国互联网企业 100 强发展报告》。

由于各数据库所使用的行业编码不同，其中 BvD Osiris 数据库使用的行业编码为 NAICS 2017，WTO 关税数据库使用的行业编码为 HS2007、HS2012，测算服务贸易自由化水平所用的服务行业投入系数来源于行业编码为 ISIC4 的投入产出表，因此本文对各行业编码进行了匹配：从美国人口调查局（United States Census Bureau）获取了 NAICS 2017 行业编码与 ISIC4 行业编码之间的索引；从全球贸易分析项目（GTAP）获取了 ISIC3 行业编码与 HS2002 行业编码的匹配标准；从联合国统计司分别获取了 HS2002、HS2007、HS2012、ISIC3、ISIC4 行业编码的匹配标准。根据上述标准，将六位的 HS 行业编码、NAICS 编码与四位的 ISIC 编码匹配，以此将所有数据按年份、地区和行业匹配对应。

变量的说明和描述性统计如表 1 和表 2 所示。

表 1　变量名称及说明

变量名称	变量含义	解释说明	数据来源
SR	服务化水平	反映企业产出服务化水平	Bvd Osiris 数据库
R_S	服务销售收入	直接反映企业产出服务化变化	
R_G	货物销售收入	间接反映企业产出服务化变化	
$DEDI$	行业数字化发展水平	熵值法构建	详见前文数据来源及匹配
$S\tau^d$	本国服务贸易壁垒	中国 STRI 指数加权计算获得	OECD 数据库
$S\tau^f$	外国服务贸易壁垒	贸易伙伴国 STRI 指数加权计算获得	
$G\tau^d$	本国货物贸易壁垒	中国各行业进口商品最惠国从价税率	WTO 关税数据库
$G\tau^f$	外国货物贸易壁垒	贸易伙伴国各行业进口商品最惠国从价税率的加权平均数	
age	企业年龄	企业经营年限	Bvd Osiris 数据库
ρ	劳动生产率	企业营业收入/员工人数	
cap	资本密集度	企业资本存量/员工人数	
ROA	资产回报率	企业利润总额/资产总额	
$scale$	企业规模	企业员工人数	
GDP	经济发展水平	企业所在省份 GDP 水平	各省份统计年鉴
$city$	城市化水平	企业所在省份常住人口/省域面积	
FDI	外商直接投资	企业所在省份实际利用外资	
FTZ	自由贸易区	企业所在省份当年设立自由贸易区，则该年及后续年份为 1，否则为 0	

表 2　变量描述性统计

变量	样本量	平均数	标准差	最小值	最大值
$\ln SR$	39007	0.192	0.276	0.000	1.000
$\ln R_S$	39007	5.327	5.829	0.000	21.442
$\ln R_G$	39007	10.597	4.405	0.000	21.091
$\ln DEDI$	39007	0.010	0.027	0.000	0.166
$\ln S\tau^d$	39007	1.404	0.411	0.095	2.097
$\ln G\tau^d$	39007	2.101	0.826	0.000	4.190
$\ln S\tau^f$	39007	0.909	0.145	0.498	1.146
$\ln G\tau^f$	39007	1.091	0.520	0.000	3.626
$\ln age$	39007	2.626	0.456	1.386	4.787
$\ln cap$	39007	5.407	1.032	2.454	8.260
$\ln ROA$	39007	0.216	0.123	0.010	0.705
$\ln scale$	39007	5.847	1.722	2.639	10.371
$\ln\rho$	39007	6.465	0.898	3.774	9.051
$\ln GDP$	39007	4.678	0.011	4.610	4.710
$\ln city$	39007	15.545	0.999	10.205	17.480
$\ln FDI$	39007	4.662	1.647	1.141	13.275
FTZ	39007	0.431	0.495	0.000	1.000

四、计量分析结果与解释

1. 基准回归结果

基准回归结果如表 3 所示，其中列（1）～列（3）为未加入其他控制变量且未控制固定效应的回归结论。可以看到，首先，在没加入其他控制变量和未控制固定效应的情况下，降低本国服务贸易壁垒，将显著增加制造企业服务销售收入和减少货物销售收入，从而显著提高企业服务化水平，这与命题 1 相符。其次，服务贸易自由化和行业数字化的交乘项回归结果显著为负，这表明服务贸易自由化与数字发展水平的协同效应，同时促进了服务销售收入和货物销售收入的增长，而且对服务销售收入的影响强于货物销售收入，加速了企业的服务化转型。从表 3 中列（1）～列（3）交乘项结果还可以看到，两者的协同效应不仅能显著提升制造企业服务化水平，并且其效应强度远大于服务贸易自由化本身，而实现的路径和服务贸易自由化一致。这也意味着制造企业所在行业的数字发展水平越高，服务贸易自由化对该行业制造企业的服务化转型推动力度越大，该结论与命题 2 一致。

表 3　基准回归结果

变量	（1）服务化水平	（2）服务收入	（3）货物收入	（4）服务化	（5）服务收入	（6）货物收入
$\ln S\tau^d$	-0.889*** (-10.92)	-0.789*** (-16.99)	0.113*** (5.17)	-0.654*** (-2.78)	-0.839*** (-2.84)	0.135*** (7.91)

续表

变量	（1）服务化水平	（2）服务收入	（3）货物收入	（4）服务化	（5）服务收入	（6）货物收入
$\ln DEDI$	3.727***	5.345***	1.468***	0.390	−0.548	−0.022
	(4.96)	(6.32)	(11.13)	(0.53)	(−1.21)	(−0.15)
$\ln S\tau^d \times \ln DEDI$	−22.629***	−31.505***	−9.192***	−10.436*	−7.866**	−2.155*
	(−3.92)	(−12.43)	(−4.04)	(−1.94)	(−2.46)	(−1.80)
$\ln G\tau^d$				−0.043	−0.006	0.013***
				(−0.84)	(−0.13)	(3.36)
$\ln S\tau^f$				2.154	1.419	0.157***
				(0.84)	(0.64)	(4.10)
$\ln G\tau^f$				−0.119	−0.130	0.003
				(−1.18)	(−1.62)	(0.28)
$\ln age$				0.037**	0.104***	0.022***
				(2.19)	(9.48)	(5.34)
$\ln cap$				0.052***	0.058***	−0.008**
				(4.08)	(4.68)	(−2.31)
$\ln ROA$				0.085	0.188***	0.086***
				(1.54)	(4.22)	(4.62)
$\ln scale$				−0.009*	0.111***	0.102***
				(−1.74)	(24.24)	(79.22)
$\ln\rho$				−0.021**	0.114***	0.097***
				(−2.13)	(18.71)	(33.46)
$\ln GDP$				0.673	1.293**	0.517**
				(1.10)	(2.42)	(2.52)
$\ln city$				0.000	0.000	0.000
				(0.00)	(0.00)	(0.00)
$\ln FDI$				0.015**	0.011*	−0.012***
				(2.30)	(1.73)	(−4.35)
FTZ				0.003	0.025*	0.009**
				(0.24)	(1.88)	(2.40)
常数项				0.677	5.830**	3.218***
				(0.21)	(2.01)	(3.35)
控制变量	否	否	否	是	是	是
年份	否	否	否	是	是	是
行业	否	否	否	是	是	是
地区	否	否	否	是	是	是
N	39007	39007	39007	39007	39007	39007
R^2	0.0220	0.0262	0.0103	0.0941	0.1549	0.1099

注：括号中数值为 z 统计量，***、**、*分别表示1%、5%、10%的显著性水平。使用聚类稳健标准误。为节省版面，下文表格中不再报告控制变量系数。

表3中列（4）~列（6）为加入控制变量且控制年份、行业、地区固定效应的回归分析结果。可以看到，在加入控制变量且控制年份、行业、地区固定效应后，服务贸易自由化对制造企业的服务化转型的显著正向效应没有变化，包括减少服务贸易壁垒将显著扩大制造企业服务

收入和减少货物收入，进而显著提升制造企业服务化水平。同样地，服务贸易自由化和行业数字化交乘项的回归结果也表明，服务贸易自由化与数字发展水平的协同效应，能显著促进制造企业的服务化转型。然而，在加入控制变量且控制年份、行业、地区固定效应后，行业数字化水平本身对制造企业服务化的影响转为不显著。分析其原因，本文认为，由于本文使用地区—行业级数字发展水平指标，该指标与地区、行业固定效应可能存在一定的共线性，因此在控制固定效应后，行业数字化水平的作用被固定效应吸收，对企业服务化转型的影响系数不再显著。本文构建交乘项时，对交乘项中的服务贸易自由化和行业数字化变量均进行了去中心化处理，故交乘项与地区、行业固定效应间不存在共线性问题，在控制固定效应和其他变量后，结果仍是显著的，从侧面验证了本文结果的稳健性。

在控制变量的回归结果方面，从表3的列（4）～列（6）可以发现，首先，本国货物壁垒下降和外国服务壁垒上升都将导致企业货物收入上升，但是对企业的服务收入和服务化转型均不产生显著效应。这是因为本国货物贸易壁垒减少即进口关税下降，将导致货物产品价格下降。在货物产品弹性较高时，会推高企业货物销售收入；外国服务壁垒上升将造成出口企业的服务出口受阻，从而倒逼有关企业更多地转向货物的生产和销售。另外，外国货物壁垒的变动对制造企业的服务化转型也没有显著影响。

其次，从体现企业特征的控制变量上看：第一，企业年龄、资本密集度对制造企业服务化转型和服务销售收入，都存在显著的正向效应。经营时间越长的企业，生产和管理体系会越成熟，在行业中的技术积累越充足，获取服务中间品的渠道越广泛，因而有利于企业服务化转型；资本密集度高的企业，往往更有能力购买先进技术和设备，并且生产出含有更多服务附加值的高科技产品。不过，企业经营时间和资本密集度对制造企业货物销售收入的影响不同，前者是正向效应，后者则是负向影响。第二，企业资产回报率对服务和货物销售收入都产生正向显著效应，但是对企业的服务化转型影响不显著。这表明在企业层面没有形成偏向服务的资产收益格局。第三，企业规模与劳动生产率对服务销售收入和货物销售收入的估计系数均显著为正，即扩大企业规模和提高劳动生产率都将增加服务销售收入和货物销售收入，然而企业规模和提高劳动生产率对企业服务化水平的影响却均显著为负。也就是说，我国当前规模越大、劳动生产率越高的企业，企业的服务化水平越低。究其成因，从 z 值大小可发现这两个控制变量对货物销售收入的正向效应，远超对服务销售收入的影响。

最后，从反映地区特征的控制变量上看，企业所在地区的经济发展水平和是否拥有自由贸易试验区，对企业的服务收入和货物收入都产生正向作用。由于经济发展水平高的地区存在更多的服务消费需求，拥有自由贸易试验区的地区一般也是发达地区。但是，经济发展水平和自由贸易试验区两个控制变量对企业的服务化转型影响都不显著，表明这两个控制变量的作用有待强化。值得关注的是，外商投资控制变量不仅对企业服务销售收入起到显著正向作用，而且能对企业服务化转型产生显著效应，体现了利用外资对我国制造企业服务化转型的重要性。

2. 稳健性检验

上文中已证实服务贸易自由化和行业数字发展水平对企业服务化转型具有显著促进作用。为检验这一结论的可靠性，本文使用改变计量方法、滞后解释变量、讨论内生性问题等手段进行稳健性检验。

（1）改变计量方法。

考虑到本文的被解释变量零值较多的问题，基准回归中使用高维固定的 PPML 方法估计结果。在稳健性检验中，本文将使用 FE、LSDV 和 Tobit 三种计量方法进行回归，其中 FE、LSDV

方法可以控制模型中与解释变量相关的固定效应，Tobit 方法可以处理被解释变量存在零值的数据结构。

（2）使用滞后期解释变量。

将解释变量滞后一期代入回归，不仅可以检验解释变量在较长时间的影响，还可以解决反向因果带来的内生性问题。

（3）内生性处理。

尽管使用解释变量滞后项可以在一定程度上解决反向因果带来的内生性问题，但是一些不可观测的因素也可能带来内生性问题，为此，需要使用工具变量法分离解释变量中的内生因素和外生因素。在前文中，本文已经构建了工具变量指标。

稳健性检验与基准回归结果在核心解释变量上的显著性与符号基本相同，从 Kleibergen-Paap rk LM 统计量和 Cragg-Donald Wald F 统计量可知 2SLS 的估计结果通过了识别不足检验和弱工具变量检验；由于仅有一个工具变量，属于恰好识别的情况。

在稳健性检验的结果中，核心解释变量及交乘项对服务化水平和服务收入的影响系数符号和显著性均与基准回归一致；除滞后期结果外，货物收入的核心解释变量系数符号与显著性与基准回归基本相同，而滞后期结果表明，在更长时期，服务贸易自由化对货物收入的影响可能由负向转为正向，服务贸易开放在长期对企业的两种收入增长均是有益的。货物收入的交乘项系数则出现负向显著或不显著两种结果，这表明在服务贸易自由化的冲击下，数字发展水平对企业的货物销售收入具有一定的促进作用，但是效果较弱，不如数字发展水平对服务收入的促进效果明显，该结果与基准回归结果并不矛盾。稳健性检验的结果为基准回归结果提供了进一步支持（见表 4）。

表 4　稳健性检验

变量	（1）	（2）	（3）
	服务化水平	服务收入	货物收入
FE			
$\ln S_T{}^d$	-0.115^{***}	-3.736^{***}	3.251^{***}
	(-3.79)	(-3.30)	(2.95)
$\ln DEDI$	0.124^{*}	-0.066	0.346
	(1.69)	(-0.01)	(0.15)
$\ln S_T{}^d \times \ln DEDI$	-1.012^{*}	-35.467^{*}	-18.401
	(-1.91)	(-1.68)	(-1.04)
N	39007	39007	39007
R^2	0.0078	0.0523	0.4276
LSDV			
$\ln S_T{}^d$	-0.178^{***}	-3.541^{***}	3.416^{***}
	(-3.07)	(-3.03)	(2.98)
$\ln DEDI$	0.083	-2.575	1.660
	(0.48)	(-0.51)	(0.76)
$\ln S_T{}^d \times \ln DEDI$	-2.117^{**}	-49.397^{**}	1.943
	(-2.27)	(-2.26)	(0.11)
N	39007	39007	39007
R^2	0.244	0.259	0.429

续表

变量	（1）服务化水平	（2）服务收入	（3）货物收入
Tobit			
$\ln S\tau^d$	-0.178***	-3.541***	3.405***
	(-3.08)	(-4.25)	(3.20)
$\ln DEDI$	0.083	-2.575	1.688
	(0.48)	(-1.07)	(1.12)
$\ln S\tau^d \times \ln DEDI$	-2.117**	-49.397**	1.717
	(-2.28)	(-3.74)	(0.11)
N	39007	39007	39007
R^2	1.0605	0.047	0.096
滞后期			
$\ln S\tau^d$	-0.315***	-0.376***	-0.388***
	(-193.79)	(-239.38)	(-40.31)
$\ln DEDI$	0.931	-0.508	0.277**
	(1.16)	(-0.76)	(2.51)
$\ln S\tau^d \times \ln DEDI$	-14.067***	-7.112***	2.855
	(-6.02)	(-5.28)	(1.28)
N	30545	30545	30581
R^2	0.0914	0.1524	0.0408
2SLS			
$\ln S\tau^d$	-0.301***	-9.076***	4.070*
	(-4.67)	(-10.08)	(1.65)
$\ln DEDI$	-0.020	2.383	-5.702
	(-0.14)	(0.29)	(-1.15)
$\ln S\tau^d \times \ln DEDI$	-1.382***	-96.561*	-35.889*
	(-2.87)	(-1.66)	(-1.69)
Kleibergen-Paap rk LM 统计量	168.272***	22.576***	43.764***
Cragg-Donald Wald F 统计量	1965.041	1650.655	1166.107
N	38880	38880	38880
R^2	0.008	0.045	0.074
控制变量	是	是	是
年份	是	是	是
行业	是	是	是
地区	是	是	是

注：FE 估计、滞后估计、2SLS 估计括号中数值为 z 统计量；LSDV 估计、Tobit 估计括号中数值为 t 统计量；***、**、*分别表示 1%、5%、10%的显著性水平。使用聚类稳健标准误。

3. 作用机制检验

根据本文第二部分命题 3 的内容，下面对服务贸易自由化、行业数字化水平影响制造企业服务化水平的作用机制进行实证检验。全要素生产率使用 LP 法进行计算，中间品成本、管理成本和研发投入数据来源于 BVD Osiris 数据库。

从表 5 列（1）可以看出，服务贸易自由化对企业中间品成本产生正向显著影响，即服务贸易自由化能降低企业的中间品成本。进一步地，服务贸易自由化和行业数字化水平的协同效应还显示，在服务贸易自由化中，行业的数字化水平越高，中间品成本下降速度就越快。这是因为行业数字化水平越高和服务市场越是开放，企业越容易获取物美价廉的中间品供应商，从而越是能够减少企业中间品成本。这与命题 3 中的结论一致。

表 5　机制检验结果

变量	（1）	（2）	（3）	（4）
	中间品成本	管理成本	研发投入	全要素生产率
$\ln S_{\tau}^{d}$	0.014 **	−0.022 **	−0.051	−0.036 **
	（2.57）	（−2.17）	（−0.97）	（−2.45）
$\ln DEDI$	0.004	−0.016	0.011	0.327 ***
	（0.25）	（−0.91）	（0.28）	（3.86）
$\ln S_{\tau}^{d} \times \ln DEDI$	0.272 **	0.217 ***	−0.186	−2.225 ***
	（2.48）	（2.73）	（−0.62）	（−3.42）
控制变量	是	是	是	是
年份	是	是	是	是
行业	是	是	是	是
地区	是	是	是	是
N	39001	30447	27155	38986
R^2	0.0864	0.042	0.0406	0.0003

注：括号中数值为 z 统计量，***、**、* 分别表示 1%、5%、10% 的显著性水平。使用聚类稳健标准误，由于部分企业没有汇报管理成本和研发投入，导致列（2）、列（3）的样本数变动较大。

表 5 列（2）报告了核心解释变量和交乘项对管理成本的影响。从估计结果看，服务贸易自由化对管理成本的回归系数为负且显著，该估计结果与命题 3 中内容不符。究其原因，本文认为可能与我国服务市场对外开放的时间相对较晚有关。在服务贸易自由化初期，存在较多的前期投入，比如增加人员培训服务、管理咨询服务等，结果造成服务贸易自由化增加了企业管理成本。但是，服务贸易自由化和行业数字化的协同效应对管理成本的影响显著为正，并且数值远大于服务贸易自由化的回归系数，也就是说，服务贸易自由化和行业数字化对企业管理成本的总体效应是降低企业管理成本，这与命题 3 是相符的。

表 5 列（3）结果显示，核心解释变量和交乘项的回归结果不显著，即服务贸易自由化和行业数字化，并没有显著促使企业增加研发投入。这与命题 3 中有关内容不符。实际上，利用服务贸易自由化和行业数字化，企业可以接触更多来自国外的新技术、新知识、新思路，并且在竞争倒逼效应作用下加大创新力度，增加创新研发投入。这说明，目前我国制造企业的创新机制和体系还有待进一步完善。

表 5 列（4）为全要素生产率的估计结果。该结论表明，服务贸易自由化和行业数字化水平都将显著提高企业的全要素生产率，并且交乘项的回归结果显示，数字发展水平大幅度放大了服务贸易自由化的正向作用，这和命题 3 的结论一致。综合表 5 列（3）和列（4）的结果还可以发现，企业全要素生产率的提高，主要是源于吸收国外技术，而非国内企业的自主研发投入和创新。

4. 异质性分析

（1）基于企业层面的异质性。

本文根据总体样本的企业年龄、企业规模、资本密集度中位数划分样本，研究企业特征的异质性影响。

　　企业特征异质性回归结果如表 6 所示。从企业年龄的异质性回归结果中可看到，对于企业年龄高于中位数的分样本，服务贸易自由化对企业服务收入和服务化转型都产生显著积极效应，并且影响程度明显强于企业年龄低于中位数的样本结果。关于服务贸易自由化与行业数字化的协同效应影响，对企业年龄高于中位数的分样本而言，回归结果显示同样会对企业服务收入和服务化转型产生显著的正面影响；但是对企业年龄低于中位数的分样本来说，这方面的影响很小，无法通过显著性检验。

　　关于企业规模的异质性回归，结果表明，服务贸易自由化能显著提高规模大于中位数的企业样本的服务收入和服务化水平，但是对低于中位数的企业分样本而言，不仅影响幅度明显缩小，而且显著性也大为降低。在服务贸易自由化与行业数字化的协同效应方面，服务贸易自由化与行业数字化的协同效应能显著提升规模大于中位数企业的服务收入，促进企业的服务化转型，然而对规模小于中位数的企业而言，服务贸易自由化与行业数字化的协同效应的作用不显著。该结果可对前文的基准回归结论进行有效补充。

　　在资本密集度异质性方面，从表 6 回归结果可知，服务贸易自由化能增加资本密集度高于中位数的分样本企业的服务收入，但是对这类企业的服务化水平影响不显著。服务贸易自由化与行业数字化的协同效应对资本密集度高于中位数企业的服务化水平、服务收入和货物收入影响均不显著。相反地，对资本密集度低于中位数的分样本企业来说，服务贸易开放以及服务贸易自由化和行业数字化的协同效应，都对企业的服务收入增长和服务化转型形成十分显著的积极效应。形成这种结果的原因，本文认为可能是资本密集度高的企业，因本身服务化水平就比较高，同时这类企业在面临服务贸易开放带来的进口竞争时，通常具有较强的风险抵御能力。而资本密集度低的企业在面临更激烈的进口竞争时，为了增加企业生存能力，可能会有更强的意愿进行服务化转型，包括增加与货物产品相关的服务产品产出，从而提高附加在货物产品上的服务增加值等。此外，由于这类制造企业的初始服务化水平较低，因而服务贸易自由化和行业数字化对其的服务化转型，助推效应更加明显。

表 6　企业特征异质性回归结果

变量	(1)	(2)	(3)	(4)	(5)	(6)
	高于中位数			低于中位数		
	服务化水平	服务收入	货物收入	服务化水平	服务收入	货物收入
企业年龄						
$\ln S_T{}^d$	-1.117***	-0.894***	0.151***	-0.317***	-0.510***	0.128***
	(-6.81)	(-10.77)	(2.59)	(-14.10)	(-2.87)	(4.31)
$\ln DEDI$	0.336	-0.240	-0.404***	-0.800	-1.770*	0.497
	(0.53)	(-0.34)	(-2.79)	(-0.60)	(-1.73)	(1.17)
$\ln S_T{}^d \times \ln DEDI$	-10.537**	-9.754*	-1.962**	0.416	3.232	-1.025
	(-2.10)	(-1.69)	(-2.34)	(0.08)	(0.75)	(-0.52)
N	20091	20091	20134	18674	18568	18674
R^2	0.0548	0.1514	0.0834	0.1141	0.0397	0.1686
企业规模						
$\ln S_T{}^d$	-1.063***	-1.062**	0.118***	-0.598*	-0.860*	0.471
	(-2.59)	(-2.37)	(2.73)	(-1.69)	(-1.83)	(1.15)
$\ln DEDI$	0.143	-1.200	0.076	0.414	0.041	0.534**
	(0.17)	(-1.13)	(0.38)	(0.40)	(0.04)	(2.10)

续表

变量	（1）	（2）	（3）	（4）	（5）	（6）
	高于中位数			低于中位数		
	服务化水平	服务收入	货物收入	服务化水平	服务收入	货物收入
企业规模						
$\ln S\tau^d \times \ln DEDI$	-19.031^{**}	-9.614^{**}	-2.256^{**}	3.416	0.570	-1.799
	(-2.21)	(-2.11)	(-2.25)	(0.61)	(0.12)	(-1.08)
N	17792	17792	17898	20924	20924	21096
R^2	0.0969	0.1560	0.0344	0.1034	0.1575	0.0788
资本密集度						
$\ln S\tau^d$	-0.465	-0.842^{***}	0.505^{***}	-1.037^{***}	-0.966^{***}	0.450
	(-1.64)	(-2.79)	(3.42)	(-3.56)	(-3.51)	(1.55)
$\ln DEDI$	-1.178	-1.957^{*}	0.701^{*}	1.360	0.296	-0.123
	(-0.77)	(-1.88)	(1.91)	(1.24)	(0.47)	(-0.43)
$\ln S\tau^d \times \ln DEDI$	7.858	5.748	-3.802	-17.157^{**}	-14.741^{***}	1.414
	(0.60)	(0.69)	(-1.11)	(-2.35)	(-5.89)	(1.35)
N	19338	19338	19416	19452	19452	19532
R^2	0.0861	0.1550	0.1042	0.1171	0.1649	0.1335
控制变量	是	是	是	是	是	是
年份	是	是	是	是	是	是
行业	是	是	是	是	是	是
地区	是	是	是	是	是	是

注：括号中数值为 z 统计量，***、**、* 分别表示1%、5%、10%的显著性水平。使用聚类稳健标准误。

（2）基于地区层面的异质性。

本文根据全国31个省份每年经济发展水平、城市化水平、外商直接投资水平的中位数划分样本，研究地区异质性在服务贸易自由化和行业数字化影响企业服务化转型中的作用。

地区特征异质性回归结果如表7所示。从城市化水平异质性回归结果中发现，处于城市化水平较高省份的企业，其服务化转型受服务贸易自由化以及服务贸易自由化与行业数字化协同效应的影响显著。其中，服务贸易自由化既能显著增加企业服务收入，又能显著提高企业服务化水平。服务贸易自由化与行业数字化的协同效应，不仅能显著增加企业服务收入和提升服务化程度，而且影响幅度远超服务贸易自由化。相较而言，处于城市化水平较低地区的企业，服务贸易自由化以及服务贸易自由化与行业数字化的协同效应，对企业服务收入和服务化转型均不产生显著影响。

表7 地区特征异质性回归结果

变量	（1）	（2）	（3）	（4）	（5）	（6）
	高于中位数			低于中位数		
	服务化水平	服务收入	货物收入	服务化	服务收入	货物收入
城市化水平						
$\ln S\tau^d$	-0.695^{**}	-0.892^{**}	0.391	-0.535	-0.777	0.021
	(-2.02)	(-2.27)	(1.41)	(-0.63)	(-1.08)	(0.17)
$\ln DEDI$	0.201	-0.764	0.129	-42.706^{***}	-23.495^{***}	2.383^{*}
	(0.29)	(-0.98)	(0.65)	(-4.34)	(-3.86)	(1.88)

续表

变量	(1)	(2)	(3)	(4)	(5)	(6)
	高于中位数			低于中位数		
	服务化水平	服务收入	货物收入	服务化	服务收入	货物收入
城市化水平						
$\ln S\tau^d \times \ln DEDI$	-10.165***	-7.654**	0.382	-12.811	-22.175	-18.251***
	(-2.82)	(-2.06)	(0.26)	(-0.22)	(-1.10)	(-2.65)
N	33885	33885	33902	4882	4882	5096
R²	0.0963	0.1565	0.1101	0.1089	0.1643	0.1126
经济发展水平						
$\ln S\tau^d$	-0.893**	-0.948*	0.129***	-0.706***	-0.919***	0.383
	(-2.09)	(-1.85)	(2.68)	(-3.03)	(-5.68)	(0.96)
$\ln DEDI$	0.677	-0.659	-0.094	-32.677	-25.723	2.374
	(0.97)	(-0.64)	(-0.60)	(-1.00)	(-1.17)	(0.29)
$\ln S\tau^d \times \ln DEDI$	-11.436***	-8.683**	-2.727***	-8.518	18.249	5.376
	(-2.62)	(-2.26)	(-2.67)	(-0.32)	(0.86)	(0.33)
N	34194	34194	34194	4612	4612	4808
R²	0.0696	0.1109	0.1015	0.1220	0.1864	0.1261
外商投资水平						
$\ln S\tau^d$	-0.756***	-0.879***	0.086**	-0.106*	-0.248	0.286***
	(-7.43)	(-33.61)	(2.32)	(-1.87)	(-0.53)	(15.11)
$\ln DEDI$	0.064	-1.036*	0.016	0.179	-0.336	0.222
	(0.06)	(-1.74)	(0.08)	(0.09)	(-0.13)	(0.31)
$\ln S\tau^d \times \ln DEDI$	-12.022*	-8.227*	-2.797*	3.744	-3.881	-0.720
	(-1.72)	(-1.69)	(-1.79)	(0.44)	(-0.26)	(-0.14)
N	22592	22592	22645	16257	16257	16351
R²	0.0972	0.1497	0.0947	0.0949	0.1611	0.1207
控制变量	是	是	是	是	是	是
年份	是	是	是	是	是	是
行业	是	是	是	是	是	是
地区	是	是	是	是	是	是

注：括号中数值为 z 统计量，***、**、*分别表示 1%、5%、10%的显著性水平。使用聚类稳健标准误。

在经济发展水平异质性方面，服务贸易自由化对处于经济发展水平高于中位数和低于中位数的企业，都能增加其服务收入和促进其服务化转型。但是，在面临服务贸易自由化和数字化的交互影响时，只有高于中位数的企业能继续获得正向效应，低于中位数企业受到的影响不显著。在外商投资水平异质性分析方面，回归结果显示，服务贸易自由化对处于外商投资水平高于中位数企业的服务收入与服务化转型，能产生显著积极影响；服务贸易自由化与行业数字化的协同效应也能起到一定的促进作用。但是，对于处于中位数以下企业而言，仅在服务贸易自由化上，对企业的服务化转型产生一定的积极影响。

五、研究结论与政策启示

推进现代服务业与先进制造业高质量融合发展和提高制造业服务化水平，是我国制造业贯彻新发展理念、拓展盈利空间和打造新的竞争优势的重要战略举措，不仅有利于巩固和提升我国制造在全球产业链中的地位，而且有助于我国深化供给侧结构性改革，促进新发展格局建设。当前，随着我国进入以服务贸易自由化为重点的高水平开放新阶段，借助于数字技术的广泛应用，我国正处于服务贸易快速发展的黄金期，这为我国提高制造业服务化水平提供了很好的契机。

本文应用国际经济学、产业经济学和计量经济学有关理论与方法，探讨了服务贸易自由化对服务业与制造业融合发展的影响，研究了服务贸易自由化和行业数字化影响制造企业服务化转型的作用机制。在此基础上，使用 2014~2018 年中国微观企业级数据，通过构建计量模型和运用 PPML 等方法，从多个不同角度实证检验了服务贸易自由化、行业数字发展水平对我国制造企业服务化产生的效应。研究结果表明，服务贸易自由化将显著增加我国制造企业的服务产出和减少货物产出，从而显著提升我国制造企业服务化水平。服务贸易自由化和行业数字化交互作用所产生的协同效应，不仅能够显著推进我国制造企业服务化转型，而且其促进作用明显高于服务贸易自由化本身。研究结果还显示，服务贸易自由化和行业数字化的协同效应，对制造企业的服务收入和货物收入增长均产生正向影响，之所以能提高企业服务化水平，是因为对企业服务收入增长的积极效应强于货物收入。从研究结果还可以发现，服务贸易自由化与行业数字化影响制造企业服务化的作用机制，主要表现在降低企业中间品成本、压缩管理费用和提高企业全要素生产率等方面，但是对企业研发投入的影响不显著。此外，研究结果显示，从企业特征的异质性上讲，服务贸易开放和提高行业数字发展水平对经营时间长、规模大、资本密集度低的企业服务化转型，助推作用更为明显；从区域特征异质性上看，服务贸易自由化和行业数字化对处于城市化、经济发展和外商投资水平较高地区的企业服务化进程，正向效应更为强烈。

基于上述结论，本文得到如下政策启示：第一，政府应当积极推动服务贸易自由化，实施更高效的服务业市场准入和投资准入政策，尤其是积极发展技术知识密集的数字服务贸易，在此基础上加强监管，为服务贸易自由化提供更加安全稳定的发展环境。同时，应当引导制造企业利用服务开放的契机，提高制造产品的服务附加值、优化供给产品质量、扩大有效供给。第二，进一步促进和推动我国数字经济发展，加强工业互联网、云计算等数字基础设施建设，加快制造业数字技术与生产效率变革，提高各地区各行业的数字竞争力。加快科技体制的改革与创新，以多种形式引导企业增加研发投入，鼓励企业自主创新。第三，推进产学研结合，强化知识产权保护，扩大人才供给，推动资源技术共享；进一步提高城市化水平，优化结构和积极引进优质外资；对制造企业服务化转型存续时间不长、规模较小的制造企业政府给予适当补贴，从而为推进我国现代服务业与先进制造业高质量融合发展创造更好的发展环境。

参考文献

［1］Amiti M, Konings J. Trade Liberalization, Intermediate Inputs and Productivity: Evidence from Indonesia［J］. The American Economic Review, 2007, 97（5）: 1611-1638.

［2］Arnold J M, Javorcik B S, Mattoo A. Does Services Liberalization Benefit Manufacturing

Firms? Evidence from the Czech Republic［J］. Journal of International Economics，2011，85（1）：136-146.

［3］Bas M. Does Services Liberalization Affect Manufacturing Firms' Export Performance? Evidence from India［J］. Journal of Comparative Economics，2014，42（3）：569-589.

［4］Breinlich H，Soderbery A，Wright G C. From Selling Goods to Selling Services：Firm Responses to Trade Liberalization［J］. American Economic Journal：Economic Policy，2018，10（4）：79-108.

［5］Brynjolfsson E，Saunders A. Wired for Innovation：How Information Technology in Reshaping the Economy［M］. Cambridge，MA：The MIT Press，2010.

［6］Crozet M，Milet E. Should Everybody be in Services? The Effect of Servitization on Manufacturing Firm Performance［J］. Journal of Economics & Management Strategy，2017，26（4）：820-841.

［7］Lodefalk M. Servicification of Firms and Trade Policy Implications［J］. World Trade Review，2017，16（1）：59-83.

［8］Neely A. Exploring the Financial Consequences of the Servitization of Manufacturing［J］. Operations Management Research，2008，1（2）：103-118.

［9］柏培文，张云. 数字经济、人口红利下降与中低技能劳动者权益［J］. 经济研究，2021，56（5）：91-108.

［10］陈丽娴，沈鸿. 制造业服务化如何影响企业绩效和要素结构：基于上市公司数据的PSM-DID实证分析［J］. 经济学动态，2017（5）：64-77.

［11］党琳，李雪松，申烁. 制造业行业数字化转型与其出口技术复杂度提升［J］. 国际贸易问题，2021（6）：32-47.

［12］刁莉，朱琦. 生产性服务进口贸易对中国制造业服务化的影响［J］. 中国软科学，2018（8）：49-57.

［13］顾乃华，夏杰长. 对外贸易与制造业投入服务化的经济效应：基于2007年投入产出表的实证研究［J］. 社会科学研究，2010（5）：17-21.

［14］何树全，赵婧媛，张润琪. 数字经济发展水平、贸易成本与增加值贸易［J］. 国际经贸探索，2021，37（11）：4-19.

［15］侯欣裕，孙浦阳，杨光. 服务业外资管制，定价策略与下游生产率［J］. 世界经济，2018，41（9）：146-170.

［16］黄群慧，余永泽，张松林. 互联网发展与制造业生产率提升：内在机制与中国经验［J］. 中国工业经济，2019（8）：5-23.

［17］刘斌，赵晓斐. 制造业投入服务化、服务贸易壁垒与全球价值链分工［J］. 经济研究，2020，55（7）：159-174.

［18］刘佳琪，孙浦阳. 数字产品进口如何有效促进企业创新：基于中国微观企业的经验分析［J］. 国际贸易问题，2021（8）：38-53.

［19］彭水军，舒中桥. 服务贸易开放、市场化改革与中国制造业企业生产率［J］. 金融研究，2021（11）：22-40.

［20］彭水军，袁凯华，韦韬. 贸易增加值视角下中国制造业服务化转型的事实与解释［J］. 数量经济技术经济研究，2017，34（9）：3-20.

［21］邵朝对，苏丹妮，王晨. 服务业开放、外资管制与企业创新：理论和中国经验［J］.

经济学（季刊），2021（4）：1411-1432.

[22] 施炳展. 互联网与国际贸易：基于双边双向网址链接数据的经验分析 [J]. 经济研究，2016，51（5）：172-187.

[23] 石良平，王素云. 互联网促进我国对外贸易发展的机理分析：基于 31 个省市的面板数据实证 [J]. 世界经济研究，2018（12）：48-59+132+133.

[24] 孙浦阳，侯欣裕，盛斌. 服务业开放、管理效率与企业出口 [J]. 经济研究，2018，53（7）：136-151.

[25] 王春云，王亚菲. 数字化资本回报率的测度方法及应用 [J]. 数量经济技术经济研究，2019，36（12）：123-144.

[26] 王可，李连燕. "互联网+"对中国制造业发展影响的实证研究 [J]. 数量经济技术经济研究，2018，35（6）：3-20.

[27] 武力超，张馨月，童欢欢. 金融服务部门开放对制造业企业技术创新影响 [J]. 财贸经济，2019，40（4）：116-129.

[28] 杨玲. 生产性服务进口贸易促进制造业服务化效应研究 [J]. 数量经济技术经济研究，2015，32（5）：37-53.

[29] 袁淳，肖土盛，耿春晓，等. 数字化转型与企业分工：专业化还是纵向一体化 [J]. 中国工业经济，2021（9）：137-155.

[30] 詹晓宁，欧阳永福. 数字经济下全球投资的新趋势与中国利用外资的新战略 [J]. 管理世界，2018，34（3）：78-86.

[31] 张艳，付鑫. 中国服务业开放与中美贸易：特征事实和政策影响 [J]. 世界经济，2022，45（2）：3-32.

[32] 赵宸宇. 数字化发展与服务化转型：来自制造业上市公司的经验证据 [J]. 南开管理评论，2021（2）：149-161.

[33] 赵涛，张智，梁上坤. 数字经济、创业活跃度与高质量发展———来自中国城市的经验证据 [J]. 管理世界，2020，36（10）：65-76.

[34] 钟娟，魏彦杰，沙文兵. 金融自由化是否有利于企业的知识创新？：来自中国制造业的证据 [J]. 南开经济研究，2012（4）：126-140.

[35] 周念利，包雅楠. 数字服务贸易限制性措施对制造业服务化水平的影响测度：基于 OECD 发布 DSTRI 的经验研究 [J]. 世界经济研究，2021（6）：32-45+135-136.

[36] 邹国伟，纪祥裕，胡晓丹，胡品平. 服务贸易开放能否带来制造业服务化水平的提升？[J]. 产业经济研究，2018（6）：62-74.

Research on the Liberalization Effects of Trade in Service on the Interaction and Integration of China's Manufacturing and Services

HUANG Fanhua   JI Jie

Abstract: This article first uses the multi country monopoly competition equilibrium model to explore the mechanism of the liberalization effect of trade in service on the integration and development of service industry and manufacturing industry. Then, by establishing an econometric analysis model and utilizing micro enterprise data in China's manufacturing industry, it empirically tests the specific liberalization impact of trade in service on the integration and development of service industry and manufacturing industry in the digital economy era. The results indicate that the liberalization of trade in service can significantly improve the level of service-oriented enterprises in China's manufacturing industry, while the digitization of the industry strengthens the positive effect of the liberalization of trade in service. The liberalization impact mechanism of trade in service and industry digitization is mainly manifested in reducing intermediate product costs, compressing management costs, and improving total factor productivity of enterprises. In terms of the heterogeneity of enterprise characteristics, the openness of trade in service and the level of digital development in the industry have a more significant promoting effect on the service-oriented transformation of enterprises with long operating time, large scale, and low capital intensity; From the perspective of regional heterogeneity, the liberalization of service trade and industry digitization have a stronger positive effect on the service-oriented process of enterprises in areas with high levels of urbanization, economic development, and foreign investment.

Keywords: Liberalization of Trade in Service; Interaction and Integration of Manufacturing and Services; Digital Economy

服务业开放、中间投入效应与制造业企业价值链升级[*]

高运胜　刘慧慧　杨　晨[**]

内容提要：本文基于"产出供应链"和"投入需求链"双向视角将服务业开放与制造业企业价值链升级纳入统一分析框架，构建中间投入效应的理论机制并采用企业层面数据进行经验验证。研究发现：①服务业开放对中国制造业企业具有显著价值链位置提升效应，价值链内外联动效应明显，良好的制度环境起到进一步强化作用；②服务业开放通过提供高质量中间投入，以成本节约、服务替代和制造业服务化三条渠道促进制造业企业价值链升级；③服务业开放推动制造业企业向价值链高上游度攀升，而阻碍向价值链低下游度延伸；④相对于国内服务投入，进口服务投入对于制造业企业价值链升级提升效果更加显著；⑤服务业开放对制造业企业价值链升级的影响存在异质性，批发零售和金融保险服务业效果更加显著，且对一般贸易、劳动密集型和技术密集型以及东部地区制造业企业影响更为突出。本文对新发展阶段中国如何有序扩大服务业开放实现制造业企业价值链升级，以深度嵌入 GVC 增强核心竞争力，实现制造强国和贸易强国具有参考意义。

关键词：服务业开放；GVC 相对位置；制造业服务化

中图分类号：F74

一、问题的提出

长期以来，制造业是拉动我国经济增长的主要动力，增加值占全球比重由 2000 年的 5.9% 增加到 2021 年的约 30%，全球创新指数排名也从第 34 位上升到第 12 位，世界第一制造大国地位得以巩固。但制造业经济体量快速发展的背后，是我国制造业长期被锁定于全球价值链（Global Value Chains，GVC）中低端，陷入发达国家"高端封锁"和发展中国家"后发追赶"的双重困境。2020 年我国制造业增加值占 GDP 的比重低至 26.18%，从 2011 年开始占比连年下跌持续步入中低速增长阶段。2021 年《中国制造强国发展指数报告》进一步表明，2020 年中国制造强国发展指数为 116.02，与美国 173.19 相比仍有较大差距。2022 年国务院首次将"增强制造业核心竞争力"纳入政府工作报告，加快培育国际竞争新优势以提高我国制造业企业在全球

──────────

＊　基金项目：国家社会科学基金重大项目"构建面向全球的高标准自由贸易区网络研究"（22ZDA062）。

＊＊　作者简介：高运胜，河南信阳人，上海对外经贸大学国际经贸学院教授、博士生导师；研究方向为全球价值链；电子邮箱：dinogys@163.com。刘慧慧，安徽阜阳人，上海对外经贸大学硕士研究生；研究方向为服务贸易；电子邮箱：lhui97line@163.com。杨晨（通讯作者），河南南阳人，上海对外经贸大学国际经贸学院博士研究生；研究方向为全球价值链；电子邮箱：anna18169@163.com。

价值链中的位置。

制造业服务化作为"两业"融合发展的新业态，是提升中国制造业核心竞争力的主要模式（祝树金等，2021），助力制造业企业突破当前困境实现价值链位置跨越式提升的重要一环（许和连等，2017；刘斌和赵晓斐，2020）。但是当前我国制造业与现代新型服务业融合程度与对外开放水平均不足，高质量服务要素投入不足和贸易壁垒过高是制造业长期处于价值链中低端的主要原因。2021年经济合作与发展组织（OECD）服务贸易限制指数（STRI）显示，我国在38个成员国和12个非OECD成员国中排名第6，服务业开放程度远低于世界平均水平，需要进一步加快推进高水平对外开放进程。

针对我国服务供给质量不高、专业化程度不足的格局，《中华人民共和国国民经济和社会发展第十四个五年规划和2035年远景目标纲要》明确指出要扩大服务业对内对外开放，进一步放宽市场准入，提高服务效率及服务品质，构建优质高效、结构优化、竞争力强的服务产业新体系，大力发展制造服务业以加快促进制造业转型升级和高质量发展。党的二十大报告中明确提出需要扩大规则、规制、管理、标准等制度型开放，创新服务贸易发展机制，推动中国更高水平的国内国际双循环。2022年12月中央经济工作会议也指出，要扩大现代服务业领域市场准入的开放力度，国务院同意批复沈阳等作为第三批开展服务业扩大开放综合试点城市。俄乌冲突的加剧，全球价值链和产业链面临深度调整，"十四五"时期如何通过服务业开放突破制造业面临的"低端锁定"以及传统比较优势消失的困局，在新发展阶段推动我国制造业企业GVC位置和核心竞争力的提升是亟须解决的问题。

相对于已有研究，本文可能具有的创新和贡献：第一，新的研究视角。本文以服务业与制造业"两业"深入融合发展为出发点，基于"产出供应链"和"投入需求链"双向视角将服务业开放对制造业企业价值链升级的影响纳入统一分析框架。第二，新的研究方法。针对可能存在的"价值链位置测度悖论"[①]，本文综合运用Wang等（2017）、Chor（2014）、倪红福和王海成（2022）的研究方法，基于企业层面数据构建了新的识别制造业企业参与价值链活动的相对位置指标，并进一步细分国内和国外价值链来多维透视参与国际分工水平、地位及动态演变。第三，新的研究发现。服务开放促进制造业企业价值链上游度的提升，而对下游度起到明显的抑制作用，同时国外服务进口对于制造业企业价值链升级的影响作用高于国内服务投入。本文为进一步扩大服务业对外开放，加快构建以国内大循环为主体、国内国际双循环相互促进的新发展格局，增加国内价值链配套供给能力，提升产业链韧性与安全性，实现价值链升级与高质量发展提供了相应的经验证据。

二、文献综述

已有文献主要有三类，围绕服务业开放测度及中间投入效应、价值链升级测度及影响因素、服务贸易限制与制造业价值链升级等展开研究。

---

① "价值链位置测度悖论"或者"价值链位置之谜"，是指从供给端来看，一国产业在全球价值链中距离最终需求端越远则该国产业部门距离初始投入端就越近，指标数值上表现为一国产业部门的全球价值链上游度指数越高则该国产业部门的全球价值链下游度指数越低。"价值链位置之谜"把全球价值链上、下游度指数误以为是此起彼落的指标体系，但衡量价值链位置的不同侧面，采用两者比值方法对相对位置测度在一定程度上更加全面、真实与客观。

1. 服务业开放测度及中间投入效应

服务业开放水平测度一般用服务业外资流入、服务贸易依存度或服务进出口贸易额等"事后间接"指标（Arnold et al.，2011；Amiti and Davis，2012），或加入国际收支统计和外国附属机构统计的服务贸易数据（张艳等，2013）。Bas（2014）、Beverelli 等（2017）、李小帆和马弘（2019）、马盈盈（2019）则使用服务贸易限制指数（STRI）构建服务业开放指标或服务贸易自由化指数。上述跨国开放指数覆盖面比较狭隘，仅考虑某一种服务贸易提供方式，衡量方法较为片面，主观性过强并存在内生性问题。一些学者从"事前直接"的服务业外资参股开放指数等更具客观性、外生性的政策角度出发加以衡量（樊瑛，2012；姚战琪，2018）。孙浦阳等（2018）、邵朝对等（2020）、符大海和鲁成浩（2021）通过中国 2002 年投入产出表来构建服务业开放指数的权重以量化外资参股的政策变化，刻画出我国服务业外资限制情况或区域层面外资开放的变化趋势。

上游服务业作为下游制造业重要的中间投入品，其开放水平的提高将带来服务要素市场竞争加剧，通过内部专业化分工直接引发服务投入成本的下降和质量的提升，并提高下游制造业企业的生产率（张艳等，2013；Arnold et al.，2011，2016）。Bas（2014）、武力超等（2016）、Hayakawa 等（2020）利用 OECD 发布的关于能源、交通和通信服务业的管制指标（ETCR Index）分析了服务业开放对制造业企业出口绩效的促进作用，服务业允许外资参股的政策显著提高了下游制造业企业的出口倾向和出口额，管理效率则是影响服务业开放出口效应传递的重要因素（孙浦阳等，2018）。出口目的国的服务贸易自由化会带来出口产品种类的增加和市场范围的扩大（Bas，2020），且服务业开放通过成本调节渠道促进制造业企业出口贸易方式的转型升级（符大海和鲁成浩，2021）。

2. 价值链升级测度及影响因素

由于产品部门与中间投入数据的缺失使价值链升级的测度迄今仍是个难点（倪红福，2016）。Hummels 等（2001）以国家层面投入产出表构建 HIY 方法，以出口产品中进口的中间投入，即垂直专业化的指标来衡量融入 GVC 程度。Antràs 等（2012）、Fally（2012）、Miller 和 Temurshoev（2017）分别基于产出、生产与投入等视角，构建了从生产到最终需求的上游度指标。倪红福（2016）进一步从增加值传递角度定义了产业部门到最终需求产业部门的增加值平均传递步长。为了规避传统上游度和下游度指标在测算过程中由于未剥离在国内单独完成的生产活动存在的偏差，Koopman 等（2014）将垂直专业化和增加值贸易纳入统一的 KWW 框架中来分析贸易数据的来源和重复计算部分。Wang 等（2017）将一国生产活动区分为纯国内部分、李嘉图贸易和 GVC 贸易等类型，基于前向关联和后向关联对增加值进行分解，测算了行业价值链的生产长度。Chor 等（2021）使用中国海关数据库进一步测算了制造业企业生产链、进出口上游度以及净出口上游度的位置及变动趋势。唐宜红和张鹏杨（2018）考虑贸易中间商修正制造业企业进出口贸易额，重新测算异质性制造业企业特征下全球生产链位置的进出口上游度，进一步探讨中国制造业企业全球价值链位置及其变动机制。Antràs 和 Gortari（2020）将制造业企业数据与投入产出表结合构建投入行业相对于产出行业位置的新上游度指标。倪红福和王海成（2022）则进一步提出把出口上游度（离最终需求端的距离）与进口下游度（离初始增加值投入端的距离）的比值作为 GVC 综合进出口位置。彭水军和吴腊梅（2022）利用 OECD-ICIO 数据区分产品以不同贸易方式嵌入 GVC 位置差异及上游国家异质性，测算制造业企业层面上游度和下游度指数。

要素禀赋差异决定一国参与 GVC 分工的重要程度（Fujita and Thisse，2006；马风涛，2015），制造业企业研发创新水平则是实现要素驱动向创新驱动、低端锁定向高端制造转型的关键（盛斌和景光正，2019），尤其是中间品创新（郑江淮和郑玉，2020），但这种促进作用存在滞后效应和累积效应，技术水平高低影响各国在价值链中所处的生产阶段（何宇等，2020）。贸易成本往往会增加制造业企业进口中间投入的成本，抑制制造业嵌入全球价值链的各个生产环节（Antràs，2020）。Kee 和 Tang（2016）认为 FDI 通过中间品需求的增加和价格的降低提高了出口制造业企业的国内增加值率，推动了中国融入 GVC 的深度和广度，但存在"天花板"效应（张鹏杨和唐宜红，2018），以加工贸易为主的贸易方式阻碍了中国制造业向价值链上游攀升（罗伟和吕越，2019）。杜运苏等（2021）则认为内外销耦合协调在双循环背景下对价值链升级起到重要作用。

3. 服务贸易限制与制造业价值链升级

Biryukova 和 Vorobjeva（2017）、马盈盈（2019）、李小帆和马弘（2019）认为服务贸易限制与服务业 FDI 管制阻碍了 GVC 参与度和出口国内增加率的提高，这种抑制效应主要由于进口国外服务或服务密集度高的中间品。刘斌和赵晓斐（2020）进一步强调服务贸易壁垒存在会缩短价值链生产步长并对制造业 GVC 分工产生逆向冲击。减少服务贸易限制通过制造业服务化、成本节约和技术溢出等渠道提升制造业企业生产率，且国内中间品价格下降、制造业企业加成率上升以及中间品替代均会提升制造业企业出口国内增加值率（邵朝对等，2020），良好的地区制度环境会强化这一作用（Beverelli et al.，2017）。资源错配程度越轻，服务业开放的价值链促进效应则越显著（杜运苏等，2021）。

通过梳理相关文献，现阶段关于服务业开放与价值链升级的研究已经取得了丰硕的研究成果，为本文的指标测算与实证检验起到了重要的铺垫作用，但现有研究指标测度多局限于国家、行业层面的间接度量，且方法相对单一。本文基于外生政策视角构建服务业开放指数，综合需求端和供给端双向视角充分考虑 GVC 上下游度、国内外 GVC 产业关联作用等多维指标，深入透视制造业企业价值链升级的结构特征与地位变化，并采用企业层面数据实证检验服务开放对价值链位置提升的影响作用与理论机制。

三、理论机制和研究假说

制造业企业作为 GVC 贸易分工下专业化生产的主要参与者，GVC 升级中的相对位置综合衡量产品生产端到初始要素投入端和最终产品产出端的距离，反映了企业作为中间要素投入的供给者和需求者的"双重角色"。服务贸易壁垒则阻隔了研发创新、人力资本等高级生产要素的跨国流动与先进资源的引进，高技术水平服务中间投入减少不利于其价值链位置的提高。服务贸易自由化则为制造业企业提供了高质量的服务中间投入，尤其是研发设计、金融保险、品牌推广等知识技术密集型的生产性服务业投入，不仅有助于制造业企业生产率的提高，而且促进企业向微笑曲线上游延伸。故服务业开放能够有效降低产业链上下游环节的协调和沟通成本，提升企业价值链环节资源配置效率，为本国制造业企业价值链位置攀升提供有力的支撑。基于此，本文提出研究假设 H_1。

假设 H_1：服务业开放有利于提升制造业企业的 GVC 位置。

随着服务业对外开放进程加快，高质量服务作为制造业的中间投入会呈现成本节约、服务替代与制造业服务化三种效应（见图 1）。

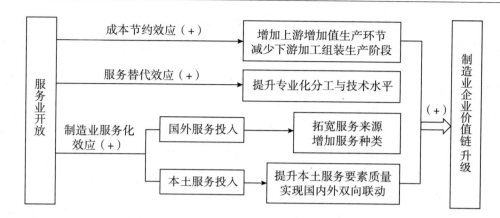

图 1　服务业开放通过中间投入效应对制造业企业价值链升级的影响机制

资料来源：作者整理。

1. 成本节约效应

随着经济全球化进程的不断加快，传统服务业从制造业不同生产环节中黏合剂的角色逐渐转变为价值创造过程中的重要一环，研发、设计、品牌、融资等优质服务中间投入是决定制造业企业价值链升级的关键环节。服务业开放对制造业企业产生影响的逻辑起点是通过放宽服务贸易限制来降低中间服务投入要素的生产成本和交易成本，进而降低制造业企业可获得的服务中间品价格（刘斌和赵晓斐，2020）。由于服务业开放带来的潜在成本节约效应，促使更多的制造业企业开始大量使用进口高端服务要素，服务供给产品质量的提升和种类的增加提升了下游产业部门生产的最终产品质量以及产品差异化能力，进而制造业企业更倾向于生产上游度较高和下游度偏低的产品，增强了制造业企业对价值链的主导能力和控制力度，有助于制造业企业价值链相对位置的提升。基于此，本文提出研究假设 H_2。

假设 H_2：服务业开放带来的成本节约效应使制造业企业增加上游环节的增加值生产和减少下游环节的组装生产，进而提高制造业企业 GVC 的相对位置。

2. 服务替代效应

服务贸易壁垒对制造业企业进入和退出市场具有筛选效应，贸易限制带来的成本上升和垄断加剧使制造业企业难以获得国外高端服务要素投入，只能通过进口服务密集度较高的国外制造中间投入来满足制造业企业对知识密集型服务的需求。随着中国服务业开放进程的不断推进，制造业企业更易直接获得进口高技术专业服务要素投入，国外服务中间投入通过直接与间接两种渠道对中间品投入产生替代效应。发达国家企业通过中间服务输出直接代替原有的中间产品出口，增加对发展中国家的外包生产环节，且带来了先进的管理经验和优质的服务要素供给，对发展中国家服务业产生技术溢出促进制造业的价值链升级，从而减少对中间产品的投入。中间服务对中间品替代效应进一步优化制造业企业国际生产布局和提升专业化分工水平，优化上游生产部门的要素投入结构，增强制造业企业国际分工的承接能力，促进其价值链位置的提升。基于此，本文提出研究假设 H_3。

假设 H_3：服务业开放增加高质量服务投入形成对产品投入的替代，通过提升专业化分工与技术水平来促进制造业企业价值链升级。

3. 制造业服务化效应

制造业投入服务化是制造业企业从以制造为中心向以服务为中心转变的重要一环，是连接服务业与制造业两大产业的关键渠道。服务作为制造业重要的中间投入品，是制造业企业实现价值链升级和价值再创造的关键环节，不仅能够优化制造业企业间合作分工，合理安排空间布局以延长产业链，有利于提高制造业企业价值增值功能和附加值创造能力，而且有助于制造业企业突破价值链的"低端锁定"进一步提升其价值链位置。然而制造业服务化与服务贸易壁垒之间的结构性矛盾是导致全球价值链分工进程放缓的主要动因（刘斌和赵晓斐，2020），因而随着服务业开放程度不断扩大会加速中国制造业企业制造业服务化进程，服务投入与服务开放通过价值链嵌入能够加强经济周期的联动性，共同促进制造业企业价值链升级。故服务业开放通过降低制造业投入服务化的门槛并延长国内生产步长，细化价值链专业化分工，有利于增强制造业企业参与价值链贸易的能力，对价值链分工各阶段和生产环节起到"支持平台"的黏合和润滑作用，直接加快了服务制造的一体化进程（Ariu et al.，2020），有助于其参与国际生产分工和价值增值环节，从而提高制造业企业的 GVC 位置。基于此，本文提出研究假设 H_4。

假设 H_4：服务业开放加快制造业服务化进程，推动制造业企业 GVC 升级。

四、指标构建与特征事实

1. 服务业开放指标构建及特征事实

中国加入世界贸易组织议定书附件 9《中华人民共和国服务贸易具体承诺减让表》（以下简称"《减让表》"）与 2002 年《外商投资产业指导目录》（以下简称"《目录》"），通过降低或者取消服务业外商投资参股限制成为中国服务业开放的重要标志。本文参考孙浦阳等（2018）、符大海和鲁成浩（2021）的研究，以《减让表》和《目录》中外商投资项目指导和行业分类为依据，通过赋值打分的方法构建中国服务业四分位行业（国民经济行业分类代码 CIC 标准）的开放水平[①]。由于两者行业分类不一致，本文采用手动匹配的方法将赋值结果匹配到 CIC 4 位码行业中，进一步加总到中国 2002 年省份投入产出表中 14 个服务业行业[②]，进行对数化处理后得到服务业开放水平 $service_{st}$，值越高表明 t 年 s 类限制程度越高。同时，借鉴 Arnold 等（2016）和 Bas（2014）的方法，把 2002 年中国投入产出表中各省份不同制造业行业使用各种服务投入占总投入的比重作为加权系数，对服务业开放指标进行分行业的加权计算，以得到 p 省份 c 制造业在 t 年受服务业开放影响指数：

$$sopen_{pct} = \sum_s service_{st} \times \omega_{pct} \tag{1}$$

$$\omega_{pct} = \frac{m_{pcs}}{m_{pc}} \tag{2}$$

其中，$sopen_{pct}$ 是 p 省份 c 制造业在 t 年受服务业开放的影响指数，该指数越高说明 p 省份 c 制造业在 t 年受服务业开放影响程度越低。$service_{st}$ 是服务业 s 在 t 年的开放指数，ω_{pct} 为 p 省份 c 制造业使用服务要素 s 投入的比例。

---

① 禁止类行业（外资参股占比为 0%）赋值为 1、限制类行业（外资参股占比为 0~50% 且中方绝对控股）赋值为 0.75、允许类行业（外资参股占比为 0~50% 且中方相对控股）赋值为 0.5、鼓励类行业（外资参股占比为 50%~100%）赋值为 0.25、鼓励类行业（外资参股占比为 100%）赋值为 0。

② 2002 年省份行业投入产出表中科学研究事业部门和综合技术服务业部门统一为科学研究、技术服务和地质勘查业部门。

图 2（a）比较了 2000 年与 2014 年 14 个服务业的开放指数①，除文化、体育和娱乐业服务部门（s14）外，2014 年其他所有服务业的开放水平均明显高于 2000 年，其中旅游业（s9），批发和零售贸易业（s4）和信息传输、计算机服务和软件业（s3）服务业开放水平提升最为明显。从细分行业看，2014 年旅游业（s9）、住宿和餐饮业（s5）、批发和零售贸易业（s4）开放程度相对较高，文化、体育和娱乐业（s14）和金融保险业（s6）开放程度相对较低，其余服务业开放水平居中。同时随着中国逐渐放开服务业外资参股限制，中国服务业实际利用外资的水平也在不断提高。如图 2（b）所示，2004～2020 年中国制造业实际吸收外资水平呈微降趋势，服务业实际吸收外资水平则持续增长。

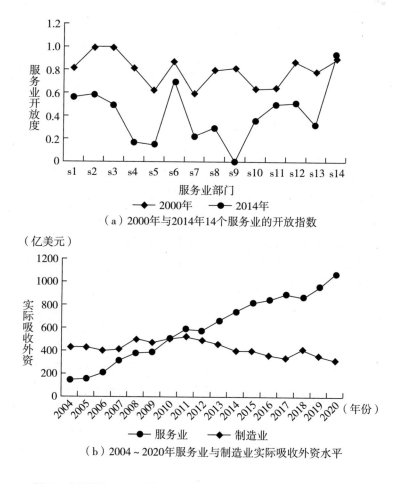

（a）2000年与2014年14个服务业的开放指数

（b）2004～2020年服务业与制造业实际吸收外资水平

图 2 中国服务业开放指数及制造业与服务业实际吸收外资情况

资料来源：历年《中国统计年鉴》。

2004～2020 年实际吸收外资占比较大的是房地产业、租赁和商务服务业。教育业与金融保险业实际吸收外资占比虽低，但年增长率最高。交通运输及仓储业、房地产业等传统服务业实际吸收外资占比逐年下降，由此表明随着外资限制程度的削弱，FDI 开始从传统服务业行业转向

---

① 服务业部门划分如下：交通运输及仓储业（s1），邮政业（s2），信息传输、计算机服务和软件业（s3），批发和零售贸易业（s4），住宿和餐饮业（s5），金融保险业（s6），房地产业（s7），租赁和商务服务业（s8），旅游业（s9），科学研究、技术服务和地质勘查业（s10），其他社会服务业（s11），教育业（s12），卫生、社会保障和社会福利业（s13）和文化、体育和娱乐业（s14）。

具有知识密集型和技术密集型的服务行业（见图3）。

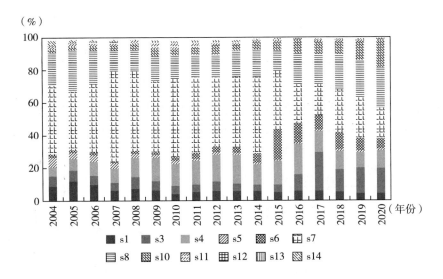

图3　2004~2020年细分服务业实际吸收外资占比情况

资料来源：历年《中国统计年鉴》。

2. 制造业价值链升级指标构建及特征事实

为准确衡量制造业企业所属行业在GVC升级，避免指标出现"全球价值链地位测度悖论"，本文使用上游度和下游度指标构建GVC嵌入相对位置来识别国家、国家—行业在世界生产中的分工活动，不仅能够准确识别出分工程度，而且能够精准定位行业与行业间前向和后向的投入产出关联。

（1）指标构建。在一个G国N行业的投入产出模型中，假设需要经历无限个生产阶段，根据投入产出关联，被r国j行业最终品通过直接或间接吸收的s国i行业的增加值为：

$$\delta_{ij}^{sr}v_i^s y_j^r + v_i^s a_{ij}^{sr} y_j^r + v_i^s \sum_{t,k}^{G,N} a_{ik}^{st} a_{kj}^{tr} y_j^r + \cdots = v_i^s b_{ij}^{sr} y_j^r \tag{3}$$

$$\delta_{ij}^{sr} = \begin{cases} 1 & i=j \text{ and } s=r \\ 0 & i\neq j \text{ or } s\neq r \end{cases} \tag{4}$$

进一步表达成矩阵形式为：

$$\hat{V}\hat{Y} + \hat{V}A\hat{Y} + \hat{V}AA\hat{Y} + \cdots = \hat{V}(I-A)^{-1}\hat{Y} = \hat{V}B\hat{Y} \tag{5}$$

其中，$\hat{V}$是增加值系数对角矩阵，A是直接消耗（投入）系数矩阵，$\hat{Y}$是最终品对角矩阵，B是完全消耗系数矩阵，又称列昂惕夫逆矩阵。以生产长度（生产阶段数）作为权重进行加总，可以得到s国i行业的投入被r国j行业最终吸收这一过程引致的所有产出：

$$\delta_{ij}^{sr}v_i^s y_j^r + 2v_i^s a_{ij}^{sr} y_j^r + 3v_i^s \sum_{t,k}^{G,N} a_{ik}^{st} a_{kj}^{tr} y_j^r + \cdots = v_i^s \sum_{t,k}^{G,N} b_{ik}^{st} b_{ij}^{tr} y_j^r \tag{6}$$

为了识别每个生产阶段的部门增加值的过程，将其表达成矩阵形式为：

$$\hat{V}\hat{Y} + 2\hat{V}A\hat{Y} + 3\hat{V}AA\hat{Y} + \cdots = \hat{V}(I+2A+3AA+\cdots)\hat{Y} = \hat{V}BB\hat{Y} \tag{7}$$

式（6）与式（3）的比值$v_i^s \sum_{t,k}^{G,N} b_{ik}^{st} b_{ij}^{tr} y_j^r / v_i^s b_{ij}^{sr} y_j^r$，即$s$国$i$行业投入$r$国$j$行业最终生产的平均生产长度，这一概念可被概括为增加值被计入产出的次数，矩阵表达形式为$\hat{V}BB\hat{Y}/\hat{V}B\hat{Y}$。

$\hat{V}BB\hat{Y}/\hat{V}B\hat{Y}$按照行向加总求和可得$\hat{V}BBY/\hat{V}BY$，其中$\hat{V}BBY$是一国某行业增加值投入各国各

行业最终生产过程中引致的总产出，$\hat{V}BY$ 是一国某行业对各国各行业最终生产的增加值总投入。从供给端视角出发，可得到基于前向的生产长度，即上游度[①]：

$$U = \frac{X_v}{Va} = \frac{\hat{V}BB\hat{Y}\mu'}{\hat{V}B\hat{Y}\mu'} = \frac{\hat{V}BBY}{\hat{V}BY} = G\mu' \tag{8}$$

其中，μ 是 $1 \times GN$ 的单位行向量，G 是高斯逆矩阵，U 从供给端衡量了行业部门中间投入端到最终需求端的距离，一国一行业上游度越高说明生产经历的下游生产环节越多。

$\hat{V}BB\hat{Y}/\hat{V}B\hat{Y}$ 按照列向加总求和可得 $VBB\hat{Y}/VB\hat{Y}$，其中 $VBB\hat{Y}$ 是各国各个行业对某行业价值投入过程中引致的总产出，$VB\hat{Y}$ 是一国某行业最终生产的所有投入来源之和。从需求端视角出发，可得到基于后向的生产长度，即下游度[②]：

$$D = \frac{X_y}{Y} = \frac{\mu\hat{V}BB\hat{Y}}{\mu\hat{V}B\hat{Y}} = \frac{VBB\hat{Y}}{VB\hat{Y}} = \mu B \tag{9}$$

D 从需求端衡量了行业部门生产端到投入端的距离，一国一行业下游度越高，说明生产经历的上游生产环节越多。需要指出的是，式（8）和式（9）测算的上游度和下游度可以分为三部分：传统国内生产长度、李嘉图生产长度、GVC 生产长度。本文试图通过识别 GVC 生产活动来全面衡量行业在 GVC 的位置，进一步对矩阵 $\hat{V}BB\hat{Y}$ 和 $\hat{V}B\hat{Y}$ 进行分解可得：

$$\hat{V}BB\hat{Y} = \hat{V}LL\hat{Y}^D + \hat{V}LL\hat{Y}^F + \hat{V}LLA^F B\hat{Y} + \hat{V}LA^F BB\hat{Y} \tag{10}$$

$$\hat{V}B\hat{Y} = \hat{V}L\hat{Y}^D + \hat{V}L\hat{Y}^F + \hat{V}LA^F B\hat{Y} \tag{11}$$

其中，$\hat{Y}^D$ 是在国内生产并消费的最终品对角矩阵，$\hat{Y}^F$ 是最终品出口对角矩阵，A^F 是投入系数矩阵中非对角部分（对角线上的分块矩阵全为 0，即无来自国内的要素投入）。$\hat{V}L\hat{Y}^D$ 是指仅在国内生产满足国内消费的部分，不涉及跨境贸易和跨境生产，引致的总产出为 $\hat{V}LL\hat{Y}^D$，即传统国内贸易生产部分；$\hat{V}L\hat{Y}^F$ 是指在国内生产满足国外消费的部分，涉及跨境贸易，但不涉及跨境生产，引致的总产出为 $\hat{V}LL\hat{Y}^F$，即李嘉图生产部分；$\hat{V}LA^F B\hat{Y}$ 是指跨境分工合作的生产活动，不仅涉及跨境贸易同时包括跨境生产，$\hat{V}LLA^F B\hat{Y}$ 与 $\hat{V}LA^F BB\hat{Y}$ 分别是指跨境分工生产引致的国内总产出和国外总产出，两者之和是 GVC 生产活动引致的总产出，即 GVC 生产部分。

据此，基于上述相同逻辑，本文从"产出供应链"和"投入需求链"双向视角分别得到 GVC 上游度和 GVC 下游度：

$$Up = \frac{\hat{V}LLA^F B\hat{Y}\mu' + \hat{V}LA^F BB\hat{Y}\mu'}{\hat{V}LA^F B\hat{Y}\mu'} = \frac{\hat{V}(BB-LL)\hat{Y}\mu'}{\hat{V}(B-L)\hat{Y}\mu'} = \frac{\hat{V}(BB-LL)Y}{\hat{V}(B-L)Y} \tag{12}$$

$$Down = \frac{\mu\hat{V}LLA^F B\hat{Y} + \mu\hat{V}LA^F BB\hat{Y}}{\mu\hat{V}LA^F B\hat{Y}} = \frac{\mu\hat{V}(BB-LL)\hat{Y}}{\mu\hat{V}(B-L)\hat{Y}} = \frac{V(BB-LL)\hat{Y}}{V(B-L)\hat{Y}} \tag{13}$$

观察式（12）和式（13）不难发现，Up 和 $Down$ 分别基于供给端和需求端衡量一国行业在全球价值链中所处的位置，两者是相互独立的测算指标，并不存在此起彼伏的关系，表明所谓的"GVC 位置测度悖论"并不存在。进一步根据 GVC 引致的国内生产活动和国外生产活动的产出，可将上游度指数细分为 GVC 国内上游度指数（Up_d）和 GVC 国外上游度指数（Up_f）：

$$Up = \frac{\hat{V}LLA^F B\hat{Y}\mu' + \hat{V}LA^F BB\hat{Y}\mu'}{\hat{V}LA^F B\hat{Y}\mu'} = \underbrace{\frac{\hat{V}LLA^F B\hat{Y}\mu'}{\hat{V}LA^F B\hat{Y}\mu'}}_{Up_d} + \underbrace{\frac{\hat{V}LA^F BB\hat{Y}\mu'}{\hat{V}LA^F B\hat{Y}\mu'}}_{Up_f} \tag{14}$$

---

① 数值上等价于 Antràs 等（2012）测算的"上游度"指数。
② 数值上等价于 Miller 和 Temurshoev（2017）测算的"下游度"指数。

同理，将下游度指数细分为 GVC 国内下游度指数（$Down_d$）和 GVC 国外下游度指数（$Down_f$）：

$$Down = \frac{\mu\hat{V}LLA^F B\hat{Y} + \mu\hat{V}LA^F BB\hat{Y}}{\mu\hat{V}LA^F B\hat{Y}} = \underbrace{\frac{\mu\hat{V}LLA^F B\hat{Y}}{\mu\hat{V}LA^F B\hat{Y}}}_{Down_d} + \underbrace{\frac{\mu\hat{V}LA^F BB\hat{Y}}{\mu\hat{V}LA^F B\hat{Y}}}_{Down_f} \tag{15}$$

需要说明的是，GVC 上游度与 GVC 下游度是两个完全不同的指标，GVC 上游度从供给层面出发衡量 GVC 中行业部门到最终需求端的距离，而 GVC 下游度从需求层面考虑衡量 GVC 中行业部门到初始投入端的距离。Wang 等（2017）进一步指出，GVC 上游度或 GVC 下游度不能全面反映价值链位置，需将中间要素供给和需求同时考虑在内以全面考察 GVC 的位置，即 GVC 相对位置指数：

$$Position = \frac{Up}{[Down]'} \tag{16}$$

基于上述分解方法，相对位置指数可细分为国内 GVC 相对位置和国外 GVC 相对位置：

$$Position_d = \frac{Upd}{[Down_d]'} \tag{17}$$

$$Position_f = \frac{Upf}{[Down_f]'} \tag{18}$$

在此测算基础上，本文将制造业企业海关库进口或出口产品的 HS6 编码与 WIOD 投入产出表的行业分类进行匹配，得到制造业企业在各个行业的出口或进口。根据 Chor 等（2021）、唐宜红和张鹏杨（2018）将行业层面价值链位置指数细化至制造业企业层面的方法，制造业企业出口上游度和进口下游度的权重由制造业企业在各个行业的出口份额或进口份额得到，将制造业企业出口或进口不同产品所涉及的行业价值链位置指数加权求和，可以得到制造业企业层面的 GVC 上游度指数（Up_{it}）和 GVC 下游度指数（$Down_{it}$）为：

$$Up_{it} = \sum_{j=1}^{N} \frac{X_{ijt}}{X_{it}} Up_{jt} \tag{19}$$

$$Down_{it} = \sum_{j=1}^{N} \frac{M_{ijt}}{M_{it}} Down_{jt} \tag{20}$$

其中，X_{ijt} 和 M_{ijt} 分别代表制造业企业 i 在第 t 年 j 行业上的总出口和总进口，X_{it} 和 M_{it} 分别表示制造业企业 i 在第 t 年的总出口和总进口，Up_{it} 和 $Down_{it}$ 分别是制造业企业 i 在第 t 年的 GVC 上游度和 GVC 下游度。同时，根据 Wang 等（2017）、倪红福和王海成（2022）的研究，进一步得到本文的核心指标制造业企业 GVC 相对位置（$GVCU_{it}$），即制造业企业 i 在第 t 年的价值链相对位置：

$$GVCU_{it} = \frac{Up_{it}}{Down_{it}} \tag{21}$$

Up_{it} 与 $Down_{it}$ 分别基于供给和需求视角，衡量制造业企业参与 GVC 贸易的产品到最终需求端的距离和制造业企业作为需求方到初始投入端的距离。$GVCU_{it}$ 将两者结合起来，综合考虑供给和需求两方面，更能准确衡量制造业企业 GVC 产品全球价值链位置。

（2）特征事实。一是中国整体 GVC 位置。图 4 显示了中国整体 GVC 上游度、下游度与相对位置及其结构变化情况①。由图 4（a）可以看出，总体上，2000～2013 年，中国整体参与

---

① 本文通过对 WIOD 行业部门 GVC 上游度、GVC 下游度加权平均而得，其中权重为每个行业的进口（出口）价值在中国进口（出口）总额中的份额。

GVC 下游度明显高于 GVC 上游度，且两者均呈现不断上升的趋势，但上游度增速高于下游度，产业链相对向上游延伸。图 4（b）基于供给和需求双重视角进一步直观展现中国整体 GVC 相对位置的变化趋势，2000~2013 年 GVC 相对位置指数由 0.86 上升到 0.95，一定程度上体现了制造业的产业升级。图 4（c）进一步细分国内、国外生产活动所引致的 GVC 位置变化情况，GVC 上游度提升更多由于国内中间品增加所致。图 4（d）反映了基于需求视角 GVC 下游度来自国外中间品呈现稳步增长态势，而国内部分未发生明显波动，表明中国加入 WTO 后中国制造业主要从事加工组装环节，国外进口中间品对国内生产长度拉动作用不显著。

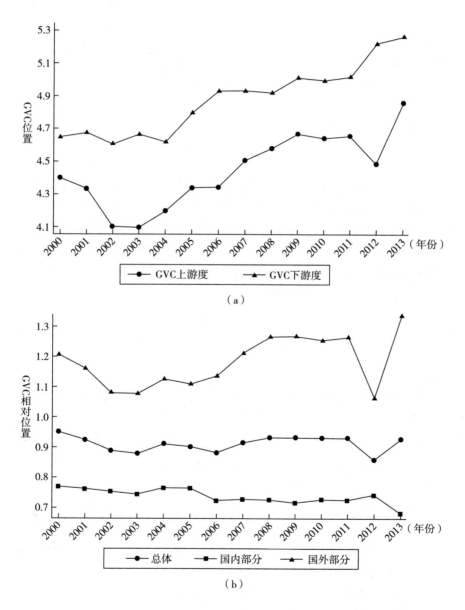

图 4　2000~2013 年中国整体 GVC 相对位置及其结构变化

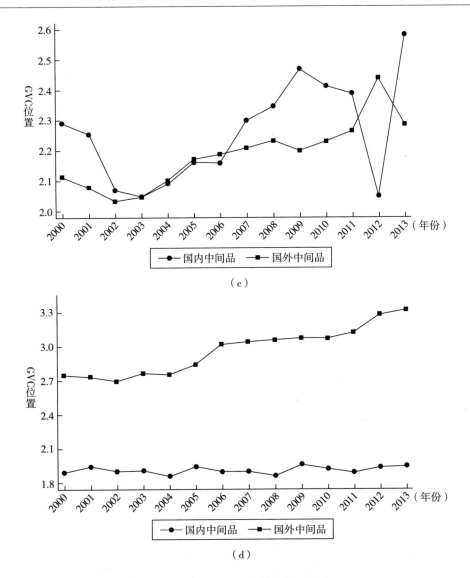

图4 2000~2013年中国整体GVC相对位置及其结构变化（续图）

资料来源：中国工企库、海关库、WIOD世界投入产出表，作者整理测算绘制得出。

    二是中国细分产业的GVC位置。图5（a）分别给出了中国制造业分行业①及按照要素密度②划分的GVC相对位置变化情况：总体来看，资本密集型产业GVC相对位置依次高于劳动密集型产业和技术密集型产业且不断向上游攀升，而劳动密集型和技术密集型产业产品的GVC相对位置下降趋势明显，生产活动"下游化"驱动效应增强。技术密集型产业虽然通过加工组装、代工生产等方式深度嵌入全球价值链生产，但其进口高技术中间品使这些产业离初始生产端越

---

    ① 制造业行业：c5食品、饮料和烟草制造业；c6纺织、服装和皮革制造业；c7木材加工及木材、软木、稻草和编制材料制造业；c8造纸和纸制品制造业；c9记录媒介的打印和复制；c10焦炭和精炼石油产品制造业；c11化学原料及化学制品制造业；c12基础药品和药物制剂的制造；c13橡胶和塑料制品制造业；c14非金属矿物产品制造业；c15基本金属制造业；c16金属制品制造业；c17计算机、电子和光学产品制造业；c18电气设备制造业；c19通用设备和专用设备制造业；c20机动车辆、挂车和半挂车的制造；c21其他交通运输设备制造；c22家具制造和其他制造业。

    ② 根据要素密集度产业划分：c5、c6、c7、c8、c9、c13和c22为劳动密集型产业；c10、c14、c15和c16为资本密集型产业；c11、c12、c17、c18、c19、c20和c21为技术密集型产业。

来越远，离最终消费端的距离逐渐缩短，其偏向于下游生产的 GVC 嵌入模式导致价值链相对位置不断向消费端靠拢。资本密集型制造业生产的产品更多作为原材料或中间投入参与价值链上游生产环节，距离最终消费端的距离较远。

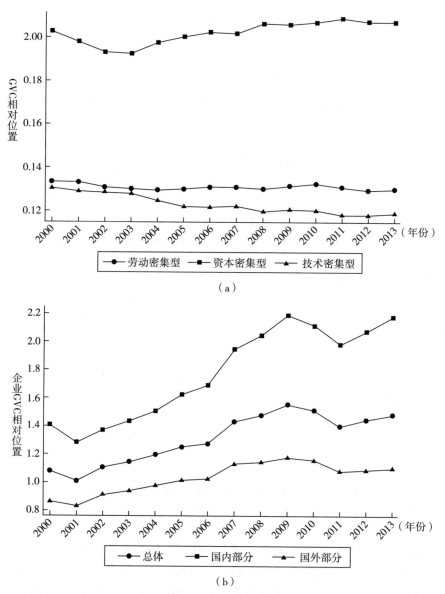

（a）

（b）

图 5　2000~2013 年中国制造业细分行业和制造业企业的 GVC 相对位置

资料来源：中国工企库、海关库、WIOD 世界投入产出表，作者整理测算绘制得出。

　　三是制造业企业价值链位置变化。图 5（b）展示了总体上中国制造业企业 GVC 相对位置呈现不断上升的趋势，制造业企业生产逐渐靠近价值链中较为核心的上游生产环节，同时随着我国制造业企业参与价值链贸易产品国内投入密集度的加深，制造业企业在国内向供给侧延伸的速度远远大于向需求侧延伸的速度，离最终需求端较远，使中国制造业企业 GVC 相对位置国内部分在价值链中处于相对上游的位置，国外部分则处于相对下游的位置。

　　四是不同贸易方式制造业企业 GVC 相对位置。图 6 反映了一般贸易企业的 GVC 相对位置较高且呈现不断向上游攀升的态势，而加工贸易企业相对位置较低且下游化趋势明显。由于一般贸易出口的中间产品占比较高，而加工贸易"大进大出"及"两头在外"的特征致使其以简单加工组装生产环节为主，距离最终消费端较近且向最终产品需求端延伸。同时一般贸易企业GVC相对位置的国内部分和国外部分均呈现不断上升趋势，而加工贸易企业国内生产部分的变动趋势不明显，国外部分的位置指数则持续下滑，表明一般贸易企业国内产业链长度的促进效应高于国外，国内生产是引致价值链相对位置上升的主导因素。

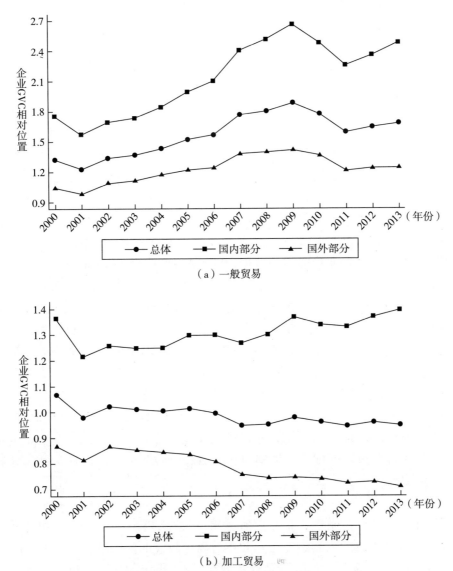

（a）一般贸易

（b）加工贸易

图6 2000~2013年不同贸易方式制造业企业GVC相对位置

资料来源：中国工企库、海关库、WIOD世界投入产出表，作者整理测算绘制得出。

五、模型构建和实证检验

1. 计量模型构建

为了考察服务业开放对制造业企业嵌入GVC相对位置的影响，构建计量模型如下：

$$GVCU_{ipct} = \alpha + \beta sopen_{pct} + \gamma X + \nu_i + \lambda_t + \delta_p \times \lambda_t + \varepsilon_{ipct} \tag{22}$$

其中，$GVCU_{ipct}$ 表示制造业企业 i 在第 t 年 p 省份 c 行业的 GVC 相对位置，$sopen_{pct}$ 是核心解释变量，表示 t 年 p 省份制造业行业 c 受到的服务业开放影响指数，X 表示控制变量，ν_i、λ_t、$\delta_p \times \lambda_t$ 分别代表制造业企业、年份和省份—年份固定效应，ε_{ipct} 为随机误差项。需要说明的是，除了核心解释变量 $sopen_{pct}$，被解释变量 $GVCU_{ipct}$ 和控制变量 X 均采用对数形式。

（1）控制变量选取。企业层面：①企业出口密度（expint），本文利用企业出口交货值和企业销售额的比值衡量，并对其取对数。②企业存续年限（age），本文采用企业当年年份减去制造业企业开业年份加 1 的对数值代理。③企业全要素生产率（tfp），采用生产率计算公式：$TFP = \ln(Y/L) - \alpha \ln(K/L)$，其中，$Y$ 为企业总产出；L 为劳动要素，以企业的员工人数表示；K 为资本要素，以企业的固定资产表示；α 表示边际替代率并将其设定为 1/3。④制造业企业规模（size），本文用企业员工数量取对数表示。⑤企业外部融资能力（leverage），本文采用企业的资产负债率取对数来衡量。行业层面：行业总规模（scale），本文用企业层面的实际增加值在行业层面上加总取对数得到；行业集中度（hhi），本文以企业主营业务收入占行业所有制造业企业总主营业务收入的份额计算赫芬达尔指数；国有企业（SOE）和外资企业（FOE）虚拟变量[①]。

（2）数据说明。本文使用的数据来源包括：①WIOD 世界投入产出表，主要用于测算行业层面的价值链上游度、下游度和 GVC 相对位置指标；②2000～2013 年中国工业企业与海关数据库，主要涉及企业规模等控制变量的相关数据，以及用于测算企业层面价值链位置指标的贸易方式、进出口、贸易额等数据；③1997 年、2002 年、2004 年、2007 年和 2011 年的《外商投资产业指导目录》以及《中华人民共和国服务贸易具体承诺减让表》，主要用于衡量中国服务业的开放程度；④2002 年中国省份投入产出表，主要用于构建行业服务业开放指标的权重。

本文首先将海关库中 HS8 位码转换为 HS6 位码，计算出 WIOD 中行业层面指标，然后根据唐宜红和张鹏杨（2018）、Chor 等（2021）的匹配方法，将制造业企业进出口产品 HS6 位码与投入产出表的 ISIC 进行匹配，计算出进出口产品所在行业上游度和下游度；其次利用海关库进出口数据，计算各制造业企业的价值链上游度、下游度和 GVC 相对位置[②]。同时进一步参照 Yu（2015）的方法，将匹配好 WIOD 行业的中国海关库制造业企业与中国工业制造业企业数据库按照制造业企业名称和年份进行匹配，并把邮编和电话号码后 7 位作为识别变量，对未匹配成功制造业企业进行再匹配。

2. 基准回归

表 1 汇报了服务业开放与制造业企业价值链相对位置的基准回归结果，其中第（1）和第（3）列是未加入控制变量仅加入制造业企业和年份固定效应的回归情况，从中可以看出无论是否加入控制变量，核心解释变量 sopen 的估计系数在 1% 水平上均显著为负，表明服务业开放有助于提升制造业企业 GVC 相对位置，推动中国制造业企业向价值链上游攀升，附加值获取能力

---

① 借鉴邵朝对等（2020）的方法，本文根据实收资本将制造业企业划分为国有制造业企业、民营制造业企业和外资制造业企业，其中国有或集体资本占实收资本 50% 及其以上的制造业企业定义为国有制造业企业；港澳台（参照外资）或非港澳台外资本占实收资本 50% 及其以上制造业企业定义为外资制造业企业；剩余为民营制造业企业。

② HS 编码有 1988 年、1992 年、1996 年、2002 年、2007 年、2012 年等多个版本，而联合国统计数据库中仅提供了 HS1996、HS2002、HS2007 与 ISIC Rev3 对应转换版本，考虑到数据区间，2012 年后的数据无法与 WIOD 进行匹配，本文根据 UN Statistics 中 HS2007 和 HS2012 编码之间的对应关系，将两者匹配之后，找到了 HS2012 与 ISIC Rev3 的行业对应关系。需要说明的是，由于 WIOD（2016）采用的行业分类是 ISIC Rev4，本文进一步根据 ISIC Rev3 与 ISIC Rev4 之间的转换关系，得到了 HS 与 ISIC Rev4 的行业对应关系。

和贸易结构不断得以优化，初步证实前文假设 H_1。考虑到不同省份间服务业开放程度可能存在差异，本文进一步加入了省份—年份固定效应来全面考察，回归结果如第（3）和第（4）列所示，服务业开放指标系数有所增加且在 1% 的水平上显著，表明在考虑到省际间开放程度不同的情况下，服务业开放对制造业企业 GVC 相对位置的提升作用进一步增强。

表 1　基准回归结果

变量	（1）	（2）	（3）	（4）
	GVCU			
sopen	−0.0438***	−0.0435***	−0.0432***	−0.0460***
	(−2.68)	(−2.71)	(−2.60)	(−2.82)
expint		0.0971***		0.0984***
		(39.23)		(39.56)
age		0.0705***		0.0712***
		(16.97)		(17.06)
tfp		−0.0467***		−0.0485***
		(−10.08)		(−10.44)
size		0.0540***		0.0558***
		(9.19)		(9.49)
leverage		0.0427***		0.0427***
		(61.93)		(62.05)
scale		0.0534**		0.0426**
		(2.52)		(2.00)
hhi		−0.7754***		−0.7543**
		(−2.58)		(−2.49)
SOE		−0.0063***		0.0006
		(−3.52)		(0.28)
FOE		−0.0056***		−0.0032**
		(−3.70)		(−2.09)
Constant	0.5891***	0.3532***	0.5890***	0.3767***
	(171.55)	(6.01)	(168.34)	(6.40)
年份固定	是	是	是	是
企业固定	是	是	是	是
省份—年份固定	否	否	是	是
样本量	339352	339343	339352	339343
R²	0.717	0.730	0.718	0.731

注：括号内的值为制造业企业层面聚类标准误的 t 统计量；*、**、和 *** 分别表示 10%、5% 和 1% 的显著性水平，下同。

控制变量回归结果也基本符合预期，其中企业出口密度（expint）越大的制造业企业获取附加值的能力越强，更易跻身价值链上游生产环节从而提升制造业企业 GVC 相对位置；制造业企业存续年限（age）越长，表明制造业企业生产经营方式日趋成熟，竞争优势日益凸显，产品生产技术愈加成熟，具有更高的国际竞争能力；制造业企业自身规模（size）越大，一定程度上反映了制造业企业具备技术、人力和资本等方面的优势，往往能够深度参与到复杂的生产环节；制造业企业外部融资能力（leverage）的估计系数在 1% 的水平上显著为正，意味着制造业企业面临的融资约束程度越弱，制造业企业开拓国际市场的能力越强；行业规模（scale）对制造业企业 GVC 相对位置有显著促进效应；制造业企业生产率（tfp）和行业集中度（hhi）的估计系数显著为负，表明生产率越高的制造业企业越不利于制造业企业 GVC 位置的提升，对于生产技术成熟的制造业企业上游研发创新部门取得突破相对较为困难，而下游组装、售后等部门一体化能力使得制造业企业所处的下游生产阶段数增加；行业集中度（hhi）反映市场竞争程度，竞争越激烈，使得各个制造业企业充分利用自身竞争优势进行专业化分工生产，进一步占据市场份额，有助于提高制造业企业价值链位置。国有制造业企业哑变量（SOE）的估计系数不显著，而外资制造业企业哑变量（FOE）的系数显著为负，表明服务业开放对国有制造业企业价值链地位的提升能力不存在显著的促进作用。

3. 进一步分析

（1）区分制造业企业国内与全球价值链分工。从上文分析可知，中国制造业企业 GVC 相对位置可以拆分为国内和国外两个部分，需要进一步考虑价值链位置国内和国外生产活动所引致的异质性，以及能否进一步带来制造业企业 GVC 位置的内外联动效应。表 2 第（1）和第（2）列在控制了制造业企业、年份和省份—年份固定效应的情况下可以看出两者核心解释变量 sopen 的系数均显著为负，且系数大小趋于一致，其余控制变量的回归结果与基准回归基本保持一致。结果表明中国制造业在不断深度融入全球价值链的过程中，不仅能够通过出口国内附加值较高的产品来提升专业化分工水平，还可以通过购买国外中间品或中间投入要素来拉动全球生产，从供需两方面来促进 GVC 位置提升。

表 2　进一步分析回归结果

变量	（1）	（2）	（3）	（4）	（5）	（6）
	GVCU_d	GVCU_f	Up	Down	GVCU	
sopen	−0.0433**	−0.0423***	−0.0757**	0.0289**	0.1893**	0.2050***
	(−2.33)	(−2.84)	(−2.28)	(2.06)	(2.45)	(2.67)
sopen×inst					−0.1087***	−0.1159***
					(−3.05)	(−3.29)
控制变量	是	是	是	是	是	是
年份固定	是	是	是	是	是	是
企业固定	是	是	是	是	是	是
省份—年份固定	是	是	是	是	否	否
样本量	339343	339343	339343	320460	339343	339343
R²	0.750	0.720	0.794	0.561	0.730	0.730

注：限于篇幅，本文未汇报控制变量的回归结果，下同。

（2）综合考虑需求端和供给端影响。表 2 第（3）和（4）列分别汇报了供给侧和需求侧的回归结果，可以看出服务业开放显著促进制造业企业上游度的提升，而对制造业企业下游度起到明显的抑制作用，即服务业开放推动制造业企业向价值链中研发设计等高上游度攀升，阻碍其向加工组装等价值链下游度延伸，间接提升了 GVC 相对位置。

（3）地区制度环境。为探究服务业开放对制造业企业 GVC 位置的影响是否因省份制度环境的不同而存在差异，本文将基准模型（22）进行拓展，引入制度环境与服务业开放的交乘项：

$$GVCU_{ipct}=\alpha+\beta sopen_{pct}+\vartheta sopen_{pct}\times inst_{pt}+\gamma X+\nu_i+\lambda_t+\delta_p\times\lambda_t+\varepsilon_{ipct} \quad (23)$$

其中，$inst_{pt}$ 是 t 年 p 省份的制度环境，本文选取市场化指数总分和均值的对数值来衡量制度质量，回归结果如表 2 第（5）和第（6）列所示，可以看出交互项 $sopen_{pct}\times inst_{pt}$ 系数均在 1% 的水平上显著为负，说明制度越完善、市场分割程度越低的地区，服务业开放对制造业企业价值链位置的促进作用越大，研究结果与 Beverelli 等（2017）的研究保持一致。

4. 内生性检验

本文基于相对外生的外资产业政策调整作为衡量服务业开放的依据可能存在内生性问题，服务业开放政策的出台和调整可能不具有偶然性，中国先试点后开放的政策思路侧面反映了外资开放产业政策可能是基于当前全球服务业发展形势以及制造业与服务业"两业"融合程度的高低等方面综合因素进行调整，使服务业开放与制造业企业 GVC 相对位置之间可能存在逆向因果关系。本文参考孙浦阳等（2018）的研究，采用 OECD 公布的 FDI FRI 数据库中印度各个服务行业的外商直接投资限制指数，依照式（1）重新构建印度服务业开放指标作为本文的工具变量。印度与中国均为发展中国家，经济与社会发展历程具有相似性，同时服务业开放的出发点都是为了引入外部竞争，由政府主导的产业政策改革调整。印度与中国在国际市场上存在较强的竞争关系，增强了两国在竞争产业政策制定上的相关性；同时中国制造业企业游说、国内政治经济等因素不可能影响到印度的服务业开放政策改革，具有较强的独立性。

本文使用两阶段最小二乘法（2SLS）估计工具变量，回归结果如表 3 所示，其中第（1）列是第一阶段的估计结果，第（2）列是第二阶段的回归结果。Kleibergen-Paap rk LM 统计量在 1% 的水平上拒绝了工具变量识别不足的原假设，说明本文采用印度的服务业开放指标作为工具变量不存在识别不足；Kleibergen-Paap rk Wald F 统计量大于 Stock-Yogo 检验 10% 水平上的临界值，拒绝了工具变量弱识别的原假设，说明工具变量与核心解释变量间具有较强的相关性并依次通过了这两个检验，进一步保证其合理性和有效性。表 3 的回归结果表明服务业开放对制造业企业 GVC 相对位置的回归系数在 1% 水平上显著为负，表明在经内生性检验后，服务业开放促进制造业企业价值链位置提升的假说 H_1 成立。

表 3　2SLS 回归结果

变量	（1）	（2）
	第一阶段	第二阶段
	sopen	GVCU
sopen_IV	2.6714 ***	
	（215.10）	
sopen		-0.0528 ***
		（-2.80）
控制变量	是	是
年份固定	是	是
企业固定	是	是
省份—年份固定	是	是
Kleibergen-Paap rk LM 统计量		1987.276 ***

续表

变量	（1）	（2）
	第一阶段	第二阶段
	sopen	GVCU
Kleibergen–Paap rk Wald F 统计量		4.6e+04
		｛16.38｝
样本量	339343	339343
R^2		0.046

注：大括号内值为 Stock-Yogo 检验在 10% 水平上的临界值；小括号内的值为制造业企业层面聚类标准误的 t 统计量。

5. 稳健性检验

为进一步检验结论的稳健性，本文从指标替换、服务业开放政策时滞、关税效应、行业层面稳健性四个方面进行检验。

（1）指标替换。①服务业开放再度量，本文直接使用 OECD 公布的中国服务业外商直接投资管制指数（FDI FRI）作为中国服务业开放的替代指标，重新估计模型（22）来考察服务业开放对制造业企业 GVC 相对位置的影响。表 4 第（1）列估计结果表明，FDI FRI 测度的服务业开放指数对制造业企业价值链相对位置仍具有显著促进效应，且系数绝对值高于基准回归结果，这意味着用 FDI FRI 指数度量的服务业开放指标对制造业企业 GVC 相对位置的提升效应更强。②替换权重，本文采用两种方法来构建省份—年份制造业层面的服务业开放指数权重：第一，以中国 1997 年、2002 年、2007 年和 2012 年投入产出表的省级投入系数作为连续权重；第二，由于数据区间是 2000~2013 年，故本文用中间年份 2007 年的投入产出表的省际投入产出系数作为固定权重，重新估计制造业企业价值链位置受服务业开放的影响程度。表 4 第（2）和第（3）列分别汇报了替换权重后的回归结果，可以看出服务业开放指数估计系数仍然显著为负，并未因研究维度不同而发生较大变化，表明本文假说 H₁ 具有较强的客观性和适用性。③制造业企业价值链位置再度量，本文的被解释变量是制造业企业 GVC 相对位置，本文进一步利用 WIOD 数据库，参考 Antràs 等（2012）、Miller 和 Temurshoev（2017）构建出口上游度和进口下游度，重新测算制造业企业层面传统国内生产和李嘉图贸易部分的 GVC 相对位置，估计结果如表 4 第（4）列所示，实证结果依然稳健。

表 4 稳健性检验

变量	（1）	（2）	（3）	（4）	（5）	（6）	（7）	（8）
	指标替换				政策时滞效应		关税效应	行业层面
	FDI FRI	连续性权重	2007 年权重	GVC 相对位置	滞后一期	滞后两期		
sopen	-0. 1026 ***	-0. 0009 **	-0. 0017 *	-0. 0409 ***			-0. 0727 ***	-0. 0172 ***
	（-2. 84）	（-2. 49）	（-1. 69）	（-2. 64）			（-4. 36）	（-3. 19）
*sopen_lag*1					-0. 0427 ***			
					（-2. 65）			
*sopen_lag*2						-0. 0436 ***		
						（-2. 74）		
sopen×tariff							0. 0029 ***	
							（7. 94）	

续表

变量	（1）	（2）	（3）	（4）	（5）	（6）	（7）	（8）
	指标替换				政策时滞效应		关税效应	行业层面
	FDI FRI	连续性权重	2007 年权重	GVC 相对位置	滞后一期	滞后两期		
控制变量	是	是	是	是	是	是	是	是
年份固定	是	是	是	是	是	是	是	是
企业固定	是	是	是	是	是	是	是	否
省份—年份固定	是	是	是	是	是	是	是	是
省份固定	否	否	否	否	否	否	否	是
样本量	339343	339343	339343	339343	339341	339339	339239	371665
R^2	0.731	0.731	0.731	0.755	0.731	0.731	0.731	0.193

（2）服务业开放政策时滞效应。考虑到服务业外资开放政策从提出、实施、传导、作用这一过程需要一定时间，故进一步检验政策传导的时滞效应。一方面，随着服务业外资开放政策的不断改革和调整，国外知识密集型的服务进入中国市场需要进行市场调研、需求预估、中期融资以及后期拓展业务等复杂过程，服务业市场反应相对于政策出台存在一定的滞后性；另一方面，由于服务业更多地作为中间投入要素与制造业联系在一起，基于上下游的投入产出关联作用到制造业企业生产中，服务业开放政策传导到制造业也需要一定时间。基于此，本文将服务业开放滞后一期和两期分别引入基准计量模型（22）进行重新估计。表 4 第（5）和第（6）列分别报告了服务业开放滞后一期和滞后两期对制造业企业 GVC 相对位置的影响，从中可以看出，服务业开放滞后一期（sopen_lag1）和滞后两期（sopen_lag2）均在 1% 的显著性水平上促进制造业企业价值链相对位置的提高，且服务业滞后两期的促进效应更大。

（3）关税效应。自中国加入 WTO 以来，货物贸易自由化水平不断提高，关税的持续下降有助于制造业企业嵌入全球化生产（李小帆和马弘，2019），需要进一步关注进口关税下降所产生的影响。参考 Amiti 和 Davis（2012）的方法测算省份—行业—年份层面的进口关税率如下：

$$tariff_{pct} = \sum_{j} \omega_{pcj} \times Tariff_{jt} \tag{24}$$

其中，ω_{pcj} 是 p 省份 c 行业使用 j 行业中间品的比重，使用 2002 年省份投入产出表进行衡量；$Tariff_{jt}$ 是 j 行业的简单平均进口关税率。本文将服务业开放与关税的交互项（$sopen_{pct} \times tariff_{pct}$）引入基准模型（22）后，回归结果如表 4 第（7）列所示，可以看出综合考虑货物贸易和服务贸易自由化的影响后，两者限制水平下降在 1% 水平上显著促进制造业企业价值链位置的提升。

（4）行业层面稳健性。本文进一步考察服务业开放对行业层面价值链位置指数的影响，结果如表 4 第（8）列所示，服务业开放在 1% 的水平上显著促进制造业价值链位置的提升。

6. 异质性分析

（1）贸易方式异质性。从表 5 第（1）和第（2）列可以看出服务业开放对一般贸易制造业企业存在显著的促进效应，而对加工贸易制造业企业不显著。可能是从事加工贸易的制造业企业"两头在外"和"大进大出"的特征使得其产品附加值能力较低，仍处于出口产品的加工组装环节，更多承担价值链上非研发等非核心生产环节的外包服务，很容易被锁定在下游生产环节进行劳动密集型生产，而服务业开放会进一步抑制加工贸易的发展（符大海和鲁成浩，2021）。一般贸易制造业企业承担着从产品研发设计端到售后服务端整个产业链的价值增值活动，丰裕的技术、人才和资本等要素储备对价值链上附加值的获取能力远高于加工贸易制造业企业。

表5 异质性分析回归结果

变量	(1)	(2)	(3)	(4)	(5)	(6)	(7)
	贸易方式		行业要素密集度			地区	
	一般贸易	加工贸易	劳动密集型	资本密集型	技术密集型	东部	中西部
sopen	−0.0547**	−0.0439	−0.0686**	0.0242	−0.0856***	−0.0491***	−0.0078
	(−2.48)	(−1.60)	(−2.33)	(0.78)	(−3.03)	(−2.85)	(−0.15)
控制变量	是	是	是	是	是	是	是
年份固定	是	是	是	是	是	是	是
企业固定	是	是	是	是	是	是	是
省份—年份固定	是	是	是	是	是	是	是
观测值	194587	106474	68253	114030	116175	314232	24171
R²	0.755	0.752	0.682	0.755	0.780	0.726	0.754

（2）要素密集度异质性。表5第（3）~第（5）列表明服务业开放显著促进了劳动密集型制造业企业和技术密集型制造业企业 GVC 相对位置的提升，而对资本密集型制造业企业 GVC 相对位置影响不显著。可能的解释是技术密集型制造业企业具有知识和技术密集型等特征，对于产品生产端的研发、设计、信息、通信等高端服务具有较高的需求和敏感度，服务中间投入在提升产品附加值中占据着较为重要的地位（许和连等，2017），进而服务业开放政策改革助力技术密集型制造业企业专注上游核心生产环节，进一步提升技术密集型制造业企业的上游度，而降低下游度，从而促进制造业企业 GVC 相对位置的提升。对于劳动密集型制造业企业而言，主要依赖成本优势进行竞争，中间服务要素投入较少导致产品长期处于产业链低端生产环节，随着服务业外资的开放，制造业企业通过引进国外高端的服务要素投入产品的生产中，产品较易向价值链上游攀升，从而进一步提高制造业企业在价值链中的相对位置。资本密集型制造业企业，复杂的产业关联致使其长期处于价值链较高的生产链位置，对于高端服务需求的技术水平和生产规模要求较高，这些领域往往仍然面临贸易与投资限制导致服务业开放后对其价值链相对位置不存在明显的促进作用，只有当服务业开放带来的知识密集型服务的技术含量和服务规模达到一定的高度，服务业开放力度的增强才会带来制造业企业价值链位置的显著提升。

（3）制造业企业所属地区异质性①。从表5第（6）和第（7）列可以看出服务业开放促进东部地区制造业企业 GVC 相对位置的提高，而对中西部地区制造业企业 GVC 相对位置的影响不显著。东部地区经济发展的速度和水平、研发资金的投入、高端制造业和服务业的占比都远远高于中西部地区，技术密集度较高的服务要素投入与更靠近技术前沿高端制造业企业的生产结合使东部地区制造业受外资开放政策的红利较大，服务业开放水平的提高显著促进东部地区制造业企业价值链位置的提升。同时，东部地区优越的制度环境进一步加强了服务业开放的促进

---

① 根据制造业企业所属地域的差异，本文将其划分为东部地区、中部地区和西部地区（不包括西藏、香港、澳门、台湾数据）。其中，北京市、天津市、上海市、河北省、辽宁省、江苏省、浙江省、福建省、山东省、广东省、广西壮族自治区和海南省12个地区为东部；山西省、内蒙古自治区、吉林省、黑龙江省、安徽省、江西省、河南省、湖北省和湖南省9个地区为中部；重庆市、四川省、贵州省、云南省、陕西省、甘肃省、青海省、宁夏回族自治区和新疆维吾尔自治区9个地区为西部。

作用，较高的制度质量和靠近技术前沿的高端制造业企业双向加持进一步增强了服务业开放对制造业企业 GVC 相对位置的提升效应（Beverelli et al.，2017）。

（4）服务要素投入异质性。表 6 第（1）～第（4）列分别是交通运输、批发零售、金融保险和研发技术服务业开放与制造业企业价值链位置的估计结果，其中批发零售和金融保险存在显著的促进作用，而交通运输服务业和研发技术服务业估计系数不显著。可能的原因是交通运输服务业开放的上游促进效应与下游促进效应具有同等"效益"，运输便利化和物流管理效率的提高使得制造业企业参与全球价值链同时向供给和需求两端延伸，从而对制造业企业 GVC 相对位置影响程度不明显；我国研发服务业的开放水平一直处于较低的水平，即使随着《外商投资产业指导目录》的不断改革和调整，研发部门的服务业开放指数仍未有较大的提高，致使当前的开放水平不足以带动制造业企业实现 GVC 位置的攀升。

表 6 投入服务要素的异质性分析

变量	(1)	(2)	(3)	(4)
	交通运输	批发零售	金融保险	研发技术
TRANS	−0.0098			
	(−0.39)			
DIST		−0.0252**		
		(−2.39)		
FIN			−0.1095**	
			(−2.56)	
RD				−0.0261
				(−1.05)
控制变量	是	是	是	是
年份固定	是	是	是	是
企业固定	是	是	是	是
省份—年份固定	是	是	是	是
观测值	339968	339968	339968	339968
R^2	0.731	0.731	0.731	0.731

六、机制检验

前文机制分析认为服务业开放主要通过成本节约效应、服务投入替代效应和制造业服务化效应三条路径促进制造业企业价值链升级，同时制造业企业吸收本土与国外服务投入表现是否存在差异也需要进一步探究。基于此，本文构建检验作用机制的模型为：

$$GVCU_{ipct}=\alpha+\beta_1 sopen_{pct}+\beta_2 W+\beta_3 sopen_{pct}\times W+\gamma X+\nu_i+\lambda_t+\delta_p\times\lambda_t+\varepsilon_{ipct} \quad (25)$$

其中，W 是作用机制变量，代表成本节约、服务投入替代和制造业服务化效应，需要说明的是，式（25）中核心解释变量与作用机制变量均进行了中心化处理。

1. 成本节约效应

本文参考刘斌和王乃嘉（2016）的做法，将制造业企业管理费用、财务费用、主营业务成本、营业费用（产品销售费用）、主营业务应付工资总额和主营业务应付福利费总额的总和取对数作为制造业企业生产成本的代理变量。回归结果如表 7 第（1）列所示，服务业开放与制造业企业成本的交互项在 5% 的水平上显著为正，表明制造业企业成本节约效应强化了服务业开放对制造业企业价值链位置的提升效应，具有明显的正向调节作用。然而制造业企业生产成本的估计系数在 1% 的水平上显著为正，说明增加生产成本可以直接提高制造业企业在价值链中的相对位置，可能的解释是在没有上游服务业外资开放的背景下，制造业企业缺乏高质量中间投入的进口服务，以及高水平的管理经验来提升生产效率，若想提高 GVC 相对位置，则需要进一步加大研发投入的资金进而提高制造业企业的技术水平，助力制造业企业实现价值链升级，进一步延伸其在全球生产链中的生产长度。总体而言，实证结果验证了前文的假设 H_2。

表 7　机制检验回归结果

变量	（1）	（2）	（3）	（4）	（5）
	成本节约效应	服务投入替代效应	制造业服务化效应		
			总体	国内	国外
$sopen$	-0.0716^{***}	-0.0787^{***}	-0.2614^{***}	-0.2439^{***}	-0.1494^{***}
	(-3.82)	(-3.86)	(-4.90)	(-3.31)	(-2.93)
W	0.0027^{***}	-0.1591^{***}	0.0525^{***}	0.0164	0.0144^{***}
	(4.79)	(-3.75)	(3.88)	(1.14)	(3.01)
$sopen \times W$	0.0037^{**}	0.4917^{**}	-0.2808^{***}	-0.1853^{***}	-0.0502^{**}
	(2.53)	(2.48)	(-4.49)	(-2.88)	(-2.30)
控制变量	是	是	是	是	是
年份固定	是	是	是	是	是
企业固定	是	是	是	是	是
省份—年份固定	是	是	是	是	是
观测值	338943	339343	222338	222338	222338
R^2	0.731	0.731	0.753	0.753	0.753

2. 服务替代效应

本文采用制造业中间投入占比作为服务替代效应的代理变量，回归结果如表 7 第（2）列所示。从中可以发现，服务业开放与制造业中间投入占比的交互项在 5% 的水平上显著为正，表明服务业外资限制放宽后，制造业企业通过增加服务投入替代产品投入显著促进了其价值链相对位置的提升。同时，制造业中间投入占比的估计系数在 1% 的水平上显著为负，说明产品中间投入不利于制造业企业价值链位置的提高，偏向下游的生产环节使制造业企业的 GVC 位置向最终产品需求端延伸。这一结果符合预期，即服务业开放通过服务投入替代效应促进其价值链位置的提高，验证了上文的假说 H_3。

3. 制造业服务化效应

本文参考刘斌和赵晓斐（2020）的研究，采用投入产出表中的完全消耗系数测算制造业服务化水平，并进一步区分国内和国外服务要素投入。

$$Servitization_{ij}^{complete} = a_{ij} + \sum_{k=1}^{n} a_{ik}a_{kj} + \sum_{s=1}^{n}\sum_{k=1}^{n} a_{is}a_{sk}a_{kj} + \cdots \tag{26}$$

$$Servitization_{ij}^{d} = Servitization_{ij}^{complete} \times (1 - a_{ij}) \tag{27}$$

$$Servitization_{ij}^{f} = Servitization_{ij}^{complete} \times a_{ij} \tag{28}$$

其中，$Servitization_{ij}^{complete}$、$Servitization_{ij}^{d}$ 和 $Servitization_{ij}^{f}$ 分别代表制造业服务化、本土服务要素投入和国外服务要素投入实现的制造业服务化；a_{ij} 是指第 j 个制造业部门对第 i 个服务部门直接消耗量，$\sum_{k=1}^{n} a_{ik}a_{kj}$ 表示第一轮间接消耗，依次类推，第 $n+1$ 项为第 n 轮间接消耗。回归结果如表 7 第（3）~第（5）列结果所示，服务业开放与制造业服务化的交互项显著为负，表明服务业开放通过强化制造业服务化效应来促进制造业企业价值链相对位置的提高，这与预期结果保持一致，验证了上文的假说 H_4。同时制造业服务化的估计系数显著为正，说明制造业服务化水平的提高可以促进制造业企业价值链位置的提升，与现有研究结论相同。

上文分析指出，服务业开放同时带来国内和国外制造业服务化水平的提高。一方面，国外服务要素通过破除外资限制的门槛直接进入国内服务业市场，不仅拓宽了服务要素来源的渠道，还增加了服务要素投入的种类；另一方面，服务业开放引致的竞争效应和示范效应反向拉动国内服务业的发展，进而提高本土服务要素投入质量，为本国制造业企业价值链位置的提升打下基础。表 7 第（4）和第（5）列分别报告了国内和国外服务投入对制造业企业价值链位置的估计结果，可以看出服务业开放与两者的交互项均显著为负，说明服务业开放带来的国内和国外制造业服务化水平的提高，对制造业企业 GVC 相对位置的提升均会产生显著的促进作用。进一步关注国内和国外服务要素投入的估计系数，发现国内服务投入的系数为正且不显著，而国外服务投入的系数在 1% 的水平上显著为正，由此说明只有国外高端服务要素的投入才能有效提升制造业企业全球价值链位置，国内服务要素投入不足以推动其位置的攀升。这从侧面反映了我国服务业发展水平与国外相比仍存在较大差距，需进一步扩大服务业对外开放水平。

七、研究结论与政策启示

本文从制造业企业层面将服务业开放与制造业企业价值链相对位置纳入统一分析框架，分别从成本节约、服务投入替代和制造业服务化效应出发分析影响的作用机制。研究结果表明：①服务业开放显著提高了中国制造业企业在全球价值链中的相对位置，但提升了上游度指数却阻碍了向下游度延伸。同时良好的制度环境会进一步强化提升效应。②服务业开放水平的提升，使制造业企业生产成本下降，进而更多的制造业企业能够大量使用服务中间投入要素，增强了制造业企业主导价值链的能力。③服务业开放通过服务中间投入对制造型中间品的替代效应和制造业服务化效应以优化要素投入结构来提高制造业企业价值链再创造能力，并依托"涟漪效应"提高制造业企业参与全球价值链的嵌入能力。进一步将制造业服务化分为国内和国外服务投入，发现国外制造业服务化对制造业企业价值链位置的提升存在明显的促进作用，而国内制造业服务化推动作用不足。④服务业开放对制造业企业 GVC 相对位置的影响因服务要素投入、制造业企业贸易方式、要素密集度和所属地域的不同存在显著差异。其中批发零售和金融保险服务业开放促进作用更明显；服务业开放对一般贸易制造业企业影响大于加工贸易制造业企业；服务业政策改革对劳动密集型和技术密集型制造业企业以及东部地区的制造业企业价值链位置存在显著的提升作用。

本文对于新发展阶段如何有序扩大服务业对内对外开放，加强服务业对制造业的支撑作用，推动制造业向专业化和价值链高端延伸的政策启示如下：

第一，持续扩大服务业开放水平，加快制造业与服务业深度融合。制造业转型升级和价值链位置提升需要高质量服务要素投入，特别是研发设计、金融保险等技术密集型的生产性服务业投入，推进先进制造业与现代服务业融合的新模式、新业态发展，促进行业竞争优势由传统的低成本、劳动禀赋转变为高质量、专业化优势，延长产业价值链的生产长度，为我国制造业企业摆脱"低端锁定"和"高端封锁"困境促进制造业企业 GVC 位置向上游攀升提供持续动力。

第二，加快国内统一大市场建设，加快构建完善的产业生态体系。区域发展失衡、基建体系薄弱、政策落实不足、金融体系不完善导致中国制造业企业在价值链贸易中长期处于劣势地位，并未完全享受服务业开放引致的"两业融合"的红利。政府层面需考虑构建高效的政策体系，加快统一大市场进程。同时，切实推进落实 2021 年发布的《关于加快推动制造服务业高质量发展的意见》文件精神，将服务业开放与制造业服务化作为构建现代产业体系中的重要支撑，充分发挥服务型制造潜能，加强上下游产业关联与制造业企业吸收转换能力，推动生产性服务要素投入向专业化和价值链上游延伸。

第三，构建高质量创新发展的产业升级导向，着力提升制造业企业的技术含量和核心竞争力。"十四五"时期，需要充分发挥服务业开放的示范效应、学习效应和技术外溢效应，加大制造业企业研发投入与延长制造业企业国内生产链长度，推动制造业企业生产向高附加值、高技术水平等核心环节延伸，进而在国际专业化分工中实现制造业企业 GVC 位置的跨越式发展。中国制造业企业需以全球价值链重构为契机，加快制造业向高端、绿色、智能等高端服务的数字化方向改造，促进传统产业转型升级，优化产业结构，充分发挥服务业开放对技术密集型企业价值链位置的提升作用。

第四，加强技术集约型人才培养和服务贸易数字化水平，以创新方式为我国制造业企业高质量创新发展赋能。改变国内服务对于制造业企业价值链升级作用较弱的局面，提升国内信息通信、金融保险、研发技术等中间服务占比。此外，要加快服务业与制造业数字化转型进程，发展高端生产性服务外包，更深层次嵌入全球生产网络以提升价值链重组背景下的产业链韧性与安全性。

参考文献

[1] Amiti M, Davis D R. Trade, Firms, and Wages: Theory and Evidence [J]. The Review of Economic Studies, 2012, 79 (1): 1-36.

[2] Antràs P, Chor D, Fally T, et al. Measuring the Upstreamness of Production and Trade Flows [J]. American Economic Review, 2012, 102 (3): 412-416.

[3] Antràs P, Gortari A D. On the Geography of Global Value Chains [J]. Econometrica, 2020, 88 (4): 1553-1598.

[4] Antràs P. Conceptual Aspects of Global Value Chains [J]. The World Bank Economic Review, 2020, 34 (3): 551-574.

[5] Ariu A, Mayneris F, Parenti M. One Way to the Top: How Services Boost the Demand for Goods [J]. Journal of International Economics, 2020, 123: 103278.

[6] Arnold J M, Javorcik B S, Mattoo A. Does Services Liberalization Benefit Manufacturing Firms? Evidence from the Czech Republic [J]. Journal of International Economics, 2011, 85 (1): 136-146.

[7] Arnold J M, Javorcik B, Lipscomb M, et al. Services Reform and Manufacturing Performance: Evidence from India [J]. The Economic Journal, 2016, 126 (590): 1-39.

[8] Bas M. Does Services Liberalization Affect Manufacturing Firms' Export Performance? Evi-

dence from India [J]. Journal of Comparative Economics, 2014, 42 (3): 569-589.

[9] Bas M. The Effect of Communication and Energy Services Reform on Manufacturing Firms' Innovation [J]. Journal of Comparative Economics, 2020, 48 (2): 339-362.

[10] Beverelli C, Fiorini M, and Hoekman B. Services Trade Policy and Manufacturing Productivity: The Role of Institutions [J]. Journal of International Economics, 2017, 104: 166-182.

[11] Biryukova O, Vorobjeva T. Impact of Service Liberalization on the Participation of BRICS Countries in Global Value Chains1 [J]. International Organisations Research Journal, 2017, 12 (3): 94-113.

[12] Chor B D. Where Are Countries Positioned along Global Production Lines? [J]. Macroeconomic Review, Monetary Authority of Singapore, 2014, 13 (1): 94-99.

[13] Chor D, Manova K, Yu Z. Growing Like China: Firm Performance and Global Production Line Position [J]. Journal of International Economics, 2021, 130: 103445.

[14] Fally T. Production Staging: Measurement and Facts [J]. University of Colorado - Boulder, 2012.

[15] Fujita M, Thisse J F. Globalization and the Evolution of the Supply Chain: Who Gains and Who Loses? [J]. International Economic Review, 2006, 47 (3): 811-836.

[16] Hayakawa K, Mukunoki H, Yang C. Liberalization for Services FDI and Export Quality: Evidence from China [J]. Journal of the Japanese and International Economies, 2020, 55: 101060.

[17] Hummels D, Ishii J, Yi K M. The Nature of Growth of Vertical Specialization in World Trade [J]. Journal of International Economics, 2001, 54 (1): 75-96.

[18] Johnson R C. Measuring Global Value Chains [J]. Annual Review of Economics, 2018, 10: 207-236.

[19] Kee H L, Tang H. Domestic Value Added in Exports: Theory and Firm Evidence from China [J]. American Economic Review, 2016, 106 (6): 1402-1436.

[20] Koopman R, Wang Z, Wei S J. Tracing Value-Added and Double Counting in Gross Exports [J]. American Economic Review, 2014, 104 (2): 459-494.

[21] Miller R E, Temurshoev U. Output Upstreamness and Input Downstreamness of Industries/Countries in World Production [J]. International Regional Science Review, 2017, 40 (5): 443-475.

[22] Nordas H K, Rouzet D. The Impact of Services Trade Restrictiveness on Trade Flows [J]. The World Economy, 2017, 40 (6): 1155-1183.

[23] Wang Z, Wei S J, Yu X D, et al. Characterizing Global Value Chains: Production Length and Upstreamness [R]. 2017.

[24] Yu M J. Processing Trade, Tariff Reductions and Firm Productivity: Evidence from Chinese Firms [J]. The Economic Journal, 2015, 125 (585): 943-988.

[25] 戴翔, 刘梦. 人才何以成为红利: 源于价值链攀升的证据 [J]. 中国工业经济, 2018 (4): 98-116.

[26] 杜运苏, 姬雯云, 余泳泽. 内外销耦合协调对企业价值链升级的影响 [J]. 财贸经济, 2023, 44 (3): 157-174.

[27] 杜运苏, 刘艳平. 服务业开放、资源错配与价值链升级: 基于中国制造业企业的经验研究 [J]. 国际贸易问题, 2023 (6): 34-51.

[28] 杜运苏, 彭冬冬, 陈启斐. 服务业开放对企业出口国内价值链的影响: 基于附加值率

和长度视角 [J]. 国际贸易问题, 2021 (9): 157-174.

[29] 樊瑛. 中国服务业开放度研究 [J]. 国际贸易, 2012 (10): 10-17.

[30] 符大海, 鲁成浩. 服务业开放促进贸易方式转型: 企业层面的理论和中国经验 [J]. 中国工业经济, 2021 (7): 156-174.

[31] 顾雪芹. 中国生产性服务业开放与制造业价值链升级 [J]. 世界经济研究, 2020 (3): 121-134+137.

[32] 何宇, 张建华, 陈珍珍. 贸易冲突与合作: 基于全球价值链的解释 [J]. 中国工业经济, 2020 (3): 24-43.

[33] 李跟强, 宗志刚. 制造业投入服务化、服务贸易开放与经济周期联动: 基于全球价值链的视角 [J]. 世界经济研究, 2021 (10): 69-86+135.

[34] 李宏亮, 谢建国. 服务贸易开放提高了制造业企业加成率吗: 基于制度环境视角的微观数据研究 [J]. 国际贸易问题, 2018 (7): 28-40.

[35] 李小帆, 马弘. 服务业 FDI 管制与出口国内增加值: 来自跨国面板的证据 [J]. 世界经济, 2019 (5): 123-144.

[36] 李杨, 闫蕾, 章添香. 中国生产性服务业开放与制造业全要素生产率提升: 基于行业异质性的视角 [J]. 浙江大学学报 (人文社会科学版), 2018, 48 (4): 94-110.

[37] 刘斌, 王乃嘉. 制造业投入服务化与企业出口的二元边际: 基于中国微观企业数据的经验研究 [J]. 中国工业经济, 2016 (9): 59-74.

[38] 刘斌, 魏倩, 吕越, 等. 制造业服务化与价值链升级 [J]. 经济研究, 2016, 51 (3): 151-162.

[39] 刘斌, 赵晓斐. 制造业投入服务化、服务贸易壁垒与全球价值链分工 [J]. 经济研究, 2020, 55 (7): 159-174.

[40] 刘玉海, 廖赛男, 张丽. 税收激励与企业出口国内附加值率 [J]. 中国工业经济, 2020 (9): 99-117.

[41] 罗伟, 吕越. 外商直接投资对中国参与全球价值链分工的影响 [J]. 世界经济, 2019 (5): 49-73.

[42] 马风涛. 中国制造业全球价值链长度和上游度的测算及其影响因素分析: 基于世界投入产出表的研究 [J]. 世界经济研究, 2015 (8): 3-10+127.

[43] 马盈盈. 服务贸易自由化与全球价值链: 参与度及分工地位 [J]. 国际贸易问题, 2019 (7): 113-127.

[44] 倪红福, 王海成. 企业在全球价值链中的位置及其结构变化 [J]. 经济研究, 2022 (2): 107-124.

[45] 倪红福. 全球价值链中产业 "微笑曲线" 存在吗?: 基于增加值平均传递步长方法 [J]. 数量经济技术经济研究, 2016, 33 (11): 111-126+161.

[46] 彭水军, 吴腊梅. 中国在全球价值链中的位置变化及驱动因素 [J]. 世界经济, 2022, 45 (5): 3-28.

[47] 邵朝对, 苏丹妮, 李坤望. 服务业开放与企业出口国内附加值率: 理论和中国证据 [J]. 世界经济, 2020, 43 (8): 123-147.

[48] 盛斌, 陈帅. 全球价值链、出口国内附加值与比较优势: 基于跨国样本的研究 [J]. 东南大学学报 (哲学社会科学版), 2016, 18 (6): 95-102+147-148.

[49] 盛斌, 景光正. 金融结构、契约环境与全球价值链地位 [J]. 世界经济, 2019

（4）：29-52.

［50］孙浦阳，侯欣裕，盛斌．服务业开放、管理效率与企业出口［J］．经济研究，2018，53（7）：136-151.

［51］唐宜红，张鹏杨．中国企业嵌入全球生产链的位置及变动机制研究［J］．管理世界，2018，34（5）：28-46.

［52］武力超，张馨月，侯欣裕．生产性服务业自由化对微观企业出口的机制研究与实证考察［J］．财贸经济，2016，37（4）：101-115.

［53］许和连，成丽红，孙天阳．制造业投入服务化对企业出口国内增加值的提升效应：基于中国制造业微观企业的经验研究［J］．中国工业经济，2017（10）：62-80.

［54］杨仁发，郑媛媛．数字经济发展对全球价值链分工演进及韧性影响研究［J］．数量经济技术经济研究，2023，40（8）：69-89.

［55］姚战琪．中国服务业开放度测算及其国际竞争力分析［J］．国际贸易，2018（9）：48-54.

［56］余骁，郭志芳．服务业开放如何提升企业全球生产链地位：基于中国微观企业的实证研究［J］．国际贸易问题，2020（4）：105-120.

［57］张丽，廖赛男，刘玉海．服务业对外开放与中国制造业全球价值链升级［J］．国际贸易问题，2021（4）：127-142.

［58］张鹏杨，唐宜红．FDI 如何提高我国出口企业国内附加值?：基于全球价值链升级的视角［J］．数量经济技术经济研究，2018，35（7）：79-96.

［59］张艳，唐宜红，周默涵．服务贸易自由化是否提高了制造业企业生产效率［J］．世界经济，2013，36（11）：51-71.

［60］郑江淮，郑玉．新兴经济大国中间产品创新驱动全球价值链攀升：基于中国经验的解释［J］．中国工业经济，2020（5）：61-79.

［61］周昕，郑妍妍．制造业的国外中间服务投入能否代替中间产品进口?：基于 WIOD 数据的实证研究［J］．经济评论，2015（2）：126-137.

［62］祝树金，罗彦，段文静．服务型制造、加成率分布与资源配置效率［J］．中国工业经济，2021（4）：62-80.

Service Industry Opening, Intermediate Input Effect and Manufacturing Firms' GVC Upgrading

GAO Yunsheng   LIU Huihui   YANG Chen

Abstract: This paper integrates the opening up of service industry and the value chain upgrading of manufacturing firms into a unified analytical framework based on the two-way perspectives of "output supply chain" and "input demand chain", and constructs the theoretical mechanism of intermediate input effect, and uses firm-level data for empirical verification. The findings are as follows: First, the opening of service industry has a significant effect on the GVC position of Chinese manufacturing firms, and the interaction effect between internal and external value chains is obvious, and the good institutional environment plays a further strengthening role. Second, the opening up of service industry promotes the upgrading of the value chain of manufacturing firms through three channels of cost saving, service substitution and manufacturing service by providing high-quality intermediate inputs. Third, the opening of the service industry promoted manufacturing firms to climb up the upstream value chain and hindered their extension to the downstream value chain. Fourth, compared with domestic service input, imported service input has a more significant effect on GVC upgrading. Fifth, the impact of service industry opening on the value chain upgrading of manufacturing firms is heterogeneous, and the effect of wholesale and retail and financial and insurance services is more significant, and the impact on general trade, labor-intensive and technology-intensive and manufacturing firms in the eastern region is more prominent. This paper is of reference significance for China in the new development stage how to orderly expand the opening of the service industry to realize GVC upgrading of the value chain, enhance the core competitiveness by deeply embedding GVC, and to become the power of manufacturing and trade.

Keywords: Service Industry Opening; Relative Position of GVC; Servitization Manufacturing

区域深度贸易协定与亚太价值链利益分配格局重塑

张志明　周艳平　尹　卉[*]

内容提要： 本文利用 OECD-TiVA 数据库和 WTO-RTA 数据库提供的 190 个经济体的数据，考察区域深度贸易协定对亚太价值链利益分配格局的影响效应及其作用机制。研究发现，区域深度贸易协定对亚太价值链利益分配格局具有显著的重塑效应，即提高缔约双方价值链合作所获贸易利益的占比。异质性分析表明，该重塑效应存在显著的条款、行业、缔约环境、RTA 类型、经济体、地理与文化距离等异质性。机制检验表明，区域深度贸易协定可通过扩大亚太价值链地位差异和降低贸易成本两种渠道来重塑亚太区域价值链利益分配格局。

关键词： 区域深度贸易协定；亚太价值链利益分配格局；异质性

中图分类号： F744

一、引　言

亚太价值链是目前生产链条最多、参与经济体最多、贸易额最大和分工结构最为复杂的区域价值链体系（Banga，2014）。贸易利益作为亚太价值链产生的起点和理论分析的落脚点，是一个经济体参与亚太价值链分工的根本诉求。各经济体参与亚太价值链合作所获贸易利益（即价值链贸易利益）可由其向亚太地区的中间品出口增加值额来表征，价值链贸易利益的地理分布情况形成了亚太价值链利益分配格局，而亚太价值链利益分配格局又是亚太价值链分工格局的最终表现形式，也是亚太经贸格局的内在特征。就亚太地区大多数经济体而言，近年来，两个经济体之间的中间品出口增加值额占两个经济体对亚太地区的中间品出口增加值额之和的比值出现了不同程度的变化[①]，这意味着亚太价值链利益分配格局经历了显著的重塑历程。

与此同时，21 世纪以来，随着裹足不前的现行多边组织 WTO 难以应对日趋错综复杂的国际贸易投资形势以及日渐多元化的利益诉求，区域经济一体化安排逐渐成为亚太地区新一轮国际经贸合作的主要形式，亚太地区成为全球自由贸易协定密度最大、数量最多的地区之一，该地区签署和实施的区域贸易协定（以下简称 RTA）数量由 2000 年的 23 个增加到 2022 年的 143 个。与传统贸易条款仅关注边境层面的关税与非关税削减不同，亚太地区的现行 RTA 更多关注边境后层面的知识产权、投资与竞争政策、电子商务、劳动力市场规制等深度贸易条款。这些深度

---

* 作者简介：张志明，男，广东外语外贸大学经济贸易学院副院长、教授、云山学者；研究方向为全球价值链、服务贸易与国际贸易理论；电子邮箱：zhangzhiming4132@126.com。周艳平，女，广东外语外贸大学经济贸易学院硕士研究生；研究方向为贸易协定、全球价值链。尹卉，女，广东外语外贸大学经济贸易学院硕士研究生；研究方向为全球价值链、服务贸易。

① 具体数据来源由笔者整理计算所得。

贸易条款可有效削减阻碍亚太各经济体经贸合作的深层次贸易壁垒，大幅度提高区域内经济体之间的贸易投资便利化和自由化水平，进一步释放 RTA 缔约成员之间的价值链合作潜力，进而重塑各经济体参与亚太价值链合作所获贸易利益的地理分布格局。那么，本文不禁想问，涵盖众多深度贸易条款的 RTA 签署并实施是否会重塑亚太价值链利益分配格局？其内在的作用机制又是如何？这些问题的回答，不仅有助于本文深入了解亚太价值链利益分配格局重塑背后的深层次动因，也可为中国如何借助于 RTA 来提升其在亚太价值链利益分配格局中的地位提供政策参考。

为此，本文基于 OECD - TiVA 数据库和 WTO - RTA 数据库，以 20 个亚太经济合作组织（APEC）成员（不包括巴布亚新几内亚）所构成的经济体为研究样本，实证考察区域深度贸易协定对亚太价值链利益分配格局重塑的影响。研究结果表明，区域深度贸易协定对亚太价值链利益分配格局具有显著的重塑效应，即提高缔约双方价值链合作所获贸易利益的占比。机制检验表明，区域深度贸易协定可通过扩大亚太价值链地位差异和降低贸易成本两种渠道来重塑亚太区域价值链利益分配格局。

二、文献综述

1. 有关 RTA 深度测度的研究

学术界有关 RTA 深度测度展开了深入研究。RTA 深度测算方法主要分为横向测度法和纵向测度法。横向测度法是指先对不同深度的条款进行赋值，再对其进行简单水平加总，该方法是目前学术界测算 RTA 深度的常用方法。例如，Kohl 等（2016）借助于横向测算法分别测算了 13 个 "WTO+" 条款和 4 个 "WTO-X" 条款的深度水平。Mattoo 等（2017）基于 Content of Deep Trade Agreements 数据库，横向测量了 2002～2014 年 96 个经济体的 RTA 总深度。Orefice 和 Rocha（2014）则采用主成分分析法和 52 个具体条款构建 RTA 深度指标。杨继军和艾玮炜（2021）借助于 DESTA 数据库和横向测度法测度区域服务贸易协定深度，发现 RTA 中的服务贸易条款深度持续上升。横向测度法在一定程度上解决了以往研究将 RTA 视为同质性的问题，但默认每个条款的深度和质量是相同的，因而存在不同 RTA 中相同条款的同质性问题。

为解决横向测度法存在的问题，学术界逐步采用纵向测度法来进行测度分析。纵向测度法将单项条款分为不同的维度，对 RTA 中是否有该维度构建虚拟变量，对其进行赋值 "0" 或 "1"。目前来看，学术界使用纵向测度法测算 RTA 深度的研究相对较少。Kim（2013）使用纵向测度法对亚太地区 RTA 深度进行量化分析，研究发现亚太地区的 RTA 平均深度呈上升趋势。Dür 等（2014）将 RTA 中的 7 个条款分为 48 个维度，并根据 RTA 中是否出现某一具体维度的内容进行赋值，测算了 587 个 RTA 深度。进一步地，文洋和王维薇（2016）将 RTA 中的货物、服务、投资、竞争等 6 大领域分为 58 个维度，使用纵向测算法测算了部分 RTA 的平均深度。李艳秀和毛艳华（2018）分别用横向测量法和纵向测量法测算了 43 个 G20 国家签订的 153 个 RTA 深度指标，研究发现使用两种方法测算的 RTA 深度均不断提高，但纵向测量法只简单根据 RTA 中是否出现某一具体维度的内容进行赋值，忽略了不同条款的具体差异和法律可执行性，也同样存在同质性问题。

2. 关于 RTA 对价值链贸易的影响研究

早期的大量研究已从总值贸易角度证实 RTA 的贸易促进效应（Anderson，2010；Baier and Bergstrand，2007）。在全球价值链背景下，RTA 有助于削减贸易摩擦，促进区域化和国际化生产（许亚云等，2020）。为此，学者开始探索 RTA 与价值链贸易之间的关系，且大部分研究均认为

RTA 显著促进了全球价值链贸易。Orefice 和 Rocha（2014）最早开启该领域研究工作，利用 1990~2007 年国家零部件进口贸易数据考察了深度 RTA 与全球生产网络贸易之间的关系，研究发现深度 RTA 显著促进了全球生产网络贸易。随后，学者从增加值贸易视角重新考察该问题，Laget 等（2020）利用中间品出口中包含的国内增加值和国外增加值度量全球价值链贸易，并实证考察深度 RTA 与全球价值链贸易之间的关系，实证结果表明深度 RTA 显著促进了全球价值链贸易。进一步地，Boffa 等（2019）从前向和后向联系两个维度分别构建全球价值链贸易测度指标并进行实证分析。与此同时，Choi（2020）基于亚洲国家的研究发现，深度 RTA 有助于亚洲国家嵌入全球价值链分工体系。国内学者就该问题也展开了深入研究，且大部分研究认为区域深度贸易协定有助于全球价值链合作（李艳秀和毛艳华，2018；童伟伟，2019；许亚云等，2020；张中元，2019）。此外，杜声浩（2021）从全球价值链嵌入方向和复杂程度的双重嵌入视角研究了 RTA 深度对全球价值链嵌入模式的影响，结果发现 RTA 深度对后向价值链嵌入度的提升作用大于前向价值链嵌入度，对简单价值链嵌入的提升作用大于复杂价值链嵌入。Zeng 等（2021）以中国为样本的实证结果显示，区域深度贸易协定对中国工业参与全球价值链具有积极的促进作用，尤其是投资和服务条款深化的促进作用更强。

3. 有关价值链利益分配的研究

贸易利益是国家参与国际贸易和价值链分工的主要利益诉求，一国参与全球价值链分工所获得的利益可分为直接利益（静态利益）和间接利益（动态利益）。其中，直接利益是指一国参与全球价值链获得的基本利益，如价值链出口收益等；间接利益主要指一国参与全球价值链获得的间接积极影响，如社会进步、技术创新、产业结构升级、管理水平进步等。学术界有关价值链利益分配的研究主要围绕这两方面展开。

价值链静态利益分配的研究始于波特（1997）和施振荣（2005），前者提出位居企业生产价值链的战略性环节能创造更高的附加值，后者提出著名的"微笑曲线"，即价值链收益呈现出在生产和组装等中间环节较低，而在上游的研发设计和下游的产品运营、营销等环节较高的特征。后续学者对"微笑曲线"的形状及其变化开展了深入研究。21 世纪后，价值链"微笑曲线"的"U"形开口逐渐收窄，即上下游环节与中间环节的价值链收益差距不断拉大，曲线变得更陡峭（Dedirk and Kraemer，2008）。尤其是发达国家因占据全球价值链的上下游环节而获得大部分增加值，从而获得更多的价值链静态利益（Orefice and Rocha，2014）。也有学者认为，在全球价值链分工体系中，发达国家和发展中国家均能获得价值链利益，但发达国家会采取一些手段阻碍发展中国家技术进步并挤占其分工利益，将其牢牢锁定在低附加价值的加工制造环节（卢福财，2007；卓越和张珉，2008）。具体到中国而言，幸炜和李长英（2018）从双边嵌套视角的研究发现，随着中国在全球价值链的嵌套地位不断提升，其价值链利益分配能力也不断加强。蒋含明（2019）通过拓展 Antras 和 Chor（2013）的不完全契约下全球价值链利益分配模型，发现处于价值链相对上游的中国制造业在产业互补型价值链中获取较高贸易利益，处于价值链分工相对下游的中国制造行业则在产业替代型价值链中获得较高贸易利益。

综上所述，现有文献主要关注 RTA 深度条款对全球价值链贸易的影响效应，有关深度贸易协定怎样影响价值链利益分配格局的研究相对较少。此外，大多数研究主要从全球层面展开，专门针对亚太地区的研究也相对鲜见。考虑到亚太地区既拥有全球产业链条最多、分工专业化程度最深、价值链贸易规模最大及价值链分工网络最为复杂的区域价值链分工体系，同时还是全球 RTA 数量最多、密度最高的地区。因此，深入考察区域深度贸易协定与亚太价值链利益分配格局重塑之间的关系，有助于丰富 RTA 与全球价值链之间关系的研究。

本文的贡献主要体现在：一方面，本文首次从理论和实证两个维度系统考察区域深度贸易协定与亚太价值链利益分配格局重塑之间的关系，创新性地开启该领域研究工作。另一方面，从条款异质性、行业异质性、距离异质性、缔约环境异质性协定类型及经济体异质性等多个维度展开异质性分析，并从亚太价值链地位差异和贸易成本两个维度探寻可能的影响渠道。

三、理论机制分析

通过梳理已有文献发现，区域深度贸易协定可能通过降低贸易成本和扩大亚太价值链地位差异两条渠道影响亚太价值链利益分配格局。

1. 贸易成本渠道

贸易成本是全球价值链分工存在的前提（Diakantoni et al.，2017），也是制约经济体间价值链贸易的重要影响因素（Deardorff，2014），双边贸易成本越低，经济体间的中间品增加值贸易规模就越大。在全球价值链分工背景下，各经济体借助于中间品进出口贸易完成价值链各环节之间的分工协作，这使中间品在沿着全球价值链条流转过程中会频繁跨境流动，进而成倍提高中间品贸易成本。Koopman 等（2010）发现在全球价值链分工情形下，关税的有效保护水平会有明显的上升，然而签订 RTA 能够有效削减关税和非关税壁垒，进而降低贸易成本（刘洪铎和蔡晓珊，2016；Duval et al.，2018）。具体而言，RTA 涵盖的关税条款可直接降低缔约双方进出口贸易的关税成本，此外，RTA 涵盖的市场准入、反倾销、知识产权保护、政策监管、原产地规制等非关税条款有助于削弱市场障碍，提高市场开放度，降低贸易的不确定性，可有效削减缔约双方的非关税贸易壁垒，进而间接降低缔约双方的贸易成本（Baier et al.，2019）。因此，区域深度贸易协定通过降低贸易成本可促进缔约双方的价值链贸易，进而提升双方价值链合作所获贸易利益占双方参与亚太价值链合作所获贸易利益之比，推动亚太价值链利益分配格局实现重塑。

此外，RTA 签订使协定缔约成员之间的贸易成本低于缔约成员与非缔约成员之间的贸易成本，进而在扩大缔约成员之间价值链贸易的同时，还可能导致缔约成员与非缔约成员之间的价值链贸易下降，即出现价值链贸易转移效应（Magee，2008）。换言之，签订深度 RTA 显著地降低了贸易成本，使 RTA 内部价值链合作更加有利可图，促使价值链合作的贸易利益从非缔约成员流向 RTA 缔约成员（Pomfret and Sourdin，2009），最终提升了缔约成员之间价值链合作所获贸易利益占双方参与亚太价值链合作所获贸易利益之比，推动亚太价值链利益分配格局实现重塑。

2. 亚太价值链地位差异渠道

在全球价值链生产模式下，产品的生产过程高度分散化，各经济体通过对外直接投资和外包等方式将产品的生产过程分解成若干个中间环节并分布至全球各地（韩剑和王灿，2019），这极大地促进了全球中间品贸易发展。通常而言，要素禀赋状况决定着经济体在亚太价值链中的位置（祝树金等，2010），然而，森严的贸易壁垒使各经济体的要素禀赋优势难以有效显现，进而促使拥有不同要素禀赋优势的经济体可能会从事与亚太价值链环节相同的生产活动，即出现亚太价值链的同质化竞争。此外，各经济体有关产业发展和参与亚太价值链所实施的各种产业政策，也会促使各经济体从事与亚太价值链环节相同的生产活动，进而严重阻碍亚太价值链分工深化。涵盖更高标准国际经贸规则的 RTA 签订，会削减阻碍双方按照要素禀赋优势开展价值链合作的贸易壁垒，促使亚太价值链生产工序不断分割和细化（刘斌和李川川，2021），各亚太经济体逐步按照要素禀赋优势承担特定几个优势工序（Arndt，1997），更加明确了各经济体在亚太价值链分工体系中的位置，扩大各经济体的亚太价值链地位差异，削弱各缔约成员之间的亚太价值链同质化竞争（Nicovich et al.，2007），进而使缔约成员之间由价值链竞争关系转变为上下游价值链合作关系（赵泽宇，2022），促进彼此之间的价值链贸易。与此同时，深度 RTA 包含的经济体经济政策、法律法规和监管体系等协调条款可有效降低各缔约成员对自身产业发展和参与亚太价值链的过度干预，RTA 中包含的知识产权保护规则可以有效保障发明专利和研究成果不受侵害，降低潜在侵权者引致的高新技术产品贸易的风险，进而增强要素禀赋优势在缔约成员间价值链合作中的决定性作用。如此一来，深度 RTA 的签订有利于缔约成员按照要素禀赋优势在亚太价值链分工体系中找到合适的位置，并同上下游供应商开展深度价值链合作，促进彼此之间的价值链贸易。

综合以上分析，区域深度贸易协定可通过扩大亚太价值链地位差异来促进缔约成员之间的价值链贸易，进而提高双边价值链合作所获贸易利益占比，推动亚太价值链利益分配格局实现重塑。

四、模型构建、变量说明与数据来源

1. 计量模型构建

为了考察区域深度贸易协定对亚太价值链利益分配格局的影响，本文设定如下计量模型：

$$\ln kj_{ijt} = \beta_0 + \beta_1 Tdepi_{ijt} + \beta_2 Z_{ijt} + \theta_{it} + \theta_{jt} + \theta_{ij} + \mu_{ijt} \tag{1}$$

其中，下标 i 和 j 代表经济体，t 代表年份；被解释变量 kj_{ijt} 代表亚太价值链利益分配格局指标；$Tdepi_{ijt}$ 代表经济体间的 RTA 总深度指标，是本文的核心解释变量，β_1 衡量区域深度贸易协定对亚太价值链利益分配格局的影响效应；Z_{ijt} 为控制变量集合；θ_{it} 为进口经济体 i—时间固定效应，控制进口国需求规模和价格指数等因素的影响，θ_{jt} 为出口经济体 j—时间固定效应，控制出口国产值规模和市场接入程度等因素的影响，θ_{ij} 为进口经济体—出口经济体联合固定效应，其在控制经济体间地理距离、共同边界、文化距离、共同语言等不随时间变动因素的影响（Martin et al.，2010），这三组固定效应可基本解决内生性和多边阻力项的问题（韩剑和许亚云，2021）。μ_{ijt} 为随机扰动项，ln 为取自然对数。

2. 被解释变量

鉴于中间品出口增加值额可有效度量一经济体参与全球价值链的贸易利益，本文采用两经济体间的中间品出口增加值额占两经济体对亚太地区的中间品出口增加值额之和的比值，来衡量亚太价值链利益分配格局指标（kj_{ijt}），具体计算公式如下：

$$kj_{ijt} = \frac{diva_{ijt}}{mdiva_{ijt}} = \frac{psh_{ijt} \times sh_{ijt} \times ge_{it} + psh_{jit} \times sh_{jit} \times ge_{jt}}{psh_{imt} \times sh_{imt} \times ge_{it} + psh_{jmt} \times sh_{jmt} \times ge_{jt}} \times 100\% \tag{2}$$

其中，$diva_{ijt}$ 表示第 t 年 i 经济体与 j 经济体之间的中间品出口增加值额之和，$mdiva_{ijt}$ 表示第 t 年 i 经济体和 j 经济体对亚太地区的中间品出口增加值额之和，psh_{ijt} 为第 t 年 i 经济体对 j 经济体的中间品出口增加值额占 i 经济体中间品出口增加值额之比。sh_{ijt} 为第 t 年 i 经济体对 j 经济体中间品出口增加值额占 i 经济体总值出口额之比。ge_{it} 表示第 t 年 i 经济体总值出口额。psh_{imt} 为第 t 年 i 经济体对亚太地区（m）的中间品出口增加值额占 i 经济体中间品出口增加值额之比。其他变量的经济学含义依次类推，在此不再赘述。kj_{ijt} 越大（越小），表明相对于 i 经济体和 j 经济体与其他亚太经济体开展价值链合作所获贸易利益，双方价值链合作所获贸易利益更大（更小），换言之，双边价值链合作所获贸易利益的占比越大（越小），那么，本文将该现象称为亚太价值链利益分配格局重塑。

3. 核心解释变量

本文综合借鉴 Hofmann 等（2017）对 RTA 条款的赋值方法和横向测度法的思路，构建 RTA 总深度指标。首先，对 RTA 条款进行赋值，如果在 RTA 中没有提及该条款，则赋值为 0；如果在 RTA 中明确提及该条款但该条款不具有法律执行力，则赋值为 1；如果在 RTA 中明确提及该条款且该条款具有法律执行力，则赋值为 2。其次，由于 WTO-RTA 数据库仅提供了 RTA 的名称、赋值分布和签订时间等信息，无法准确计算 RTA 深度指标。因此，需要对数据进行降维处理，本文借鉴 Baier 等（2014）的方法，将多边 RTA 降维至两经济体之间的 RTA。最后，对 RTA 中所含所有条款的赋值进行加总，并进行标准化处理，最终得到经济体间的 RTA 总深度指标（$Tdepi$）：

$$Tdepi_{ijt} = \frac{\sum_{k=1}^{52} provision_{ijt}^{k}}{Max(\sum_{k=1}^{52} provision_{ijt}^{k})} \tag{3}$$

其中，$provision_{ijt}^{k}$ 为第 t 年 i 经济体对 j 经济体之间 k 条款的赋值，$Tdepi$ 的取值在 0~1，数值越大，表明该 RTA 的深度一体化程度越高，RTA 日趋深化。

4. 控制变量

（1）经济规模差异（$cgdp$）。经济规模可在较大程度上反映一经济体的市场规模和综合经济实力。经济规模差异越大，意味着两个经济体开展价值链合作的潜力越小，就越不利于双方价值链合作，进而会降低双方价值链合作所获贸易利益占比，也就越不利于亚太价值链利益分配格局重塑。采用两经济体间 GDP 差异的绝对值衡量经济规模差异。

（2）技术创新水平差异（$patent$）。通常而言，两个经济体之间价值链贸易存在一定的技术门槛，尤其是具有较高附加值率的中高技术产业价值链的技术门槛更高。因此，技术创新水平差异越大，技术门槛对两个经济体间价值链贸易（尤其是中高技术产业价值链贸易）的阻碍作用就越强，双方价值链合作所获贸易利益占比就越低，也就越会抑制亚太价值链利益分配格局重塑。本文借鉴万建香和汪寿阳（2016）的做法，利用两个经济体间的发明专利数之差的绝对值衡量技术创新水平差异。

（3）制度距离（Ins）。借鉴 Marano 等（2017）的做法，利用两经济体的制度质量差异来衡量双边制度距离，即 $Ins_{ij} = \sum_{k=1}^{6} |I_{ik} - I_{ik}|$，其中 i 和 j 代表经济体，I 代表政治稳定性、法律规制、监管质量、话语权与问责、政府效率和腐败控制六个制度环境维度。制度距离越大，表明经济体之间的制度环境差异越大，双方价值链合作的不确定性和 RTA 的执行难度就越大，这显然会抑制双方价值链贸易，进而降低双方价值链合作所获贸易利益占比。

5. 数据来源与处理

本文采用的数据主要来自 OECD-TiVA 数据库、世界银行的 WDI 数据库以及 WTO-RTA 数据库。其中，计算被解释变量指标所使用的基础数据均来自 OECD-TiVA 数据库，该数据库涵盖了 1995~2018 年 20 个亚太经济合作组织（APEC）经济体 34 个行业的增加值贸易核算数据；核心解释变量数据来自 WTO-RTA 数据库，该数据库涵盖了 1958~2018 年 189 个经济体向世界贸易组织通报的 279 份贸易协定。度量经济规模差异、技术创新水平差异和制度距离等控制变量所使用的基础数据均来源于世界银行的 WDI 数据库。受到数据缺失的限制，本文选取 20 个亚太经济合作组织（APEC）经济体①作为研究样本，样本的时间区间为 1995~2018 年，通过两两配对理论上可得到 4560 个观测值。为缓解样本期间数据波动太大引致的异方差问题，本文对 *kj*、*cg-dp* 和 *patent* 三个变量进行了对数化处理。

6. 相关性分析

为了初步考察 RTA 总深度指标与价值链利益分配格局指标之间的线性关系，本文绘制了两者的散点图。由图 1 可知，RTA 总深度指标与亚太价值链利益分配格局指标之间存在明显的正相关关系，即在一定程度上可以说，区域深度贸易协定对价值链利益分配格局重塑存在促进作用。

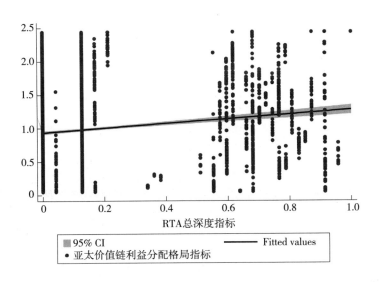

图 1　线性关系散点图

五、实证结果分析

1. 基准回归结果

由于亚太价值链利益分配格局指标的零值样本和异方差性可能导致有偏估计问题，故本文借鉴 Silva 和 Tenreyro（2006）的做法，采用泊松伪极大似然估计（PPML）方法对计量模型（1）进行回归分析，如无特殊说明，下文的回归分析均使用 PPML 方法。表 1 报告了区域深度贸易协定对亚太价值链利益分配格局影响的回归结果，其中，第（1）、第（2）列是控制不同固定效应后的回归结果，第（3）~第（5）列是逐步加入控制变量后的回归结果。对比各列回归结果可知，在控制不同固定效应和不同控制变量情形下，区域深度贸易协定对亚太价值链利益分配格局的影响系数位于 0.085~0.093，基本保持稳定，且均在 1% 的水平上显著为正，这说明区域深度贸易协定显著促进了亚太价值链利益分配格局重塑，也初步说明本文的基准回归结果是稳健的。在控制变量方面，经济规模差异、技术创新水平差异和制度距离的回归系数均在 5% 的水平上显著为负，与预期相符，这说明三个变量均属影响亚太价值链利益分配格局变动的重要因素。

---

① 20 个亚太经济合作组织（APEC）经济体：澳大利亚、文莱、加拿大、智利、中国、中国香港、印度尼西亚、日本、韩国、墨西哥、马来西亚、新西兰、秘鲁、菲律宾、俄罗斯、新加坡、泰国、中国台北、美国、越南。

表 1　基准回归

	（1）	（2）	（3）	（4）	（5）
Tdepi	0.085***	0.089***	0.093***	0.089***	0.088***
	（4.67）	（5.75）	（5.95）	（5.77）	（5.36）
Ins	—	—	−0.045***	−0.045***	−0.041**
			（−2.64）	（−2.66）	（−2.20）
ln*patent*	—	—	—	−0.122**	−0.124**
				（−2.13）	（−1.98）
ln*cgdp*	—	—	—	—	−0.016**
					（−2.41）
_*cons*	0.295***	0.303***	0.349***	1.807***	1.983**
	（70.92）	（89.53）	（19.73）	（2.64）	（2.56）
I-J FE	—	YES	YES	YES	YES
Year FE	YES	—	—	—	—
I-Year FE	YES	YES	YES	YES	YES
J-Year FE	YES	YES	YES	YES	YES
N	4536	4512	4511	4511	4019
Pseudo R^2	0.2511	0.2557	0.2557	0.2557	0.2633

注：括号内为聚类在国家层面的 z 值；*、**、*** 分别表示在 10%、5%、1%的水平上显著，I-J FE、Year FE、I-Year FE 和 J-Year FE 分别代表经济体联合固定效应、年份固定效应、经济体 i-年份联合固定效应和经济体 j-年份联合固定效应，下同。

2. 稳健性检验

本部分将主要从替换核心解释变量、改变样本数据、变换估计方法和内生性问题处理等方面进行稳健性检验，用于验证本文研究结论的稳健性。

（1）替换核心解释变量。

首先，本文借鉴 Hofmann 等（2017）的做法，利用两个经济体间区域深度贸易协定所包含所有条款的赋值加总重新度量 RTA 总深度指标，以检验不同 RTA 总深度指标度量方法是否对区域深度贸易协定的亚太价值链利益分配格局重塑效应产生实质性影响，具体计算公式如式（4）所示。由表 2 第（1）列可知，*Tdep* 的回归系数在 1%的水平上显著为正。

表 2　稳健型检验 I

	（1）	（2）	（3）	（4）	（5）	（6）	（7）
Tdepi	—	—	—	—	0.102***	0.079***	0.085***
					（3.58）	（4.39）	（5.09）
Tdep	0.002***	—	—	—	—	—	—
	（5.36）						
Ctdepi	—	0.087***	—	—	—	—	—
		（5.73）					
RTA	—	—	0.080***	—	—	—	—
			（7.24）				
Fg	—	—	—	0.176***	—	—	—
				（5.70）			

	（1）	（2）	（3）	（4）	（5）	（6）	（7）
_cons	1.983 **	1.998 ***	2.032 ***	1.912 **	2.473 *	1.402 *	−0.093
	（2.56）	（2.58）	（2.62）	（2.47）	（1.88）	（1.72）	（−0.12）
控制变量	YES	YES	YES	YES	YES	YES	YES
I–J FE	YES	YES	YES	YES	YES	YES	YES
I–Year FE	YES	YES	YES	YES	YES	YES	YES
J–Year FE	YES	YES	YES	YES	YES	YES	YES
N	4019	4019	4019	4019	1162	3512	4019
Pseudo R²	0.2633	0.2633	0.2633	0.2633	0.2628	0.2633	0.2408

$$Tdep_{ijt} = \sum_{k=1}^{52} provision_{ijt}^{k} \tag{4}$$

其次，本文借鉴 Laget 等（2018）的做法，使用 18 项核心条款①来构建 RTA 核心条款深度指标（$Ctdepi$），用于重新度量 RTA 深度指标，$Ctdepi$ 的具体计算公式如式（5）所示。由表 2 第（2）列可知，$Ctdepi$ 的回归系数在 1% 的水平上依然显著为正。

$$Ctdepi_{ijt} = \frac{\sum\limits_{k=1}^{18} provision_{ijt}^{k}}{Max\left(\sum\limits_{k=1}^{18} provision_{ijt}^{k}\right)} \tag{5}$$

再次，借鉴张志明（2022）的思路，使用两个经济体间是否签订 RTA 虚拟变量（RTA）来重新度量 RTA 深度指标并进行再回归，其中，若 t 年 i 经济体与 j 经济体之间已签署 RTA 且处于生效期内，则 RTA 取值为 1；反之取 0。由表 2 第（3）列可知，RTA 的回归系数在 1% 的水平上显著为正，即两个经济体签订 RTA 对亚太价值链利益分配格局具有显著的重塑效应。

最后，借鉴铁瑛等（2021）的做法，使用两个经济体之间签订 RTA 所涵盖的条款数量与总条款数量之比来计算条款覆盖率指数（Fg），用于重新度量 RTA 深度指标，Fg 的具体计算公式如式（6）所示。由表 2 第（4）列可知，Fg 的回归系数在 1% 的水平上显著为正。综上可知，替换核心解释变量并未对基准回归结果产生实质性影响。

$$Fg = \left(\sum_{k=1}^{52} dummy\_provision_{ijt}^{k}\right) / 52 \tag{6}$$

（2）改变样本数据。

第一，改变样本期间划分方法。

考虑政策效应的时滞性，区域深度贸易协定实施后两个经济体间贸易流的调整可能需要一段时间，这使得区域深度贸易协定对亚太价值链利益分配格局的影响也可能存在一定的时滞性。为缓减该滞后效应对回归结果的不利影响，本文借鉴 Anderson 和 Yotov（2016）的做法，以 4 年为界，将 1995~2018 年样本区间进一步划分为 6 个时间段并进行再回归，由表 2 第（5）列可知，核心解释变量回归系数的显著性、符号、系数大小等都没有发生实质性的变化，说明基准回归结果是稳健的。

---

① 包括 14 项 WTO+ 条款和 4 项 WTO-X 条款（竞争政策、知识产权、投资和资本流动）。

第二，剔除异常值。

考虑到 2008 年国际金融危机可能对亚太价值链分工产生了较强烈的冲击，进而可能引致亚太价值链利益分配格局发生显著调整。因此，为避免受国际金融危机期间样本数值突变对研究结论的影响，本文剔除了国际金融危机期间（2008~2010 年）的样本数据进行再回归，根据表 2 第（6）列的回归结果可知，在剔除 2008~2010 年样本数据后，RTA 深度指标的回归系数显著为正。这表明本文基准回归结果并未受到突变值的影响。

第三，样本缩尾处理。

考虑到亚太价值链利益分配格局指数的分布可能存在极端值，为了防止极端值对回归结果造成扰动。借鉴现有文献的通行做法，本文对亚太价值链利益分配格局指数进行 5% 的缩尾处理。由表 2 第（7）列的回归结果可知，对被解释变量缩尾处理后，RTA 深度指标的回归系数仍显著为正，这表明基准回归结果未受到异常值的影响。

第四，剔除未签订 RTA 样本。

前文将签订 RTA 与未签订 RTA 的样本进行了混合回归分析，这在一定程度上低估区域深度贸易协定对亚太价值链利益分配格局的重塑效应。因此，本文将一直未签订区域深度贸易协定的经济体数据从总样本中剔除并进行再回归。由表 3 第（1）列的回归结果可知，RTA 深度指标的回归系数在 1% 的水平上显著为正，且系数值大于基准回归结果，这说明基准回归结果是稳健的。

表 3　稳健型检验 II

	（1）	（2）	（3）	（4）	（5）	（6）
$Tdepi$	0.134 *** (5.96)	0.097 *** (4.95)	—	0.123 *** (0.022)	0.065 ** (2.42)	0.059 *** (3.00)
$f1Tdepi$	—	—	—	—	0.026 (1.00)	—
LnM_RTA	—	—	−0.168 *** (0.004)	—	—	—
LnD_RTA	—	—	−0.006 *** (0.001)	—	—	—
$L.Tdepi$	—	—	0.412 *** (0.010)	—	—	—
$BITS$	—	—	—	—	—	0.033 *** (0.012)
$\_cons$	−7.837 *** (−4.54)	0.995 (0.85)	—	．	1.971 *** (0.706)	1.847 *** (0.688)
控制变量	YES	YES	—	YES	YES	YES
I-J FE	YES	YES	—	YES	YES	YES
I-Year FE	YES	YES	—	YES	YES	YES
J-Year FE	YES	YES	—	YES	YES	YES
Anderson LM 统计量	—	—	—	2910.817 (0.00)	—	—
C-D Wald F 统计量	—	—	—	2689.698 (13.91)	—	—

续表

	（1）	（2）	（3）	（4）	（5）	（6）
Sargan 统计量	—	—	—	0.362 （0.8343）	—	—
N	2831	4019	—	4509	4320	4019
R^2	—	0.968	—	0.042	—	—
Pseudo R^2	0.2696	—	—	—	0.2561	0.2633

（3）变换估计方法。

为了进一步验证基准回归结果的稳健性，本文使用普通最小二乘法对计量模型（1）进行重新回归。回归结果如表3第（2）列所示，$Tdepi$ 的回归系数在1%的水平上显著为正，表明变换回归方法后基准回归结果依然稳健。

（4）内生性问题处理。

通常而言，内生性问题的主要来源是反向因果关系和遗漏变量，本文将基于这两个方面进行内生性问题处理。

第一，反向因果关系问题处理。

当区域深度贸易协定影响亚太价值链利益分配格局时，亚太价值链利益分配格局改变也会反过来影响区域深度贸易协定的签订。为克服反向因果关系引致的内生性问题对计量回归结果产生不利影响，本文将从两个方面处理反向因果关系问题。一方面，采用工具变量法进行回归分析。本文借鉴张志明（2022）的做法，将两个经济体签订 RTA 数量之差、RTA 数量之和以及核心解释变量的滞后一期值作为工具变量进行两阶段最小二乘回归，聚类到国家层面，括号内为聚类稳健标准误。其中，利用 i 经济体与非 j 经济体签订的 RTA 数量与 j 经济体与非 i 经济体签订的 RTA 数量之差的绝对值（D_Rta）来度量签订 RTA 数量之差。利用 i 经济体与非 j 经济体签订的 RTA 数量与 j 经济体与非 i 经济体签订的 RTA 数量之和（M_Rta）来度量签订 RTA 数量之和。RTA 数量之和总体上衡量了两个经济体第三方影响的整体强度，反映出两个经济体与其他经济体签订的 RTA 对两个经济体 RTA 深化的压力；RTA 数量之差总体上反映了两个经济体第三方影响强度差异，反映出两个经济体与其他经济体签订的 RTA 给两个经济体之间 RTA 深化带来的成本和不确定性（铁瑛等，2021；杨连星和铁瑛，2023）。这些工具变量选取的理由有两个方面：一方面，这些因素与 RTA 签订深化之间的关系是明确的，已有研究证明这些因素与 RTA 深化具有一定的相关性（Baier et al.，2014；铁瑛等，2021），两个经济体签订 FTA 数量差异越大，意味着双方签订 RTA 的经验差距越大，在谈判 RTA 成本方面的差异也就越大，趋于弱势的经济体会将自身的高额交易成本尝试转嫁给另一方，从而增加了双方 RTA 谈判成本，进而不利于 RTA 签订（Baier et al.，2014）；如果两个经济体同其他经济体所签订的 RTA 越多，意味着双方具有丰富的 RTA 签订经验，两个经济体的开放程度越大和国际经贸合作经验越丰富，签订 RTA 的先天倾向相对更明显（铁瑛等，2021）；另一方面，两个经济体签订 RTA 数量之和、两个经济体签订 RTA 数量之差只是反映两个经济体之前签订 RTA 的经验和经验差距，并不会影响两个经济体间中间品出口增加值，进而不会对亚太价值链利益分配格局产生直接影响（蒋庚华和刘菲菲，2022），满足工具变量外生性条件。

表5第（3）列为工具变量第一阶段回归结果，由结果可知，工具变量与内生变量具有非常显著的相关性，满足工具变量相关性条件，由第（4）列结果可知，LM 统计量、Wald F 统计量 p 值非常显著，强烈拒绝工具变量识别不足和存在弱工具变量问题的原假设，再次验证了工具变

量满足与内生变量相关性的条件，考虑本文工具个数大于内生变量个数，可能存在工具变量过度识别问题，故进行工具变量过度识别检验，由 Sargan 检验 p 值不显著，接受原假设，所有工具变量均满足外生性检验。最为关键的是，在进一步控制内生性问题之后，Tdepi 的回归系数仍显著为正。另外借鉴 Baier 和 Bergstrand（2007）与 Baier 等（2014）的做法，在式（1）中加入 Tdepi 的前置一期值（$f1Tdepi$）进行再回归，如果区域深度贸易协定严格外生于亚太价值链利益分配格局变化，则 $f1Tdepi$ 应该与亚太价值链利益分配格局变化无关。根据表 3 第（5）列可知，Tdepi 的回归系数在 5% 的水平上显著为正，而 $f1Tdepi$ 的回归系数在统计上并不显著，说明 Tdepi 严格外生于亚太价值链利益分配格局变化。综合以上分析不难发现，在控制了由反向因果关系引致的内生性问题后，本文的基准回归结果依然稳健。

第二，遗漏变量问题处理。

在前文回归中，通过控制不同固定效应并加入各种控制变量以最大限度地降低因遗漏变量可能导致的内生性问题。为进一步处理由遗漏变量引发的内生性问题，本文借鉴林僖（2021）的做法，在式（1）中引入双边投资协定虚拟变量（BITS），其中，若 t 年 i 经济体与 j 经济体之间已签署双边投资协定且处于有效期内，则 BITS 取值为 1，反之取 0。双边投资协定数据来源于 UNCTAD 的 BIT 数据库。具体回归结果见表 3 第（6）列，Tdepi 的回归系数仍在 1% 的水平上显著为正，说明遗漏变量问题并未对基准回归结果产生实质性影响。

3. 异质性分析

（1）条款异质性。

前文讨论了区域深度贸易协定对亚太价值链利益分配格局的平均影响效应，忽视了 RTA 所包含的不同条款之间所存在的显著异质性，也就难以识别区域深度贸易协定对亚太价值链利益分配格局的条款异质性影响效应。

第一，"WTO+" 和 "WTO-X" 条款异质性。

Horn 等（2010）基于法律可执行性将 28 个特惠贸易协定（PTA）中高频出现的 52 个条款分为 "WTO+" 和 "WTO-X" 两类，其中，"WTO+" 是指 WTO 现行框架下的传统贸易条款，"WTO-X" 是指未在 WTO 框架内的条款。借鉴 RTA 深度指标（Tdepi）的计算方法，本文分别构建了 "WTO+" 和 "WTO-X" 条款深度指标（Wtopdepi 和 Wtoxdepi）并进行再回归。根据表 5 第（1）、第（2）列的回归结果可知，Wtopdepi 和 Wtoxdepi 的回归系数均显著为正，说明 "WTO+" 和 "WTO-X" 条款深化均显著促进了亚太价值链利益分配格局重塑。需特别说明的是，"WTO-X" 条款深化的促进作用更为强劲，这表明 "WTO-X" 条款深化对亚太价值链利益分配格局的重塑效应更强。可能的原因是，区域价值链分工不仅涉及中间品流通环节，还涉及中间品在各经济体的生产及再加工环节，因此，以边界内措施为主要依托的 "WTO-X" 条款深化将给缔约成员之间的价值链合作提供更强有力的保障制度以及更加完善的争端解决机制（韩剑和王灿，2019），将更有利于降低缔约成员间的价值链生产分工成本，进而更有助于亚太价值链分工格局重塑。

第二，关税与非关税条款异质性。

从理论上讲，关税和非关税条款都能促进亚太价值链利益分配格局重塑。然而，关税和非关税条款的目标存在显著差异，那么，关税和非关税条款深化对亚太价值链利益分配格局的重塑效应是否有所不同？为回答该问题，本文借鉴 Damuri（2012）的做法，按照区域深度贸易协定条款是否涉及关税减让议题，将所有条款划分为关税与非关税条款，具体划分方法如表 4 所示，并分别计算关税与非关税条款深度指标（Tardepi 和 NonTardepi）并进行重新回归分析。

表 4　关税条款和非关税条款分类

关税条款	非关税条款		
工业品关税减让	反腐败	健康	经济政策对话
农业品关税减让	竞争政策	人权问题	教育与培训
反补贴措施	环境保护	非法移民	能源
反倾销措施	知识产权	反毒品	金融支持
与贸易有关的投资措施协议（TRIMS）	投资措施	产业合作	统计数据
	劳工市场规范	信息交流	税收
	资本流动	采矿业	恐怖主义
	消费者保护	反洗钱	签证与政治庇护
	数据保护	核安全	贸易便利化
	农业	政治对话	出口关税
与贸易有关的知识产权协定（TRIPS）	立法协调	公共管理	动植物卫生检疫
	音像产业	区域合作	国有贸易企业
	公民保护	技术与科研	技术性贸易壁垒
	创新政策	中小企业	国家援助
	文化合作	社会事务	政府采购
	服务贸易协定（GATS）		

　　根据表 5 第（3）、第（4）列的回归结果可知，$Tardepi$ 和 $NonTardepi$ 的回归系数均显著为正，且 $NonTardepi$ 的回归系数更大。这说明关税条款深化和非关税条款深化均显著促进了亚太价值链利益分配格局重塑，且非关税条款深化的促进作用更大。旨在削减流通领域交易成本的关税条款仅可降低缔约成员之间的价值链贸易成本，而非关税条款主要涵盖市场准入、反倾销、知识产权保护、政府采购等边境后条款，其主要目的不仅是要降低缔约成员之间的价值链贸易成本，更注重削减缔约双方之间的价值链生产分工成本。与关税条款相比，非关税条款深化对缔约双方价值链合作成本的削减效应更强，也就更有助于亚太价值链利益分配格局重塑。

表 5　异质性 I

	(1)	(2)	(3)	(4)	(5)	(6)	(7)	(8)	(9)
$Wtopdepi$	0.084*** (5.58)	—	—	—	—	—	—	—	—
$Wtoxdepi$	—	0.104*** (4.53)	—	—	—	—	—	—	—
$Tardepi$	—	—	0.072*** (5.69)	—	—	—	—	—	—
$NonTardepi$	—	—	—	0.089*** (5.00)	—	—	—	—	—
$Trade\_depi$	—	—	—	—	0.074*** (5.20)	—	—	—	—
$Economic\_depi$	—	—	—	—	—	0.001 (0.01)	—	—	—

续表

	（1）	（2）	（3）	（4）	（5）	（6）	（7）	（8）	（9）
RD_depi	—	—	—	—	—	—	0.079 ***	—	—
							(4.57)		
$Factor\_depi$	—	—	—	—	—	—	—	0.122 ***	—
								(6.39)	
$Political\_depi$	—	—	—	—	—	—	—	—	0.032
									(0.88)
$\_cons$	2.020 ***	1.959 **	2.036 ***	1.975 **	2.030 ***	2.184 ***	2.029 ***	2.240 ***	2.168 ***
	(2.61)	(2.53)	(2.63)	(2.55)	(2.62)	(2.79)	(2.63)	(2.87)	(2.79)
控制变量	YES	YES	YES	YES	YES	YES	YES	YES	YES
I–J FE	YES	YES	YES	YES	YES	YES	YES	YES	YES
I–Year FE	YES	YES	YES	YES	YES	YES	YES	YES	YES
J–Year FE	YES	YES	YES	YES	YES	YES	YES	YES	YES
N	4019	4019	4019	4019	4019	4019	4019	4019	4019
Pseudo R^2	0.2633	0.2633	0.2633	0.2633	0.2633	0.2632	0.2633	0.2633	0.2632

第三，不同领域条款深度。

借鉴铁瑛等（2021）的做法，将区域深度贸易协定的深度条款分为五个领域：深度贸易自由化条款、边境后的经济性条款、要素流动自由化条款、研发合作条款以及政治性条款，并实证考察五类条款深度指标对亚太价值链利益分配格局的影响效应。由表5第（5）~第（9）列的回归结果可知：深度贸易自由化条款深度指标（$Trade\_depi$）、要素流动自由化条款（$Factor\_depi$）、研发合作条款（RD_depi）的回归系数均在1%的水平上显著为正，其中，$Factor\_depi$ 的回归系数相对更大，表明三类条款深化均显著促进了亚太价值链利益分配格局重塑，且要素流动自由化条款深化的重塑效应最为强劲。可能是因为，按要素禀赋特征进行国际分工是亚太价值链形成与发展的重要决定因素（倪月菊，2021），价值链利益分配的本质是经济体之间的要素收益分配，确保亚太地区要素自由流动是推动亚太价值链利益分配的重要保障（张志明，2022）。因此，要素流动自由化条款深化可更强有力地推动亚太价值链利益分配格局重塑。与以上不同，边境后的经济性条款和政治性条款深度指标（$Economic\_depi$ 和 $Political\_depi$）的回归系数并不显著。可能的原因是，与以上三类条款不同，涵盖劳工标准、人道主义、恐怖主义及政治对话等国家决策自主权的政治领域条款，往往取决于缔约双方固有的历史文化联系和合作意愿，而难以受到区域深度贸易协定签订的影响，因此，政治性条款深化难以对亚太价值链利益分配格局产生明显影响。与此同时，由于竞争政策、中小企业政策、经济政策对话等边境后的经济性条款所涉及内容具有较大隐藏性，且施行难度较大，故该类条款深化也较难对亚太价值链利益分配格局产生影响。

（2）行业异质性。

考虑到区域深度贸易协定可能对亚太不同行业价值链利益分配格局的影响有所差异，因此，本文将所有行业划分为服务业和非服务业（除服务业外的其他行业）两类，并重点考察区域深度贸易协定对亚太服务业和非服务业价值链利益分配格局的影响。表6第（1）列和第（2）列分别给出了服务业和非服务业的回归结果，对比两列回归结果可知区域深度贸易协定对亚太服务业和非服务业价值链利益分配格局均具有显著的重塑效应，且对亚太非服务业价值链利益分配格局的重塑效应更为强劲。可能的解释是，由于服务产品的无形性、难以储存和运输等特征，服务贸易壁垒具有较大的隐藏性，很难受到区域深度贸易协定规则的管制，故区域深度贸易协定对亚太服务业利益分配格局的重塑效应相对较小。

表6　异质性Ⅱ

	（1）	（2）	（3）	（4）	（5）	（6）	（7）	（8）
Tdepi	0.031***	0.057***	0.090***	0.110***	-0.049*	0.225***	0.048*	0.175***
	（3.18）	（3.57）	（5.50）	（6.04）	（-1.90）	（8.89）	（1.85）	（5.86）
Tdepi×Con	—	—	-0.303**	—	—	—	—	—
			（-2.14）					
Tdepi×Conf	—	—	—	-0.111***	—	—	—	—
				（-3.06）				
Tdepi×Bil	—	—	—	—	0.201***	—	—	—
					（8.27）			
Tdepi×Dummy_SS	—	—	—	—	—	-0.263***	-0.107	—
						（-3.15）	（-1.31）	
Tdepi×Dummy_NS	—	—	—	—	—	-0.172***	—	—
						（-6.34）		
Tdepi×Srta	—	—	—	—	—	—	—	-0.007***
								（-3.49）
_cons	1.366***	0.303	2.063***	1.740**	2.616***	1.840**	1.518	1.755**
	（3.36）	（0.45）	（2.67）	（2.25）	（3.48）	（2.40）	（1.37）	（2.36）
控制变量	YES	YES	YES	YES	YES	YES	YES	YES
I-J FE	YES	YES	YES	YES	YES	YES	YES	YES
I-Year FE	YES	YES	YES	YES	YES	YES	YES	YES
J-Year FE	YES	YES	YES	YES	YES	YES	YES	YES
N	3169	3783	4019	4019	4055	4055	3336	4055
Pseudo R²	0.2069	0.2159	0.2633	0.2633	0.2633	0.2632	0.2504	0.2632

（3）距离异质性。

考虑到区域深度贸易协定仅能弥补经济体间的国际经贸规则差异，难以消除因地理距离和文化距离等天然因素引起的贸易成本（彭冬冬和林珏，2021），而地理距离和文化差异不仅会影响双边价值链合作，还会影响区域深度贸易协定对亚太价值链利益分配格局的重塑效应。为考察地理距离和文化距离在区域深度贸易协定重塑亚太价值链利益分配格局过程中发挥着怎样的作用，本文在公式（1）中分别引入RTA深度指标与地理距离虚拟变量和文化距离虚拟变量的交互项（Tdepi×Con和Tdepi×Conf）并进行再回归。其中，如果两个经济体相邻，Con=1，反之则为0；相似地，如果两个经济体具有相同的语言，Conf=1，反之则为0①。根据表6第（3）、第（4）列的回归结果可知，Tdepi×Con和Tdepi×Conf的回归系数均显著为负，说明地理距离和文化距离越大，区域深度贸易协定对亚太价值链利益分配格局的重塑效应就越小。可能的原因是，通常而言，地理和文化距离越大，冰山运输成本和沟通成本在经济体间贸易成本中的占比就越高，相应地，由区域深度贸易协定削减的贸易成本占比就越低。故地理和文化距离越大，区域深度贸易协定对双边贸易成本的削减效应就越小，进而对双边价值链合作所获贸易利益占比的提升作用也就越弱。

（4）RTA类型异质性。

与诸边RTA相比，由于双边RTA所涉及的缔约成员相对较少，可以更容易、更彻底地被实

---

① 地理距离和文化距离虚拟变量数据均来源于CEPII数据库。

施，故该类区域深度贸易协定对亚太价值链利益分配格局的重塑效应可能会更强。为此，本文参考林僖和鲍晓华（2018）的做法，根据 RTA 中缔约成员的数量，将 RTA 分为双边 RTA 和诸边 RTA 两大类。如果两个经济体签署的是双边 RTA，则 $Bil=1$，反之则为 0。将 RTA 深度指标与双边 RTA 虚拟变量的交互项（$Tdepi \times Bil$）引入公式（1）并进行再回归。由表 6 第（5）列的回归结果可知，交互项 $Tdepi \times Bil$ 的回归系数显著为正，说明区域深度贸易协定对亚太价值链利益分配格局的重塑效应主要通过双边 RTA 来实现。

（5）经济体异质性。

通常而言，不同发展水平的经济体在经济规模、收入水平、制度环境、对外开放程度等诸多方面均存在显著差异，故不同发展水平经济体之间的区域深度贸易协定对亚太价值链利益分配格局的影响可能存在较大差异，为验证该判断本文将全样本的经济体分成"发展—发展"经济体（$Dummy SS=1$）、"发展—发达"经济体（$Dummy SN=1$）和"发达—发达"经济体（$Dummy NN=1$）三类子样本[①]，并考察核心解释变量在不同经济体之间的影响差异。表 6 第（6）列给出了以"发达—发达"经济体为基准的回归结果。同时，为了进一步研究"发展—发展"经济体回归结果相对于"发展—发达"经济体对存在的差异，第（7）列在删除了"发达—发达"经济体子样本后，给出了以"发展—发达"经济体为基准的回归结果。由第（6）列可知，交互项 $Tdepi \times Dummy\_SS$ 和 $Tdepi \times Dummy\_NS$ 的回归系数均显著为负，说明与"发达—发达"经济体相比，"发展—发展"和"发展—发达"经济体区域深度贸易协定对亚太价值链利益分配格局的重塑效应相对较弱，而进一步由第（7）列可知 $Tdepi \times Dummy\_SS$ 的回归系数并不显著，说明核心解释变量在两类经济体之间的影响不存在显著差异。综上可知，区域深度贸易协定对亚太价值链利益分配格局的重塑效应在"发达—发达"经济体相对较强。

（6）缔约环境异质性。

考虑到区域深度贸易协定的实施效果可能会受到双边经济体与第三方经济体缔约环境的影响，也就是说，缔约双方与其他经济体签订区域深度贸易协定可能会影响区域深度贸易协定对亚太价值链利益分配格局的重塑效应。本文将缔约双方分别同亚太其他经济体签订的 RTA 总数（$Srta$）与 RTA 深度指标的交互项（$Tdepi \times Srta$）纳入式（1）进行回归，由表 6 第（8）列的回归结果可知，交互项 $Tdepi \times Srta$ 的回归系数显著为负，这意味着缔约双方与其他亚太经济体缔结的 RTA 越多，区域深度贸易协定对亚太价值链利益分配格局的重塑效应就越小，也就说明，与其他亚太经济体缔结 RTA 会显著削弱缔约双方区域深度贸易协定所产生的价值链利益。可能的原因是缔约双方同亚太其他经济体缔结了类似的区域深度贸易协定，这会促进缔约双方与其他亚太经济体的价值链贸易，而削弱缔约双方所签订区域深度贸易协定对双边价值链贸易的促进效应，进而会降低双边价值链合作所获贸易利益占比。

六、机制检验

上述检验均证实了区域深度贸易协定对亚太价值链利益分配格局具有重塑效应。为进一步考察区域深度贸易协定对亚太价值链利益分配格局的影响渠道，本文通过构建中介效应模型进行实证检验。根据前文的理论机制分析结论，选取贸易成本和亚太价值链地位差异作为中介变量，并参考盛斌和王浩（2022）、吕越等（2020）、毛其淋和许家云（2017）的做法构建中介效

---

① 按照学术界同行做法，本文将 OECD 经济体划分为发达经济体，非 OECD 经济体则划分为发展中经济体。

应模型：

$$M_{ijt} = \alpha_0 + \alpha_1 Tdepi_{ijt} + \alpha_2 Z_{ijt} + \theta_{it} + \theta_{jt} + \theta_{ij} + \mu_{ijt} \tag{7}$$

$$\ln kj_{ijt} = \gamma_0 + \gamma_1 Tdepi_{ijt} + \gamma_2 M + \gamma_3 Z_{ijt} + \theta_{it} + \theta_{jt} + \theta_{ij} + \mu_{ijt} \tag{8}$$

其中，M 为中介变量，分别由亚太价值链地位差异（$Gvcc$）和贸易成本（$Cost$）构成，Z 为控制变量，与基准回归模型保持一致。

两个中介变量的具体度量方法如下：

1. 亚太价值链地位差异

亚太价值链地位差异（$Gvcc$）利用经济体之间亚太价值链地位指数之差的绝对值来衡量，具体计算公式如下：

$$Gvcc_{ijt} = |gvcc_{it} - gvcc_{jt}| \tag{9}$$

其中，$gvcc_{it}$ 是第 t 年经济体 i 的亚太价值链地位指数，$gvcc_{jt}$ 是第 t 年经济体 j 的亚太价值链地位指数。参考 Wang 等（2013）的思路，亚太价值链地位指数使用各经济体的亚太价值链前向参与度（$gvcf$）与亚太价值链后向参与度（$gvcb$）之差来表示，即 $gvcc_{it} = gvcf_{it} - gvcb_{it}$。$gvcc_{jt}$ 的构建方法与 $gvcc_{it}$ 相似，各经济体亚太价值链前参与度、后参与度数据均来自 OECD-TiVA 数据库。

由表 7 第（1）、第（2）列回归结果可知，区域深度贸易协定将显著扩大经济体之间的亚太价值链地位差异，与此同时，亚太价值链地位差异扩大又会显著促进亚太价值链利益分配格局重塑，亚太价值链地位差异是区域深度贸易协定重塑亚太价值链利益分配格局的重要渠道。

2. 贸易成本

本文借鉴 Novy（2013）的贸易成本测算方法测算亚太各经济体间的贸易成本，具体测算方法如下：

$$Cost_{ij} = \left(\frac{X_{ij} X_{ji}}{X_{ii} X_{jj}}\right)^{\frac{1}{2(\sigma-1)}} - 1 \tag{10}$$

其中，$Cost$ 代表 i 经济体与 j 经济体的双边贸易成本，X_{ij} 表示 i 经济体向 j 经济体的出口额，X_{ii} 为 i 经济体的国内（地区）销售额，σ 表示各经济体不同产品之间的替代弹性，假设各经济体之间的 σ 是一致的，并借鉴 Park（2002）的做法，令 $\sigma = 5.6$。本文计算双边贸易成本所需的数据，均来自 OECD 结构分析统计（Structural Analysis Statistics，STAN）数据库中的国家间投入产出表（Inter-Country Input-Output Tables，ICIOs）。

由表 7 第（3）、第（4）列的回归结果可知，区域深度贸易协定显著降低了经济体间的贸易成本，进一步地，经济体间贸易成本的降低又会显著促进亚太价值链利益分配格局重塑，这意味着区域深度贸易协定可通过贸易成本渠道来促进亚太区域价值链利益分配格局重塑。可能的解释是，RTA 涵盖的关税削减条款可直接降低由关税壁垒引致的双边贸易成本，此外，涵盖的市场准入、反倾销、知识产权保护等深度条款还可间接削减由非关税贸易壁垒引致的双边贸易成本（Baier et al.，2019）。因此，区域深度贸易协定通过降低双边贸易成本来提升双边价值链合作所获贸易利益占比。

表 7　机制检验

	(1) $Gvcc$	(2) $\ln kj$	(3) $Cost$	(4) $\ln kj$
$Tdepi$	0.181 ***	0.049 ***	−0.039 ***	0.040 ***
	(2.79)	(3.30)	(−6.24)	(2.94)

续表

	(1) Gvcc	(2) ln*kj*	(3) Cost	(4) ln*kj*
Gvcc	—	0.108*** (15.20)	—	—
Cost	—	—	—	-0.567*** (-30.71)
_cons	0.017 (0.01)	1.556** (2.20)	1.537*** (3.40)	4.301*** (8.56)
控制变量	YES	YES	YES	YES
I-J FE	YES	YES	YES	YES
I-Year FE	YES	YES	YES	YES
J-Year FE	YES	YES	YES	YES
N	4019	4019	3966	3966
Pseudo R^2	0.5512	0.2649	0.1279	0.2597

七、主要结论与政策启示

亚太价值链利益分配格局重塑是亚太经贸格局重塑的主要表现形式，深入考察区域深度贸易协定在亚太价值链利益分配格局重塑中所扮演的角色，有助于本文更有效地理解和应对亚太价值链利益分配格局重塑。本文研究表明，区域深度贸易协定显著促进了亚太价值链利益分配格局重塑，且可通过扩大亚太价值链地位差异和降低贸易成本两种渠道来实现重塑效应。进一步的异质性检验发现，就条款异质性来看，"WTO-X"条款和非关税条款深化的重塑效应更强，进一步从条款内容来看，深度贸易自由化条款、要素流动自由化条款和研发合作条款深化的重塑效应更为强劲；就行业异质性来看，与服务业相比，区域深度贸易协定对亚太非服务业价值链利益分配格局的重塑效应更为强劲。就经济体和RTA类型异质性来看，区域深度贸易协定的重塑效应在"发达—发达"经济体中相对较强，且主要借助于诸边RTA来实现。此外，缔约双方的地理距离和文化距离越大，且与其他亚太经济体缔结的RTA越多，区域深度贸易协定对亚太价值链利益分配格局的重塑效应就越小。

本文研究结论表明，区域深度贸易协定不仅有助于提升缔约双方价值链合作所获贸易利益占比，还可为双方价值链合作利益提供坚实的制度保障。对于中国而言，要加快构建面向全球的高标准自由贸易区网络，以此不断优化中国参与亚太价值链的利益分配格局。为此，中国在未来的RTA谈判过程中，一方面，要对标高标准国际经贸规则，应与亚太各经济体新签订涵盖更多"WTO-X"条款和非关税条款的RTA，进一步升级已签订的RTA，使其涵盖更多的"WTO-X"条款和非关税条款，尤其要重点将深度贸易自由化条款、要素流动自由化条款和研发合作条款纳入RTA谈判。另一方面，要将制造业和农业作为RTA谈判的重要领域，将地理距离和文化距离较近的经济体作为RTA谈判的重要对象，并重点推进加入《全面与进步跨太平洋伙伴关系协定》（CPTPP）、《数字经济伙伴关系协定》（DEPA）等诸边RTA的谈判工作。

参考文献

[1] Anderson J E, Yotov Y V. Terms of Trade and Global Efficiency Effects of Free Trade Agreements, 1990-2002 [J]. Journal of International Economics, 2016, 99: 279-298.

[2] Anderson K. Measuring Effects of Trade Policy Distortions: How Far Have We Come [J]. The World Economy, 2010, 26 (4): 413-440.

[3] Antras P, Chor D. Organizing the Global Value Chain [J]. Econometrica. 2013, 81 (6): 2127-2204.

[4] Arndt S W. Globalization and the Open Economy [J]. North American Journal of Economic and Finance, 1997, 8 (1): 71-79.

[5] Baier S L, Bergstrand J H, Feng M. Economic Integration Agreements and the Margins of International Trade [J]. Journal of International Economics, 2014, 93 (2): 339-350.

[6] Baier S L, Bergstrand J H. Do Free Trade Agreements Actually Increase Members' International Trade? [J]. Journal of International Economics, 2007, 71 (1): 72-95.

[7] Baier S L, Yotov Y., Zylkin T. On The Widely Differing Effects of Free Trade Agreements: Lessons from Twenty Years of Trade Integration [J]. Journal of International Economics, 2019, 116: 206-226.

[8] Banga R. Linking into Global Value Chains Is Not Sufficient: Do You Export Domestic Value Added Contents? [J]. Journal of Economic Integration, 2014, 29 (2): 267-297.

[9] Boffa M, Jansen M, Solleder O. Do We Need Deeper Trade Agreements for GVCs or Just A Bit? [J]. The World Economy, 2019, 42 (6): 1713-1739.

[10] Choi N. Deeper Regional Integration and Global Value Chains [J]. Seoul Journal of Economics, 2020, 33 (1): 43-71.

[11] Damuri Y R. How Preferential are Preferential Trade Agreements? [R]. Graduate Institute of International and Development Studies, 2012.

[12] Deardorff A V. Local Comparative Advantage: Trade Costs and the Pattern of Trade [J]. International Journal of Economic Theory, 2014, 10 (1): 9-35.

[13] Dedrick J, Kraemer K L, Linden G. Who Profits from Innovation in Global Value Chains?: A Study of the Ipod and Notebook PCs [J]. Social Science Electronic Publishing, 2008, 19 (1): 1-33.

[14] Diakantoni A, Escaith H, Roberts M, et al. Accumulating Trade Costs and Competitiveness in Global Value Chains [R]. WTO Staff Working Paper, 2017.

[15] Duval Y, Utoktham C, Kraochenko A. Impact of Implementation of Digital Trade Facilitation on Trade Costs [R]. ARTNeT Working Paper Series, 2018.

[16] Dür A, Baccini L, Elsig M. The Design of International Trade Agreements: Introducing a New Dataset [J]. The Review of International Organizations, 2014, 9 (3): 353-375.

[17] Hofmann C, Osnago A, Ruta M. Horizontal Depth: A New Database on The Content of Preferential Trade Agreements [R]. World Bank Policy Research Working Paper, 2017.

[18] Horn H, Mavroidis P C, Sapir A. Beyond the WTO? An Anatomy of EU and US Preferential trade Agreements [J]. The World Economy, 2010, 33 (11): 1565-1588.

[19] Kim S Y. Regionalization in Search of Regionalism: Production Networks and Deep Integra-

tion Commitments in Asia's FTAs ［R］. 2013.

　　［20］ Kohl T, Brakman S, Garretsen H. Do Trade Agreements Stimulate International Trade Differently? Evidence from 296 Trade Agreements ［J］. The World Economy, 2016, 39 (1): 97-131.

　　［21］ Koopman R, Powers W, Wangz, Give Credit Where Credit Is Due: Tracing Value Added in Global Production Chains ［R］. National Bureau of Economic Research, 2010.

　　［22］ Laget E, Osnago A, Rocha N, et al. Deep Trade Agreements and Global Value Chains ［J］. Review of Industrial Organization, 2020, 57 (6): 379-410.

　　［23］ Laget E, Osnago A, Rocha N, et al. Trade Agreements and Global Value Chains ［J］. The World Bank Policy Research Working Paper, 2018.

　　［24］ Magee C S P. New Measures of Trade Creation and Trade Diversion ［J］. Journal of International Economics, 2008, 75 (2): 340-362.

　　［25］ Marano V, Tashman P, Kostova T. Escaping The Iron Cage: Liabilities of Origin and CSR Reporting of Emerging Market Multinational Enterprises ［J］. Journal of International Business Studies, 2017, 48 (3): 386-408.

　　［26］ Martin P, Mayer T, Thoenig M. The Geography of Conflicts and Regional Trade Agreements ［J］. American Economic Journal: Macroeconomics, 2010, 4 (4): 1-35.

　　［27］ Mattoo A, Mulabdic A, Ruta M. Trade Creation and Trade Diversion in Deep Agreements ［R］. World Bank Policy Research Working Paper, 2017, No. 8206.

　　［28］ Nicovich S G, Dibrell C C, Davis P S. Integration of Value Chain Position and Porter's (1980) Competitive Strategies into the Market Orientation Conversation: An Examination of Upstream and Downstream Activities ［J］. Journal of Business and Economic Studies, 2007, 13 (2).

　　［29］ Novy D. Gravity Redux: Measuring International Trade Costs with Panel Data ［J］. Economic Inquiry, 2013, 51 (1): 101-121.

　　［30］ Orefice G, Rocha R. Deep Integration and Production Networks: An Empirical Analysis ［J］. The World Economy, 2014, 37 (1): 106-136.

　　［31］ ParkS C. Measuring Tariff Equivalents in Cross-Border Trade in Services ［R］. Korea Institute for International Economic Policy Working Paper, 2002.

　　［32］ Pomfret R, Sourdin P. Have Asian Trade Agreements Reduced Trade Costs? ［J］. Journal of Asian Economics, 2009, 20 (3): 255-268.

　　［33］ Silva J S, Tenreyro S. The Log of Gravity ［J］. The Review of Economics and Statistics, 2006, 88 (4): 641-658.

　　［34］ Wang Z, Wei S J, Zhu K. Quantifying International Production Sharing at the Bilateral and Sector Levels ［R］. NBER Working Paper, 2013.

　　［35］ Zeng K, Lu, Li Y W. Trade Agreements and Global Value Chain (GVC) Participation: Evidence from Chinese Industries ［J］. The Economics and Politics, 2021, 33 (3): 533-582.

　　［36］ 杜声浩. 区域贸易协定深度对全球价值链嵌入模式的影响 ［J］. 国际经贸探索, 2021, 37 (8): 20-37.

　　［37］ 韩剑, 王灿. 自由贸易协定与全球价值链嵌入: 对 FTA 深度作用的考察 ［J］. 国际贸易问题, 2019 (2): 54-67.

　　［38］ 韩剑, 许亚云. RCEP 及亚太区域贸易协定整合: 基于协定文本的量化研究 ［J］. 中国工业经济, 2021 (7): 81-99.

[39] 蒋庚华，刘菲菲. 自由贸易协定与亚太价值链关联 [J]. 世界经济与政治论坛，2022 (5)：116-146.

[40] 蒋含明. 中国制造业全球价值链利益分配机制研究：契约不完全视角 [J]. 经济学动态，2019 (2)：102-114.

[41] 李艳秀，毛艳华. 区域贸易协定深度与价值链贸易关系研究 [J]. 世界经济研究，2018 (12)：25-36+132.

[42] 林僖，鲍晓华. 区域服务贸易协定如何影响服务贸易流量？：基于增加值贸易的研究视角 [J]. 经济研究，2018，53 (1)：169-182.

[43] 林僖. 区域服务贸易协定对服务出口的影响：机制与效应 [J]. 世界经济，2021，44 (6)：50-71

[44] 刘斌，李川川. 异质性贸易协定与返回增加值 [J]. 世界经济研究，2021 (7)：34-48+135-136.

[45] 刘洪铎，蔡晓珊. 中国与“一带一路”沿线国家的双边贸易成本研究 [J]. 经济学家，2016 (7)：92-100.

[46] 卢福财. 突破“低端锁定”，加快经济发展方式转变 [J]. 江西财经大学学报，2007 (6)：7-8.

[47] 吕越，谷玮，包群. 人工智能与中国企业参与全球价值链分工 [J]. 中国工业经济，2020 (5)：80-98.

[48] 毛其淋，许家云. 中间品贸易自由化提高了企业加成率吗？：来自中国的证据 [J]. 经济学（季刊），2017，16 (2)：485-524.

[49] ［美］迈克尔·波特. 竞争优势 [M]. 陈小悦，译. 北京：华夏出版社，1997.

[50] 倪月菊. RCEP对亚太地区生产网络的影响：一个全球价值链视角的分析 [J]. 东北师范大学学报（哲学社会科学版），2021 (3)：52-62+114.

[51] 彭冬冬，林珏. “一带一路”沿线自由贸易协定深度提升是否促进了区域价值链合作？[J]. 财经研究，2021，47 (2)：109-123.

[52] 盛斌，王浩. 银行分支机构扩张与企业出口国内附加值率：基于金融供给地理结构的视角 [J]. 中国工业经济，2022 (2)：99-117.

[53] 施振荣. 再造宏碁：开创、成长与挑战 [M]. 北京：中信出版社，2005.

[54] 铁瑛，黄建忠，徐美娜. 第三方效应、区域贸易协定深化与中国策略：基于协定条款异质性的量化研究 [J]. 经济研究，2021，56 (1)：155-171.

[55] 童伟伟. FTA深度、灵活度与中国全球价值链分工参与程度 [J]. 国际经贸探索，2019，35 (12)：23-40.

[56] 万建香，汪寿阳. 社会资本与技术创新能否打破“资源诅咒”？：基于面板门槛效应的研究 [J]. 经济研究，2016，51 (12)：76-89.

[57] 文洋，王维薇. 亚太地区深度一体化的评价与启示 [J]. 亚太经济，2016 (1)：16-21.

[58] 幸炜，李长英. 双边嵌套视角下全球服务业价值链分工地位与利益分配研究 [J]. 当代财经，2018 (4)：98-110.

[59] 许亚云，岳文，韩剑. 高水平区域贸易协定对价值链贸易的影响：基于规则文本深度的研究 [J]. 国际贸易问题，2020 (12)：81-99.

[60] 杨继军，艾玮炜. 区域贸易协定服务贸易条款深度对增加值贸易关联的影响 [J]. 国

际贸易问题，2021（2）：143-158.

［61］杨连星，铁瑛．区域贸易协定、投资条款差异性深化与跨国并购意愿［J］．管理世界，2023，39（9）：36-59.

［62］张志明．区域贸易协定深化与亚太价值链合作模式重塑［J］．国际贸易问题，2022（5）：85-102.

［63］张中元．区域贸易协定的水平深度对参与全球价值链的影响［J］．国际贸易问题，2019（8）：95-108.

［64］赵泽宇．数字平台国际反垄断监管冲突下区域贸易协定竞争政策条款之困［J］．武大国际法评论，2022，6（1）：120-140

［65］祝树金，戢璇，傅晓岚．出口品技术水平的决定性因素：来自跨国面板数据的证据［J］．世界经济，2010，33（4）：28-46.

［66］卓越，张珉．全球价值链中的收益分配与"悲惨增长"：基于中国纺织服装业的分析［J］．中国工业经济，2008（7）：131-140.

In-Depth Regional Trade Agreements and Reshaping the Benefit Distribution Pattern of Asia-Pacific Value Chain

ZHANG Zhiming   ZHOU Yanping   YIN Hui

Abstract: Based on the data of 190 economies provided by the OECD-TiVA database and the WTO-RTA database, this paper examines the impact of in-depth regional trade agreements on distribution of benefits in the Asia-Pacific value chain and its mechanism. The study finds that in-depth regional trade agreement has a significant reshaping effect on the distribution pattern of Asia-Pacific value chain benefits, that is, it increases the proportion of trade benefits obtained from value chain cooperation between the two parties. The heterogeneity analysis shows that there are significant heterogeneities in the reshaping effect, such as terms, industries, contracting environment, RTA types, economies, geographical and cultural distances. The mechanism test shows that in-depth regional trade agreement can reshape the distribution pattern of benefits in the Asia-Pacific regional value chain by widening the difference in the status of the Asia-Pacific value chain and reducing the trade cost.

Keywords: In-Depth RTA; Benefit Distribution Pattern of Asia-Pacific Value Chain; Heterogeneity

借路出海：中国构建面向全球的高标准 FTA 网络的间接策略 *

张晓磊　　杨继军**

内容提要：党的二十大报告强调，要扩大面向全球的高标准自由贸易区网络，然而中国目前与欧美主要出口目标市场较难直接建立 FTA 合作关系。本文基于这一现实困境探讨了一种间接策略的可行性，即中国可以通过与尽可能多的第三方国家建立高标准 FTA 网络的方式，利用第三方国家的出口贸易渠道增加中国增加值的间接出口。本文构建了一个间接、三边、增加值贸易"引力模型"，用以剖析中国构建高标准 FTA 网络促进间接增加值出口增长的理论机制，并基于 1999~2018 年中国与 63 个国家和地区间的间接增加值贸易数据证实了这种机制的存在性。本文的发现为新时期中国构建面向全球的高标准 FTA 网络提供了新思路。

关键词：FTA 网络；增加值贸易；间接出口；引力模型

中图分类号：F744

一、引言

近年来，美国领衔西方重拾"贸易保护主义"（王孝松、张瑜，2022），试图通过掀起逆全球化浪潮的方式扰乱全球自由贸易秩序，改善其贸易逆差并扼杀中国对外贸易的持续高增长。欧盟在美国拜登政府上任后，又开始同美国携手"一道捍卫民主政体"，在对外贸易上强势以"可持续价值观"包装其"贸易保护主义"本质，对以中国为代表的新兴经济体产品进入欧洲市场增设"价值观壁垒"（姚铃、秦磊，2021）。美国和欧盟作为全球最大的消费市场同时转向保护主义，大大拉低了中国出口贸易增长的上限。受中美和中欧双边政治关系的制约，中国很难在短期内建立起对美国和欧盟的双边自由贸易协定（Free Trade Agreement，FTA）① 合作关系，甚至与美国和欧盟之间还有可能再次发生贸易摩擦，这已经成为新时期制约中国对外贸易可持续增长的较大制度性障碍。

习近平总书记在党的二十大报告中指出，要扩大面向全球的高标准自由贸易区网络。近年来，中国也确实一直在积极推行多元化的对外 FTA 合作策略，以开辟新的出口市场：一方面，

---

* 基金项目：国家社会科学基金青年项目"全球价值链重构视阈下中国高标准 FTA 网络构建战略研究"（23CJY077）；江苏高校哲学社会科学重大项目"全球供应链空间重构的动力机制、效率损失与中国对策研究"（2022SJZD056）。

** 作者简介：张晓磊（通讯作者），男，辽宁朝阳人，讲师，经济学博士；研究方向为国际贸易；电子邮箱：zhangxaiolei0824@126.com。杨继军，男，安徽六安人，教授，经济学博士；研究方向为国际贸易；电子邮箱：yangjj1998@163.com。

① 为了保持表达简洁，本文用学术界使用最广泛的 FTA 定义，包括互惠贸易协定（Reciprocal Trade Agreement）、优惠贸易安排（Preferential Trade Arrangement）、自贸区（Free Trade Zone）、关税同盟（Customs Union）、共同市场（Common Market）等在内的，以削减国家（地区）间贸易壁垒为目的的各种类型多边、双边优惠贸易制度安排。

在与亚太周边国家的 FTA 合作上，中韩和中澳 FTA 已于 2015 年 12 月正式生效，中国—东盟 FTA 升级议定书已于 2019 年 10 月对所有成员全面生效，《区域全面经济伙伴关系协定》（RCEP）已于 2022 年 1 月正式生效，标志着中国和亚太周边国家已经建成自贸合作关系；另一方面，在与亚太地区以外国家的 FTA 合作上，中国已与巴基斯坦、瑞士、冰岛、秘鲁、智利、哥斯达黎加、格鲁吉亚、毛里求斯、厄瓜多尔分别建立双边 FTA 合作关系，与印度、斯里兰卡、孟加拉国、老挝、蒙古签署有《亚太贸易协定》，与其他国家的 FTA 合作也正在谈判之中。

随着中国对外 FTA 网络规模和质量的日益提升，在全球价值链分工体系下的间接增加值出口或将成为解决中美、中欧之间高贸易制度成本的可行策略。所谓"间接增加值出口"策略是指中国作为增加值来源国先将自己的机器设备、原材料和零组件等出口至第三方出口渠道国（如东盟国家）进行进一步组装加工，再由出口渠道国将产成品出口至欧美消费市场的增加值出口贸易方式。例如，由于中美贸易摩擦爆发导致中国对美出口关税大涨，而越南受益于地理上毗邻中国制造业发达的珠三角地区，且作为东盟成员国与中国之间的贸易壁垒极低，导致自 2018 年起越南自华进口和对美出口同时大涨。2018～2020 年，越南自华货物进口额年均增长 12.90%，对美货物出口额年均增速更是高达 23.03%。[①] 而越南 2018 年对美出口中的外国增加值占比高达 52.1%，且越南出口中包含的外国进口中间品有 28.2% 来自中国（排名第一），包含的外国服务有 6.5% 来自中国（排名第一）。[②]

中国构建面向全球的高标准 FTA 网络与"间接增加值出口"之间的关系如图 1 所示：若出口渠道国 4 与中国和进口国均有 FTA 合作关系，出口渠道国 3 仅与中国有 FTA 合作关系，出口渠道国 2 仅与进口国有 FTA 合作关系，出口渠道国 1 与中国和进口国均没有 FTA 合作关系，那么相同条件下，中国经由出口渠道国 3 和渠道国 4 将增加值间接出口至进口国的贸易制度性成本必然低于出口渠道国 1 和渠道国 2，即中国构建高标准 FTA 网络可以有效促进间接增加值出口增长。

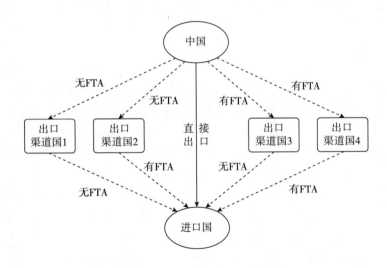

图 1　中国间接增加值出口示意图

资料来源：作者整理。

本文在经典的直接、双边、一般贸易"引力模型"基础上，构建了一个间接、三边、增加

---

① 数据来自 UN Comtrade Database，参见 https：//comtrade.un.org/data/。
② 数据来自 WTO 的"Viet Nam Trade in Value Added and Global Value Chains"，参见 https：//www.wto.org/english/res_e/statis_e/miwi_e/VN_e.pdf。

值贸易"引力模型",用以剖析中国构建高标准 FTA 网络促进间接增加值出口增长的理论机制,并基于 1999~2018 年中国与 63 个国家和地区间的间接增加值贸易数据证实了这种机制的存在性。本文的发现为新时期中国构建面向全球的高标准 FTA 网络提供了新思路,这是本文的主要创新之处。

二、文献综述与理论假说

1. 文献综述

经济学界关于 FTA 经济效应的研究大体可以划分为两个阶段。早期的相关研究集中于探讨 FTA 的建立会如何影响成员国之间以及成员国与非成员国之间的贸易和福利。例如,Viner(1950)在著作《关税同盟问题》中提出关税同盟具有"贸易创造"和"贸易转移"两种效应,前者会通过降低同盟成员国间的贸易成本创造本来不存在的贸易,而后者是指关税同盟的建成会把同盟成员国与外部国家之间原本存在的贸易转变成同盟成员国内部的贸易。Viner(1950)的研究为后续关于 FTA 经济效果的研究奠定了基石,此后,Baldwin(1997)、Panagariya 和 Krishna(2002)、Egger 和 Larch(2008)、Antras 和 Foley(2009)、邓慧慧和桑百川(2012)、Anderson 和 Yotov(2016)、彭冬冬和林珏(2021)、刘杜若和张明志(2022)等诸多文献均对各项具体的 FTA 所产生的潜在贸易创造效应、贸易转移效应以及福利分配效应进行了重要的拓展研究,不过总体上都未跳出 Viner(1950)的分析框架,即 FTA 的签订对成员国之间有"贸易创造效应",对非成员第三国仅有"贸易转移效应"。近年来,随着全球高水平 FTA 合作项目数量的激增,大量 FTA 研究文献开始聚焦于探讨 FTA 深度质量的贸易影响。较有代表性的成果是 Horn 等(2010)将已有的 FTA 深度条款分为"WTO+"和"WTO-X"两类:"WTO+"条款是指 FTA 成员的承诺未超出 WTO 的现行任务范围,包括现有的 WTO 规则、执行标准、原产地规则、海关程序以及服务贸易等问题的承诺,共 14 项指标,而"WTO-X"条款是指当前 WTO 任务范围未涵盖的新承诺,包括资本流动、竞争、政治立场、劳工和电子商务等,共 38 项指标,通过对不同 FTA 按照是否涵盖各项指标内容进行打分评价即可获得 FTA 深度质量的评价数据。在 Horn 等(2010)之后,Orefice 和 Rocha(2014)、Dür 等(2014)、许亚云等(2020)、铁瑛等(2021)、韩剑和许亚云(2021)、袁保生等(2022)等的研究都参考其方法并做出重要的拓展性工作,他们提出的 FTA 质量深度评价方法和测算完成的数据库,为后续学者开展 FTA 质量深化的相关研究奠定了重要基础。

总的来看,已有的 FTA 研究文献大多是在"总值贸易"而不是"增加值贸易"框架下展开探讨的,这已经与全球价值链分工模式主导全球贸易的现实不相适宜。在总值贸易框架下,A 国与 B 国建立 FTA 合作关系会增加 A 国与 B 国之间的双向贸易,研究者们暗含地假设了 A 国和 B 国向对方出口的商品和服务均 100%产自其国内;在增加值贸易框架下,A 国与 B 国建立 FTA 合作关系不仅会增加 A 国与 B 国之间的双向贸易,还会增加包含在 A 国出口中的 C 国增加值对 B 国的间接出口,以及包含在 B 国出口中的 D 国增加值对 A 国的间接出口。也就是说,在增加值贸易框架下,FTA 合作关系的建立不仅会直接促进 A 和 B 两个签约国之间的直接增加值贸易增长,还会带动经由 A 国和 B 国贸易渠道的第三国间接增加值贸易增长,这是以往 FTA 研究文献较少关注的,也是本文的核心理论贡献。

2. 理论假说

本文基于经典的直接、双边、一般贸易"引力模型"(Anderson,1979;Bergstrand,1985),

构建了间接、三边、增加值贸易"引力模型"，以剖析中国构建高标准 FTA 网络促进间接增加值出口增长的理论机制。

记中国 t 年 j 行业对出口渠道国 p 的总出口额为 EXP_{CHNpjt}，并假设其中来自中国自身的增加值比重为 λ_{CHNjt}，根据经典的贸易引力模型，中国 t 年 j 行业对出口渠道国 p 的增加值出口额 VA_{CHNpjt} 可以写成：

$$VA_{CHNpjt} = \lambda_{CHNjt} \times EXP_{CHNpjt} = \lambda_{CHNjt} \times \frac{GDP_{CHNt} \times GDP_{pt}}{\tau_{CNHpt} Dist_{CHNp}} \qquad (1)$$

其中，τ_{CNHpt} 为中国 t 年向出口渠道国 p 出口的贸易制度成本，包括关税及非关税壁垒、文化与制度差异成本等；GDP_{CHNt} 和 GDP_{pt} 分别为 t 年中国和出口渠道国 p 的 GDP；$Dist_{CHNp}$ 为中国与出口渠道国 p 之间的地理距离，代表贸易运输成本。

出口渠道国 p 进口中国的增加值 VA_{CHNpjt} 可能有三种用途：第一种是被出口渠道国 p 直接或间接地用于自身消费，假设其占比为 λ_{CHNpjt}；第二种是被出口渠道国 p 用作生产投资，构成 p 国对进口国 c 出口的一部分，假设其占比为 $\lambda_{CHNpcjt} = VA_{CHNpcjt}/VA_{CHNpjt}$，其中 $VA_{CHNpcjt}$ 为 t 年中国经由出口渠道国 p 对进口国 c 出口的 j 行业增加值；第三种是被出口渠道国 p 用作生产投资，构成 p 国对进口国 c 以外其他所有国家 d 出口的一部分，假设其占比为 $\lambda_{CHNpdjt} = VA_{CHNpdjt}/VA_{CHNpjt}$。

同理，出口渠道国 p 在 t 年 j 行业对进口国 c 的总出口额 EXP_{pcjt} 可以写成：

$$EXP_{pcjt} = \frac{GDP_{pt} \times GDP_{ct}}{\tau_{pct} Dist_{pc}} \qquad (2)$$

从增加值来源视角，可将出口渠道国 p 在 t 年 j 行业对进口国 c 的出口额 EXP_{pcjt} 拆分为三部分：一是来自 p 国的增加值 VA_{pcjt}，其占 EXP_{pcjt} 的比重记为 δ_{pcjt}；二是来自中国的进口增加值 $VA_{CHNpcjt}$，其占 EXP_{pcjt} 的比重记为 $\delta_{CHNpcjt}$；三是来自除中国以外其他国 s 的进口增加值 $\sum_s VA_{spcjt}$，其占 EXP_{pcjt} 的比重记为 δ_{spcjt}。显然，$\delta_{pcjt} + \delta_{CHNpcjt} + \delta_{spcjt} = 1$。那么，中国经由出口渠道国 p 被间接出口到 c 国的增加值 $VA_{CHNpcjt}$ 可以写成：

$$\begin{aligned} VA_{CHNpcjt} &= \delta_{CHNpcjt} \times EXP_{pcjt} = \delta_{CHNpcjt}(VA_{pcjt} + VA_{CHNpcjt} + \sum_s VA_{spcjt}) \\ &= \delta_{CHNpcjt}[\delta_{spcjt} \times EXP_{pcjt} + \lambda_{CHNpcjt} \times VA_{CHNpjt} + \delta_{spcjt} \times EXP_{pcjt}] \\ &= \delta_{CHNpcjt}[(1 - \delta_{CHNpcjt})EXP_{pcjt} + \lambda_{CHNpcjt} \times VA_{CHNpjt}] \end{aligned} \qquad (3)$$

将式（1）和式（2）代入式（3）可得：

$$VA_{CHNpcjt} = \delta_{CHNpcjt}\left[(1 - \delta_{CHNpcjt}) \times \frac{GDP_{pt} \times GDP_{ct}}{\tau_{pct} Dist_{pc}} + \lambda_{CHNpcjt} \times \lambda_{CHNjt} \times \frac{GDP_{CHNt} \times GDP_{pt}}{\tau_{CHNpt} Dist_{CHNp}}\right] \qquad (4)$$

式（4）仅为中国通过单一出口渠道国 p 对进口国 c 的 t 年 j 行业间接增加值出口额，对式（4）在出口渠道国 p 这一维度进行求和，即可得到中国 j 行业 t 年对进口国 c 的间接增加值出口总额 VA_{CHNcjt}：

$$\begin{aligned} VA_{CHNcjt} = \sum_p VA_{CHNpcjt} = GDP_{ct} \times \sum_p [\delta_{CHNpcjt}(1 - \delta_{CHNpcjt})] \times \sum_p GDP_{pt} / \sum_p Dist_{pt} \sum_p \tau_{pct} + \\ GDP_{CHNt} \times \sum_p \delta_{CHNpcjt} \times \sum_p \lambda_{CHNpcjt} \times \lambda_{CHNjt} \times \sum_p GDP_{pt} / \sum_p Dist_{CHNp} \sum_p \tau_{CHNpt} \end{aligned} \qquad (5)$$

根据式（5）可知，中国通过出口渠道国 p 对进口国 c 的间接增加值出口主要取决于 4 组共 10 个参数及变量。第一组是增加值占比参数 $\sum_p \delta_{CHNpcjt}$、$\sum_p \lambda_{CHNpcjt}$ 和 λ_{CHNjt}。其中，$\sum_p \delta_{CHNpcjt}$ 的大小取决于中国 j 行业在国际市场上的出口竞争力，如果 j 行业是中国的优势出口产业（如机电设备、轻纺工业等），那么出口渠道国 p 对进口国 c 出口的增加值中包含的 j 行业中国增加值比例就会更高，即 $\sum_p \delta_{CHNpcjt}$ 越大；$\sum_p \lambda_{CHNpcjt}$ 的大小取决于 j 行业的供应链特性，如果 j 行业属于典型的基础材料、中间投入品、机械设备、生产性服务等上游行业，那么出口渠道国 p 进口中国 j 行业增加值再加工后出口至进口国 c 的比例就会更高，即 $\sum_p \lambda_{CHNpcjt}$ 越大；λ_{CHNjt} 的大小与中国 j 行业自身参与全球价值链分工的角色有关，若以"三来一补"为代表的加工贸易出口在 j 行业总出口中占比越高，λ_{CHNjt} 就越小。第二组是中国、出口渠道国 p 和进口国 c 的 GDP 变量：GDP_{CHNt}、$\sum_p GDP_{pt}$ 和 GDP_{ct}。根据贸易引力模型，GDP_{CHNt}、$\sum_p GDP_{pt}$ 和 GDP_{ct} 与 VA_{CHNcjt} 成正比，即中国、所有出口渠道国 p 和进口国 c 的经济体量越大，那么中国对进口国 c 的间接增加值出口额 VA_{CHNcjt} 就越高。第三组是贸易制度成本变量 $\sum_p \tau_{CHNpt}$ 和 $\sum_p \tau_{pct}$，其与 VA_{CHNcjt} 成反比，即中国与所有出口渠道国 p 之间以及所有出口渠道国 p 与进口国 c 之间的 FTA 合作水平越高，贸易制度成本就越低，中国对进口国 c 的间接增加值出口额 VA_{CHNcjt} 就越高。第四组是贸易距离成本变量 $\sum_p Dist_{pc}$ 和 $\sum_p Dist_{CHNp}$，根据贸易引力模型，其与 VA_{CHNcjt} 成反比，即中国与所有出口渠道国 p 之间以及所有出口渠道国 p 与进口国 c 之间的贸易距离成本越低，中国对进口国 c 的间接增加值出口额 VA_{CHNcjt} 就越高。

综上所述，本文提出以下假设：

假设 H$_1$： 在增加值贸易框架下，中国构建面向全球的高标准 FTA 网络，与尽可能多的出口渠道国 p 建立或深化 FTA 合作关系，可以有效降低中国与出口渠道国 p 之间的贸易制度成本 $\sum_p \tau_{CHNpt}$，进而推动中国间接增加值出口贸易增长。

假设 H$_2$： 中国构建高标准 FTA 网络对间接增加值出口增长的促进作用具有行业异质性：对 $\sum_p \delta_{CHNpcjt}$、$\sum_p \lambda_{CHNpcjt}$ 和 λ_{CHNjt} 参数高的行业间接增加值出口增长促进作用更强。

假设 H$_3$： 中国的间接增加值出口规模受进口国 c 本身的 FTA 网络质量影响，若进口国 c 为高度开放的国家（$\sum_p \tau_{pct}$ 较小），则中国对其间接增加值出口额会更高。

假设 H$_4$： 中国与 GDP 规模越大的出口渠道国 p 建立高标准 FTA 合作关系（$\sum_p GDP_{pt}$ 越大），则中国构建高标准 FTA 网络对间接增加值出口增长的促进作用越强。

假设 H$_5$： 中国与越多的周边国家（$\sum_p Dist_{CHNp}$ 更小）建立高标准 FTA 合作关系，则中国构建高标准 FTA 网络对间接增加值出口增长的促进作用越强。

三、实证设计

本文设计了计量模型即式（6）来检验中国面向全球的高标准 FTA 网络建设对间接增加值出口贸易的影响。

$$\ln VA_{CHNcjt} = \alpha + \beta \sum_p FTA_{CHNpcjt-1} + \delta X_{CHNpcjt} + \gamma_c + \mu_j + \eta_t + \varepsilon_{cjt} \tag{6}$$

在式（6）中，下角标 CHN、p、c、j、t 分别表示中国、出口渠道国、增加值最终进口国、行业和年份；被解释变量 $\ln VA_{CHNcjt}$ 为 t 年中国 j 行业通过所有出口渠道国 p（不含中国自身）对进口国 c（不含中国自身）间接出口的增加值的自然对数。本文使用的数据来自 OECD TiVA 数据库，该数据库提供了 1999~2018 年全球 64 个主要国家和地区①的增加值来源国、出口国、进

---

① 为了保持表达简洁，本文所有的进口国、出口国和增加值来源国等说法都是指"国家和地区"，中国是指中国大陆地区。

口国、行业四维增加值贸易数据。

核心解释变量 $\sum_p FTA_{CHNpcjt-1} = \sum_p (mshare_{CHNpcjt-1} \times FTA_{CHNpt-1})$ 为 $t-1$ 年中国的 FTA 网络质量变量[①]，本文将解释变量滞后一期是因为 FTA 对贸易的影响大多存在一定的时间滞后，特别是当 FTA 在下半年甚至年底才生效的情况下，其对当年国际贸易的影响可能会非常有限。其中，$mshare_{CHNpcjt-1} = VA_{CHNpcjt-1} / \sum_p VA_{CHNpcjt-1}$ 为 $t-1$ 年出口渠道国 p 在进口国 c 间接进口中国 j 行业增加值总额中所占的渠道份额，相关数据来自 OECD TiVA 数据库；$FTA_{CHNpt-1}$ 为 $t-1$ 年中国和出口渠道国 p 之间的 FTA 质量变量，数据来自 DESTA 数据库（Design of Trade Agreements Database），该数据库提供了全球双边和多边 FTA 的全部监测数据。本文使用两种方式测度 $FTA_{CHNpt-1}$：一是 $FTAdep_{CHNpt-1}$，该变量为基于零关税目标、标准协调、投资、服务贸易、政府采购、知识产权保护、竞争 7 个 FTA 质量虚拟变量构建的累加指数，若 FTA 文本在这 7 个方面有实质性条款规定，则相应的虚拟变量取 1 值，否则取 0 值，因此 $FTAdep_{CHNpt} \in [0, 7]$[②]；二是 $FTArasch_{CHNpt-1}$，该变量是基于 Rasch 模型测度得出的一个连续变量，Rasch 模型假设所有与 FTA 质量条款相关的子变量（投资自由化、服务贸易自由化、知识产权保护等共 48 个）都能捕获 FTA 质量某一维度的潜在信息，子变量之间的贡献权重存在差异，在所有 FTA 条款中出现频率较少的子变量（如标准协调）比常见的子变量（如关税减免）对 $FTArasch_{CHNpt-1}$ 的贡献权重会更大（Dür et al.，2014）。本文同时使用两种指标测度 FTA 质量，可以在一定程度上规避指标测度误差对计量回归稳健性的影响。

$X_{CHNpcjt}$ 为控制变量向量，数据均来自 CEPII 数据库。本文主要依据经典的贸易引力模型相关文献（Eaton and Kortum，2002；傅帅雄、罗来军，2017）等以及前文中的式（5）来选取控制变量，包括：t 年出口渠道国 p 的 GDP 加权和的自然对数 $\ln \sum_p GDP_{pt} = \ln \sum_p (mshare_{CHNpcjt} \times GDP_{pt})$，以及 t 年进口国 c 的 GDP 自然对数 $\ln GDP_{ct}$[③]；t 年中国经由出口渠道国 p 向进口国 c 间接出口 j 行业增加值的贸易距离加权和的自然对数 $\ln \sum_p Dist_{CHNpcjt} = \ln \sum_p [mshare_{CHNpcjt}(Dist_{CHNpt} + Dist_{pct})]$，其中 $Dist_{CHNpt}$ 和 $Dist_{pct}$ 分别为中国和出口渠道国 p 以及出口渠道国 p 和进口国 c 人口最多城市之间的地理距离；中国与所有出口渠道国 p 之间以及所有出口渠道国 p 与进口国 c 之间的加权语言文化相似度变量 $\sum_p lang_{CHNpcjt} = \sum_p [mshare_{CHNpcjt}(lang_{CHNpt} + lang_{pct})]$，其中 $lang_{CHNpt}$ 和 $lang_{pct}$ 分别为中国与出口渠道国 p 以及出口渠道国 p 和进口国 c 使用同一种官方语言的虚拟变量；中国与所有出口渠道国 p 之间以及所有出口渠道国 p 与进口国 c 之间的加权法律体制相似度变量 $\sum_p legal_{CHNpcjt} = \sum_p [mshare_{CHNpcjt}(legal_{CHNpt} + legal_{pct})]$，其中 $legal_{CHNpt}$ 和 $legal_{pct}$ 分别为中国与出口渠道国 p 以及出口渠道国 p 和进口国 c 使用同一种法律体系（大陆法系或海洋法系）的虚拟变量。γ_c、μ_j 和 η_t 分别表示进口国 c、行业 j 和年份 t 三个维度的固定效应，ε_{cjt} 为随机扰动项。本文主要变量的描述性统计信息如表 1 所示。

---

① $\sum_p FTA_{CHNpcjt}$ 变量即为式（5）中的 $\sum_p \tau_{CHNpt}$ 变量的代理变量，两者负相关，即 FTA 合作网络规模和质量越高，贸易制度成本越低。

② 测算方法详见 Dür A, Baccini L, Elsig M. The Design of International Trade Agreements：Introducing a New Database [J]. Review of International Organizations，2014，9（3）：353-375.

③ 式（5）中的中国 GDP 变量 GDP_{CHNt} 无法作为控制变量纳入计量模型，因为其与年份固定效应共线。

表 1 主要变量的描述性统计

变量	观测值数	均值	标准差	最小值	最大值
$\ln VA_{CHNcjt}$	67320	2.23	1.85	0.00	10.01
$\sum_p FTAdep_{CHNpcjt}$	67320	0.61	0.76	0.00	6.00
$\sum_p FTAasch_{CHNpcjt}$	67320	0.10	0.20	−1.47	1.82
$\ln \sum_p GDP_{pt}$	67320	16.60	6.49	0.00	23.75
$\ln GDP_{ct}$	66045	19.08	1.72	14.19	23.75
$\ln \sum_p Dist_{CHNpcjt}$	67320	7.34	3.03	0.00	10.19
$\sum_p lang_{CHNpcjt}$	67320	0.34	0.38	0.00	2.00
$\sum_p leng_{CHNpcjt}$	67320	0.50	0.36	0.00	2.00

资料来源：作者整理。

四、实证结果与分析

1. 基准回归结果

表 2 为基于计量模型式(6)得出的基准回归结果，被解释变量 $\ln VA_{CHNcjt}$ 为 t 年进口国 c 间接进口的中国 j 行业增加值的自然对数。从拟合优度来看，各列回归结果调整的 R^2 均在 0.89 以上，表明计量模型设计基本合理。

表 2 中国高标准 FTA 网络建设对间接增加值出口贸易的影响结果

变量	1	2	3	4	5	6
$\sum_p FTAdep_{CHNpcjt-1}$	0.1196*** (20.82)	0.0967*** (16.78)	0.1001*** (17.35)			
$\sum_p FTArasch_{CHNpcjt-1}$				0.4021*** (19.67)	0.3189*** (15.51)	0.3300*** (16.10)
$\ln \sum_p GDP_{pt}$	0.0178*** (3.47)	0.0078 (1.54)	0.0108** (2.15)	0.0169*** (3.31)	0.0070 (1.38)	0.0100** (1.98)
$\ln GDP_{ct}$	0.3886*** (28.48)	0.4050*** (29.58)	0.4066*** (29.72)	0.3898*** (28.42)	0.4066*** (29.53)	0.4082*** (29.67)
$\ln \sum_p Dist_{CHNpcjt}$	−0.1253*** (−10.99)	−0.1147*** (−10.14)	−0.1320*** (−11.73)	−0.1212*** (−10.66)	−0.1113*** (−9.86)	−0.1284*** (−11.44)
$\sum_p lang_{CHNpcjt}$		0.2563*** (19.18)	0.2453*** (18.34)		0.2601*** (19.45)	0.2493*** (18.64)
$\sum_p legal_{CHNpcjt}$			0.1704*** (15.21)			0.1692*** (15.13)
c	−4.5941*** (−17.67)	−4.8954*** (−18.77)	−4.9323*** (−18.93)	−4.6023*** (−17.61)	−4.9143*** (−18.74)	−4.9514*** (−18.89)
N	62832	62832	62832	62832	62832	62832
调整的 R^2	0.8954	0.8962	0.8966	0.8953	0.8961	0.8965

注：括号中为 t 值，* 表示 p<0.1，** 表示 p<0.05，*** 表示 p<0.01。所有模型均控制了进口国、行业、年份三维固定效应。

表 2 中核心解释变量 $\sum_p FTAdep_{CHNpcjt-1}$ 和 $\sum_p FTArasch_{CHNpcjt-1}$ 的系数均显著为正，这表明中国 FTA 网络质量的提升能显著增加中国的间接增加值出口，本文提出的假设 H_1 得到了初步验证。与传统的 FTA 出口促进效应研究文献相比，本文的实证结果表明：一方面，中国在制定对外 FTA 合作战略时，不仅应该关注 FTA 对中国与签约伙伴之间的直接贸易促进效应，还应该关注 FTA 对中国通过签约伙伴的贸易渠道向第三方间接出口增加值的间接贸易促进效应；另一方面，当中国与某进口国由于某些政治、经济、文化等因素短期内无法直接签订 FTA 时，中国与其他出口渠道国建立或深化 FTA 合作关系亦能在一定程度上增加中国对该进口国的间接增加值出口，这给中国开展对外 FTA 合作提供了一个间接策略选项。

从表 2 中控制变量的回归结果来看，$\ln \sum_p GDP_{pt}$ 和 $\ln GDP_{ct}$ 的系数基本显著为正，$\ln \sum_p Dist_{CHNpcjt}$ 变量系数显著为负，这符合经典贸易引力模型的预期，即中国通过出口渠道国 p 对进口国 c 的间接增加值出口贸易额与所有出口渠道国 p 的 GDP 之和以及进口国 c 的 GDP 成正比，与间接增加值贸易过程所途经的地理距离成反比。$\sum_p lang_{CHNpcjt}$ 和 $\sum_p legal_{CHNpcjt}$ 变量的系数显著为正，表明中国、出口渠道国 p 以及进口国 c 之间的法律体制相似和语言文化相似，有利于中国经由 p 国间接地向 c 国出口更多的增加值。

2. 稳健性检验

计量模型式（1）可能存在反向因果导致的内生性问题[①]，即表 2 中的 $\sum_p FTAdep_{CHNpcjt-1}$ 和 $\sum_p FTArasch_{CHNpcjt-1}$ 系数显著为正，有可能是因为中国近年来的高标准 FTA 网络建设助推了间接增加值出口贸易增长，也有可能是因为中国近年来间接增加值出口额的增长使中国在全球贸易网络中的地位越来越重要，导致其他国家都更愿意与中国签订或深化 FTA 合作，进而使中国的 FTA 网络质量得到提升。本文使用工具变量法来处理内生性问题，表 3 是基于工具变量法得到的稳健性检验回归结果。

表 3　稳健性检验：基于工具变量法的回归结果

变量	1	2	3	4	5	6
$\sum_p FTAdep_{CHNpcjt-1}$	0.4105*** (7.82)	0.4022*** (7.38)	0.4109*** (7.53)			
$\sum_p FTArasch_{CHNpcjt-1}$				2.2154*** (16.92)	2.2154*** (16.86)	2.1278*** (16.59)
$\ln \sum_p GDP_{pt}$	0.0162*** (2.99)	0.0121** (2.20)	0.0156*** (2.85)	0.0101* (1.75)	0.0101* (1.75)	0.0136** (2.39)
$\ln GDP_{ct}$	0.3035*** (14.84)	0.3099*** (14.32)	0.3103*** (14.35)	0.2373*** (12.51)	0.2373*** (12.20)	0.2484*** (12.98)
$\ln \sum_p Dist_{CHNpcjt}$	-0.1300*** (-10.73)	-0.1257*** (-10.29)	-0.1459*** (-11.86)	-0.1114*** (-8.70)	-0.1115*** (-8.71)	-0.1327*** (-10.44)
$\sum_p lang_{CHNpcjt}$		0.1060*** (3.54)	0.0908*** (3.00)		-0.0004 (-0.02)	0.0001 (0.00)

[①] 遗漏变量和测度误差等也可能导致内生性问题：针对前者，本文在计量模型中控制了进口国、行业、年份三维固定效应，可以在一定程度上吸收难以观测的遗漏变量的影响；针对后者，本文在设计核心解释变量时使用了 $\sum_p FTAdep_{CHNpcjt-1}$ 和 $\sum_p FTArasch_{CHNpcjt-1}$ 两套测度方法，可以在一定程度上规避测度误差导致的内生性问题。

续表

变量	1	2	3	4	5	6
$\sum_p legal_{CHNpcjt}$			0.1981*** (15.73)			0.2106*** (16.48)
N	62832	62832	62832	62832	62832	62832
K-P rk LM	515.477***	501.676***	495.419***	968.595***	982.048***	1001.261***
K-P rk Wald F	524.008***	507.583***	501.915***	979.919***	986.624***	1005.886***

注：括号中为 t 值，＊表示 p<0.1，＊＊表示 p<0.05，＊＊＊表示 p<0.01。所有模型均控制了进口国、行业、年份三维固定效应，所有工具变量均通过了 K-P rk LM 识别不足检验和 K-P rk Wald F 弱工具变量检验。

在工具变量选择上，表 3 中的第 2~4 列和第 5~7 列分别使用出口渠道国 p 与中国大陆周边的国家和地区（以下简称"EA 地区"）[①]之间的 FTA 网络质量加权均值作为 $\sum_p FTAdep_{CHNpcjt-1}$ 和 $\sum_p FTArasch_{CHNpcjt-1}$ 的工具变量，具体计算方法如式（7）和式（8）所示：

$$\sum_p FTAdepIV_{EApcjt-1} = \sum_p \left(mshare_{EApcjt-1} \times \overline{FTAdep_{EApt-1}} \right) \tag{7}$$

$$\sum_p FTAraschIV_{EAcjt-1} = \sum_p \left(mshare_{EApcjt-1} \times \overline{FTArasch_{EApt-1}} \right) \tag{8}$$

其中，$mshare_{EApcjt-1} = VA_{EApcjt-1} / \sum_p VA_{EApcjt-1}$ 为 $t-1$ 年出口渠道国 p 在进口国 c 间接进口来自 EA 地区 j 行业增加值总额中所占的渠道份额，相关数据来自 OECD TiVA 数据库；$\overline{FTAdep_{EApt-1}}$ 和 $\overline{FTArasch_{EApt-1}}$ 为 $t-1$ 年 EA 地区所有国家和地区与出口渠道国 p 之间的 FTA 网络质量均值，相关数据来自 DESTA 数据库。

使用 $\sum_p FTAdepIV_{EApcjt-1}$ 和 $\sum_p FTAraschIV_{EApcjt-1}$ 作为工具变量的合理性在于：一方面，国家之间的 FTA 合作一般都发生在地理邻近的国家之间（Baier and Bergstrand，2004），且中国属于 EA 地区价值链分工贸易网络的核心中枢，因此，出口渠道国 p 如果与中国建立了 FTA 合作关系，那么其与 EA 地区其他国家和地区建有 FTA 合作关系的概率也会较大；反之亦然，可见工具变量选取满足相关性要求；另一方面，被解释变量 $lnVA_{CHNcjt}$ 为 t 年中国 j 行业经由所有出口渠道国 p 向进口国 c 间接出口的增加值总额，其与出口渠道国 p 和 EA 地区间的平均 FTA 网络质量（$\sum_p FTAdepIV_{EApcjt-1}$ 和 $\sum_p FTAraschIV_{EApcjt-1}$）没有直接因果关系，工具变量选取满足外生性要求。

由表 3 中的回归结果可知，核心解释变量 $\sum_p FTAdep_{CHNpcjt-1}$ 和 $\sum_p FTArasch_{CHNpcjt-1}$ 的系数依然显著为正，可见使用工具变量回归分析方法并不改变本文的实证结果，表明本文的研究结论具有较强的稳健性，本文的假设 H_1 得到了较好的验证。

五、拓展分析

1. 行业异质性分析

由前文中的式（5）可知，中国构建高标准 FTA 网络对间接增加值出口贸易增长的促进效应

---

① 本文此处定义的"中国大陆周边的国家和地区"包括中国香港和中国台湾（中国澳门数据缺失），日本和韩国，以及东盟十国中的越南、马来西亚、新加坡、泰国、印度尼西亚、菲律宾、文莱和柬埔寨 8 国（老挝和缅甸数据缺失），俄罗斯、哈萨克斯坦和印度，中国其他邻国的增加值贸易数据在 OECD TiVA 数据库中缺失。

受 $\sum_p \delta_{CHNpcjt}$、$\sum_p \lambda_{CHNpcjt}$ 和 λ_{CHNjt} 三个参数影响，当 $\sum_p \delta_{CHNpcjt}$、$\sum_p \lambda_{CHNpcjt}$ 和 λ_{CHNjt} 越大，中国构建高标准 FTA 网络（贸易制度成本 $\sum_p \lambda_{CHNpt}$ 降低）对间接增加值出口贸易增长的促进效应就越强（假设 H₂）。为验证这一理论假说，本文将样本数据中的 20 个农业和制造业行业与 16 个服务业行业①分别按照 $\sum_p \delta_{CHNpcjt}$、$\sum_p \lambda_{CHNpcjt}$ 和 λ_{CHNjt} 三个参数的大小分成了"高"和"低"两类，并使用费舍尔置换检验（Fisher's Permutation Test）判断不同行业的核心解释变量 $\sum_p FTAdep_{CHNpcjt-1}$ 和 $\sum_p FTArasch_{CHNpcjt-1}$ 回归系数是否存在显著差异。

表 4 为基于 $\sum_p \delta_{CHNpcjt}$ 差异的行业异质性检验结果。如果行业 j 是中国的优势出口产业，那么出口渠道国 p 对进口国 c 出口的增加值中包含的行业 j 中国增加值比例就会更高，即 $\sum_p \delta_{CHNpcjt} = \sum_p VA_{CHNpcjt} / \sum_p EXP_{pcjt}$ 越大。由表 4 可知，无论是在农业和制造业行业还是在服务业行业中，$\sum_p FTAdep_{CHNpcjt-1}$ 和 $\sum_p FTArasch_{CHNpcjt-1}$ 的回归系数均显著为正。费舍尔置换检验结果显示：对于 $\sum_p \delta_{CHNpcjt}$ 参数高的农业和制造业行业而言，$\sum_p FTAdep_{CHNpcjt-1}$ 和 $\sum_p FTArasch_{CHNpcjt-1}$ 的回归系数均显著高于 $\sum_p \delta_{CHNpcjt}$ 参数低的行业；相比之下，对于 $\sum_p \delta_{CHNpcjt}$ 参数高的服务业行业而言，$\sum_p FTArasch_{CHNpcjt-1}$ 的回归系数显著高于 $\sum_p \delta_{CHNpcjt}$ 参数低的行业，而 $\sum_p FTAdep_{CHNpcjt-1}$ 的回归系数与 $\sum_p \delta_{CHNpcjt}$ 参数低的行业相比没有显著差异。这主要是因为中国农业和制造业的 $\sum_p \delta_{CHNpcjt} \in [0.0076, 0.1847]$，极差高达 0.1771，而服务业的 $\sum_p \delta_{CHNpcjt} \in [0.0032, 0.0300]$，极差仅为 0.0268。也就是说，中国农业和制造业不同子行业间的出口竞争优势存在明显的强弱分化，所以中国构建高标准 FTA 网络对间接增加值出口贸易增长的促进效应在 $\sum_p \delta_{CHNpcjt}$ 参数高的农业和制造业行业中会明显更强，而中国服务业不同子行业间的出口竞争优势差距较小，整体出口竞争力均较差，所以中国构建高标准 FTA 网络对间接增加值出口贸易增长的促进效应对 $\sum_p \delta_{CHNpcjt}$ 参数高和低的服务业行业而言差距不大。综上所述，表 4 的回归结果基本符合假设 H₂ 的预期。

表 4　基于 $\sum_p \delta_{CHNpcjt}$ 差异的行业异质性检验结果

行业类型	农业和制造业			
$\sum_p \delta_{CHNpcjt}$	低	高	低	高
序号	1	2	3	4
$\sum_p FTAdep_{CHNpcjt-1}$	0.0401*** (3.09)	0.1569*** (9.80)		
$\sum_p FTArasch_{CHNpcjt-1}$			0.1504*** (6.51)	0.1836*** (3.25)
N	12320	12320	12950	12950

① 农业和制造业与服务业的跨国增加值贸易存在明显差异。就中国而言，服务业产出增加值中包含的本国增加值占比明显高于农业和制造业，进口外国增加值后再出口至第三国的比例明显低于农业和制造业，即服务业的全球价值链参与程度更低。

续表

行业类型	农业和制造业			
$\sum_p \delta_{CHNpcjt}$	低	高	低	高
序号	1	2	3	4
调整的 R^2	0.9175	0.9395	0.9142	0.9394
费舍尔检验系数差	-0.1168^{***}		-0.0332^{***}	
行业类型	服务业			
$\sum_p \delta_{CHNpcjt}$	低	高	低	高
序号	5	6	7	8
$\sum_p FTAdep_{CHNpcjt-1}$	0.0607^{***} (5.76)	0.0727^{***} (5.37)		
$\sum_p FTArasch_{CHNpcjt-1}$			0.2710^{***} (6.69)	0.3916^{***} (8.11)
N	8624	9856	8624	9856
调整的 R^2	0.8708	0.9272	0.8710	0.9275
费舍尔检验系数差	-0.0120		-0.1206^{***}	

注：括号中为 t 值，＊表示 p<0.1，＊＊表示 p<0.05，＊＊＊表示 p<0.01。所有模型均控制了进口国、行业、年份三维固定效应。限于篇幅，控制变量回归结果备索。费舍尔检验测度的是相邻两列 $\sum_p FTAdep_{CHNpcjt-1}$ 和 $\sum_p FTArasch_{CHNpcjt-1}$ 系数的差，其显著性根据经验 p 值进行统计推断，重复抽样次数设定为 200 次。

表 5 为基于 $\sum_p \lambda_{CHNpcjt}$ 差异的行业异质性检验结果。如果行业 j 属于典型的上游行业，那么出口渠道国 p 进口中国 j 行业增加值再加工后出口至进口国 c 的比例就会更高，即 $\sum_p \lambda_{CHNpcjt} = \sum_p \sum_c VA_{CHNpcjt} / \sum_p VA_{CHNpjt}$ 越大。由表 5 可知，无论是在农业和制造业行业中还是在服务业行业中，$\sum_p FTAdep_{CHNpcjt-1}$ 和 $\sum_p FTArasch_{CHNpcjt-1}$ 的回归系数均显著为正。费舍尔置换检验结果显示，相邻两列中的核心解释变量系数存在显著差异，这表明中国构建高标准 FTA 网络对间接增加值出口贸易增长的促进效应在 $\sum_p \lambda_{CHNpcjt}$ 参数高的农业和制造业和服务业行业中均更强，符合假设 H_2 的预期。

表 5　基于 $\sum_p \lambda_{CHNpcjt}$ 差异的行业异质性检验结果

行业类型	农业和制造业			
$\sum_p \lambda_{CHNpcjt}$	低	高	低	高
序号	1	2	3	4
$\sum_p FTAdep_{CHNpcjt-1}$	0.0789^{***} (5.91)	0.1165^{***} (7.60)		
$\sum_p FTArasch_{CHNpcjt-1}$			0.2034^{***} (4.53)	0.3214^{***} (6.22)
N	12320	12320	12320	12320
调整的 R^2	0.9459	0.9193	0.9458	0.9191
费舍尔检验系数差	-0.0376^{***}		-0.1180^{***}	

续表

行业类型	服务业			
$\sum_p \lambda_{CHNpcjt}$	低	高	低	高
序号	5	6	7	8
$\sum_p FTAdep_{CHNpcjt-1}$	0.0486*** （3.09）	0.1232*** （10.00）		
$\sum_p FTArasch_{CHNpcjt-1}$			0.2719*** （4.98）	0.4751*** （9.65）
N	7392	8624	7392	8624
调整的 R^2	0.9324	0.8744	0.9326	0.8743
费舍尔检验系数差	−0.0746***		−0.2032***	

注：括号中为 t 值，* 表示 p<0.1，** 表示 p<0.05，*** 表示 p<0.01。所有模型均控制了进口国、行业、年份三维固定效应。限于篇幅，控制变量回归结果备索。费舍尔检验测度的是相邻两列 $\sum_p FTAdep_{CHNpcjt-1}$ 和 $\sum_p FTArasch_{CHNpcjt-1}$ 系数的差，其显著性根据经验 p 值进行统计推断，重复抽样次数设定为 200 次。

　　表 6 为基于 λ_{CHNjt} 差异的行业异质性检验结果。如果中国行业 j 的加工贸易出口在行业 j 总出口中占比越低，则 $\lambda_{CHNpcjt} = VA_{CHNpjt}/EXP_{CHNpjt}$ 就越大。由表 6 可知，无论是在农业和制造业行业中还是在服务业行业中，$\sum_p FTAdep_{CHNpcjt-1}$ 和 $\sum_p FTArasch_{CHNpcjt-1}$ 的回归系数均显著为正。费舍尔置换检验结果显示：对于 λ_{CHNjt} 参数高的农业和制造业行业而言，$\sum_p FTAdep_{CHNpcjt-1}$ 和 $\sum_p FTArasch_{CHNpcjt-1}$ 的回归系数均显著高于 λ_{CHNjt} 参数低的行业；相比之下，在服务业行业中，$\sum_p FTAdep_{CHNpcjt-1}$ 和 $\sum_p FTArasch_{CHNpcjt-1}$ 的回归系数在 λ_{CHNjt} 参数高的行业和低的行业之间则没有显著差异。这主要是因为中国农业和制造业的 $\lambda_{CHNjt} \in [0.6268, 0.9166]$，极差高达 0.2898，而服务业的 $\lambda_{CHNjt} \in [0.8344, 0.9764]$，极差仅为 0.1420。也就是说，加工贸易这一商业模式在中国主要存在于农业和制造业之中，服务业出口额中包含的外国增加值较少，且不同子行业间差距较小。综上所述，中国构建高标准 FTA 网络对间接增加值出口贸易增长的促进效应在 λ_{CHNjt} 参数高的农业和制造业行业中更强，基本符合假设 H_2 的预期。

表 6　基于 λ_{CHNjt} 差异的行业异质性检验结果

行业类型	农业和制造业			
λ_{CHNjt}	低	高	低	高
序号	1	2	3	4
$\sum_p FTAdep_{CHNpcjt-1}$	0.1036*** （8.22）	0.1317*** （8.38）		
$\sum_p FTArasch_{CHNpcjt-1}$			0.0970*** （3.83）	0.1855*** （5.73）
N	12320	12320	12950	12950
调整的 R^2	0.9150	0.9405	0.9114	0.9410
费舍尔检验系数差	−0.0281***		−0.0885***	

行业类型	服务业			
λ_{CHNjt}	低	高	低	高
序号	5	6	7	8
$\sum_p FTAdep_{CHNpcjt-1}$	0.1237*** (11.34)	0.1139*** (8.75)		
$\sum_p FTArasch_{CHNpcjt-1}$			0.4308*** (10.42)	0.4608*** (9.72)
N	8624	9856	8624	9856
调整的 R^2	0.9210	0.9033	0.9207	0.9035
费舍尔检验系数差	0.0098		−0.0300	

注：括号中为 t 值，*表示 p<0.1，**表示 p<0.05，***表示 p<0.01。所有模型均控制了进口国、行业、年份三维固定效应。限于篇幅，控制变量回归结果备索。费舍尔检验测度的是相邻两列 $\sum_p FTAdep_{CHNpcjt-1}$ 和 $\sum_p FTArasch_{CHNpcjt-1}$ 系数的差，其显著性根据经验 p 值进行统计推断，重复抽样次数设定为 200 次。

2. 进口国 FTA 网络异质性分析

由前文中的式（5）可知，中国的间接增加值出口贸易除了受中国本身与出口渠道国 p 之间的 FTA 网络质量（$\sum_p \tau_{CHNpt}$）影响外，还受进口国 c 本身的 FTA 网络质量（$\sum_p \tau_{pct}$）影响：若进口国 c 为高度开放的国家，与除中国以外的 p 国间建立有广泛且高水平的 FTA 合作关系（$\sum_p \tau_{pct}$ 较小），则中国对其间接增加值出口额会更高（假设 H_3）。需要注意的是，式（5）中 $\sum_p \tau_{CHNpt}$ 和 $\sum_p \tau_{pct}$ 变量对中国间接增加值出口贸易的影响是相互独立的，不存在交互效应，即中国和进口国 c 任意一方提高自身对外的 FTA 网络质量都有利于促进中国间接增加值贸易增长。本文测算了进口国 c 的 FTA 网络质量变量 $\sum_p FTAdep_{CHNpcjt-1}$ 和 $\sum_p FTArasch_{CHNpcjt-1}$[①]，并将其加入计量模型式（6）进行回归分析，结果如表 7 所示。

表 7　进口国 FTA 网络质量对中国间接增加值出口的影响结果

变量	1	2	3	4	5	6
$\sum_p FTAdep_{CHNcpjt-1}$	0.0086*** (3.31)	0.0101*** (3.89)	0.0016 (0.61)			
$\sum_p FTArasch_{CHNcpjt-1}$				0.0491*** (4.57)	0.0667*** (6.22)	0.0434*** (4.01)
$\sum_p FTAdep_{CHNpcjt-1}$	0.1194*** (20.77)	0.0963*** (16.71)	0.1000*** (17.34)			
$\sum_p FTArasch_{CHNpcjt-1}$				0.3945*** (19.22)	0.3066*** (14.84)	0.3215*** (15.60)
$\ln \sum_p GDP_{pt}$	0.0171*** (3.33)	0.0070 (1.37)	0.0107** (2.10)	0.0152*** (2.95)	0.0045 (0.88)	0.0082 (1.61)

① 数据来自 DESTA 数据库，计算公式分别为 $\sum_p FTAdep_{CHNcpjt-1} = \sum_p (mshare_{CHNpcjt-1} \times FTAdep_{pct-1})$ 和 $\sum_p FTArasch_{cpjt-1} = \sum_p (mshare_{CHNpcjt-1} \times FTArach_{pct-1})$。

变量	1	2	3	4	5	6
$\ln GDP_{ct}$	0.3882*** (28.45)	0.4046*** (29.57)	0.4065*** (29.68)	0.3882*** (28.26)	0.4049*** (29.40)	0.4070*** (29.55)
$\ln \sum_p Dist_{CHNpcjt}$	−0.1255*** (−11.02)	−0.1149*** (−10.17)	−0.1319*** (−11.70)	−0.1189*** (−10.43)	−0.1079*** (−9.54)	−0.1254*** (−11.11)
$\sum_p lang_{CHNpcjt}$		0.2578*** (19.27)	0.2456*** (18.34)		0.2663*** (19.91)	0.2538*** (18.95)
$\sum_p legal_{CHNpcjt}$			0.1688*** (14.58)			0.1620*** (14.29)
c	−4.5895*** (−17.66)	−4.8917*** (−18.78)	−4.9313*** (−18.91)	−4.5755*** (−17.49)	−4.8854*** (−18.62)	−4.9310*** (−18.79)
N	62832	62832	62832	62832	62832	62832
调整的 R^2	0.8954	0.8962	0.8966	0.8953	0.8961	0.8965

注：括号中为 t 值，* 表示 p<0.1，** 表示 p<0.05，*** 表示 p<0.01。所有模型均控制了进口国、行业、年份三维固定效应。

如表 7 所示，进口国 c 的 FTA 网络质量 $\sum_p FTAdep_{CHNcpjt-1}$ 和 $\sum_p FTArasch_{CHNcpjt-1}$ 变量系数基本显著为正，表明即使中国维持已有的 FTA 网络质量不变，只要进口国 c 和出口渠道国 p 之间的 FTA 网络质量不断提升，中国依然能够搭上出口渠道国 p 对进口国 c 出口贸易增长的"顺风车"，实现间接增加值出口增长，本文提出的假设 H_3 得到了验证。因此，在国际舞台上积极联合各方力量反对贸易保护主义、单边主义，共同维护世界自由贸易秩序和多边贸易体制，推动全球 FTA 网络质量提升，符合中国的贸易利益。不过，表 7 显示进口国 c 的 FTA 网络质量 $\sum_p FTAdep_{CHNcpjt-1}$ 和 $\sum_p FTArasch_{CHNcpjt-1}$ 的系数要分别明显小于中国 FTA 网络质量 $\sum_p FTAdep_{CHNpcjt-1}$ 和 $\sum_p FTArasch_{CHNpcjt-1}$ 的系数，即中国还是要依靠提升自身对外 FTA 网络质量，才能为中国间接增加值出口贸易提供更强的增长动力。

3. FTA 合作对象选择策略分析

由前文中的式（5）可知，中国的间接增加值出口贸易除了受中国本身与出口渠道国 p 之间的 FTA 网络质量（$\sum_p \tau_{CHNpt}$）影响外，还受出口渠道国 p 的 GDP 之和（$\sum_p GDP_{pt}$）影响：$\sum_p GDP_{pt}$ 越高，则中国构建高标准 FTA 网络对间接增加值出口贸易增长的促进作用会更强（假设 H_4）。为验证这一假说，本文将所有出口渠道国 p 按照其 1999~2018 年的 GDP 总和是否位于 64 个样本国家和地区的前 50% 标准，将其划分为"经济大国"和"经济小国"两组，再将计量模型式（6）中的变量拆分为"经济大国"和"经济小国"两组重新测算①并进行回归分析，回归结果如表 8 所示。

由表 8 可知，"经济小国"组的核心解释变量 $\sum_p FTAdep_{CHNpcjt-1}$ 和 $\sum_p FTArasch_{CHNpcjt-1}$ 的回归系数虽然也显著为正，但是系数值明显小于"经济大国"组。这表明中国与"经济小国"建立或深化 FTA 合作关系虽也能提升中国经由这些"经济小国"贸易渠道的间接增加值出口增长，

---

① 计量模型式（6）中仅有 $\ln GDP_{ct}$ 与出口渠道国 p 无关，不需要重新测算；其他变量均需在出口渠道国 p 的维度进行汇总，因此需将所有出口渠道国 p 划分为"经济大国"和"经济小国"两组进行分类汇总计算。

但中国建立高标准 FTA 网络的重点合作对象仍应以"经济大国"为主，本文提出的假设 H_4 得到了验证。

表 8 基于 FTA 合作对象 GDP 规模差异的异质性检验结果

出口渠道国 p 组别	经济小国		经济大国	
序号	1	2	3	4
$\sum_p FTAdep_{CHNpcjt-1}$	0.1230***		0.2648***	
	(17.33)		(21.87)	
$\sum_p FTArasch_{CHNpcjt-1}$		0.3641***		0.9911***
		(14.57)		(21.31)
$\ln \sum_p GDP_{pt}$	0.0913***	0.0904***	0.1097***	0.1555***
	(14.36)	(14.25)	(7.10)	(10.71)
$\ln GDP_{pt}$	0.3029***	0.3071***	0.0600***	0.0462***
	(22.43)	(22.71)	(4.53)	(3.49)
$\ln \sum_p Dist_{CHNpcjt}$	−0.2937***	−0.2898***	−0.1321***	−0.2107***
	(−20.50)	(−20.29)	(−4.40)	(−7.43)
$\sum_p lang_{CHNpcjt}$	0.4559***	0.4573***	−0.3099***	−0.3222***
	(29.62)	(29.51)	(−11.51)	(−12.24)
$\sum_p legal_{CHNpcjt}$	0.1857***	0.1875***	−0.2154***	−0.2615***
	(13.73)	(13.89)	(−8.10)	(−9.87)
c	−3.4517***	−3.5242***	0.0740	0.3420
	(−13.39)	(−13.65)	(0.29)	(1.35)
N	62832	62832	62832	62832
调整的 R^2	0.8846	0.8845	0.8127	0.8127

注：括号中为 t 值，* 表示 p<0.1，** 表示 p<0.05，*** 表示 p<0.01。所有模型均控制了进口国、行业、年份三维固定效应。

此外，由前文中的式（5）可知，出口渠道国 p 与中国之间的地理距离（$\sum_p Dist_{CHNpcjt}$）也是影响中国间接增加值出口贸易的重要因素：$\sum_p Dist_{CHNpcjt}$ 越小，即中国与更多的周边国家建立和深化 FTA 合作关系，则中国构建高标准 FTA 网络对间接增加值出口贸易增长的促进作用会更强（假设 H_5）。为了验证这一假说，本文将所有出口渠道国 p 按照其与中国之间的地理距离远近划分为"邻近国家和地区"① 和"遥远国家和地区"② 两组，再将计量模型式（6）中的所有变量拆分为上述三组重新测算并进行回归分析，回归结果如表 9 所示。

由表 9 可知，在"邻近国家和地区"组和"遥远国家和地区"组中，$\sum_p FTAdep_{CHNpcjt-1}$ 和 $\sum_p FTArasch_{CHNpcjt-1}$ 的回归系数均显著为正，但"邻近国家和地区"组的回归系数明显更大。这表明与地理距离邻近的国家和地区建立或深化 FTA 合作关系能更加有效地提升中国间接增加值出口能力，即中国建立高标准 FTA 网络的重点合作对象仍应以地理距离邻近的国家和地区为重

---

① "邻近国家和地区"组包括中国香港、中国台湾、日本、韩国、印度、俄罗斯和哈萨克斯坦，以及东盟十国中除老挝和缅甸以外的八个国家。

② OECD TiVA 数据库中的其他国家只有以色列、沙特阿拉伯和土耳其为亚洲国家，其余均为欧洲、美洲、非洲和大洋洲国家，统一归类为"遥远国家和地区"组。

点，本文提出的假设 H_5 得到了验证。

表 9　基于 FTA 合作对象地理距离差异的异质性检验结果

出口渠道国 p 组别	邻近国家和地区		遥远国家和地区	
序号	1	2	3	4
$\sum_p FTAdep_{CHNpcjt-1}$	0.2179*** (29.55)		0.0920*** (7.37)	
$\sum_p FTArasch_{CHNpcjt-1}$		0.7987*** (30.63)		0.3442*** (7.18)
$\ln \sum_p GDP_{pt}$	0.1632*** (17.41)	0.1625*** (17.36)	0.0376*** (5.91)	0.0380*** (5.99)
$\ln GDP_{ct}$	0.1225*** (8.29)	0.1134*** (7.68)	0.1424*** (10.09)	0.1419*** (10.06)
$\ln \sum_p Dist_{CHNpcjt}$	-0.2973*** (-14.55)	-0.2808*** (-13.73)	-0.0204 (-1.43)	-0.0213 (-1.50)
$\sum_p lang_{CHNpcjt}$	-0.2478*** (-12.60)	-0.3061*** (-15.67)	0.4038*** (19.29)	0.4043*** (19.32)
$\sum_p legal_{CHNpcjt}$	0.3638*** (14.55)	0.4079*** (16.55)	0.1686*** (13.65)	0.1687*** (13.66)
c	-1.1303*** (-4.00)	-0.9438*** (-3.34)	-1.3230*** (-4.88)	-1.3147*** (-4.84)
N	62832	62832	62832	62832
调整的 R^2	0.8320	0.8326	0.8717	0.8717

注：括号中为 t 值，* 表示 p<0.1，** 表示 p<0.05，*** 表示 p<0.01。所有模型均控制了进口国、行业、年份三维固定效应。

六、研究结论与启示

本文的研究结论表明，如果中国因为外部势力阻挠、地缘政治冲突、历史纠纷等因素无法直接与主要出口目标市场建立 FTA 合作关系，那么通过与其他第三方出口渠道国建立大规模、高质量的 FTA 网络，仍可以有效降低中国与第三方出口渠道国之间的贸易制度成本，进而促进中国通过第三方贸易渠道的间接增加值出口贸易增长。此外，本文发现中国构建高标准 FTA 网络对间接增加值出口增长的促进作用具有行业异质性特征。对中国在国际市场上具有竞争优势的行业、典型的上游行业，以及加工贸易占比低的行业而言，中国构建高标准 FTA 网络对行业间接增加值出口增长的促进作用更强，特别是对农业与制造业行业而言，这种行业异质性特征尤为显著。从进口国异质性视角看，中国的间接增加值出口规模受进口国本身的 FTA 网络质量影响，若进口国本身为高度开放的国家，则中国对其间接增加值出口额会更高。从出口渠道国异质性视角看，中国与 GDP 规模越大以及与中国地理距离越近的出口渠道国建立高标准 FTA 合作关系，对中国间接增加值出口增长的促进作用更强。

2021 年 3 月，《中华人民共和国国民经济和社会发展第十四个五年规划和 2035 年远景目标纲要》明确提出，要"实施自由贸易区提升战略，构建面向全球的高标准自由贸易区网络"。

2022 年 10 月，习近平总书记在党的二十大报告中再次强调，要"扩大面向全球的高标准自由贸易区网络，深度参与全球产业分工和合作，维护多元稳定的国际经济格局和经贸关系"。本文的研究结论对中国更好地构建面向全球的高标准自由贸易区网络具有一定的启示意义：第一，在中国参与全球价值链分工位置不断向上游产业以及产业链上游环节攀升的当前，间接增加值出口在中国出口贸易中将占据越来越重要的地位，因此中国在制定对外 FTA 合作策略时，除了要关注 FTA 合作产生的直接贸易创造和贸易转移效应以外，还要关注 FTA 合作对间接增加值出口的影响。第二，当前中国与北美和欧洲主要出口市场均无法直接建立高标准 FTA 合作关系，但是中国可以通过与东盟、韩国、日本等周边邻国和地区共建亚太地区高标准 FTA 网络的方式，利用这些周边邻国和地区的贸易渠道间接向北美和欧洲市场出口更多的增加值。因此，持续推进 RCEP 合作水平深化，积极筹备加入《全面与进步跨太平洋伙伴关系协定》（CPTPP）和《数字经济伙伴关系协定》（DEPA），稳步提升与亚太地区经济大国的 FTA 合作深度，仍应是中国构建面向全球的高标准 FTA 网络的核心任务。第三，在与亚太地区以外的遥远国家开展 FTA 合作策略上，中国可以积极依托"一带一路"倡议、上合组织、中非合作论坛、中国—拉共体论坛等平台尝试与更多国家建立 FTA 合作关系，特别是 GDP 体量较大、工业基础相对较好的发达和新兴经济体，还可以与工业基础相对落后的 FTA 合作伙伴国共建国际合作产业园或经济特区，培育其进口中国零部件、原材料、机械设备和生产性服务等上游增加值，并经过再加工后向欧美主要消费市场出口最终产品的能力。

参考文献

［1］Anderson J E, Yotov Y V. Terms of Trade and Global Efficiency Effects of Free Trade Agreements, 1990-2002 ［J］. Journal of International Economics, 2016, 99 （1）：279-298.

［2］Anderson J E. A Theoretical Foundation for the Gravity Equation ［J］. American Economic Review, 1979, 69 （1）：106-116.

［3］Antras P, Foley C F. Regional Trade Integration and Multinational Firm Strategies ［J］. Social Science Electronic Publishing, 2009, 41 （11）：763-773.

［4］Baier S L, Bergstrand J H. Economic Determinants of Free Trade Agreements ［J］. Journal of International Economics, 2004, 64 （1）：29-63.

［5］Baldwin R. The Causes of Regionalism ［J］. World Economy, 1997, 20 （7）：865-888.

［6］Bergstrand J H. The Gravity Equation in International Trade：Some Microeconomic Foundations and Empirical Evidence ［J］. The Review of Economics and Statistics, 1985, 67 （3）：474-481.

［7］Dür A, Baccini L, Elsig M. The Design of International Trade Agreements：Introducing a New Database ［J］. Review of International Organizations, 2014, 9 （3）：353-375.

［8］Eaton J, Kortum S. Technology, Geography, and Trade ［J］. Econometrica, 2002, 70 （5）：1741-1779.

［9］Egger P, Larch M. Interdependent Preferential Trade Agreement Memberships：An Empirical Analysis ［J］. Journal of International Economics, 2008, 76 （2）：384-399.

［10］Horn H, Mavroidis P, Sapir A. Beyond the WTO? An Anatomy of EU and US Preferential Trade Agreements ［J］. World Economy, 2010, 33 （11）：1565-1588.

［11］Orefice G, Rocha N. Deep Integration and Production Networks：An Empirical Analysis ［J］. World Economy, 2014, 37 （1）：106-136.

［12］　Panagariya A，Krishna P. On Necessarily Welfare-Enhancing Free Trade Areas ［J］. Journal of International Economics，2002，57（2）：353-367.

［13］　Viner J. The Customs Union Issue ［M］. New York：Carnegie Endowment for International Peace，1950.

［14］　邓慧慧，桑百川. FTA 网络化发展中的"轮轴-辐条"模式：福利效应与中国的参与战略 ［J］. 财贸经济，2012（7）：88-94.

［15］　傅帅雄，罗来军. 技术差距促进国际贸易吗？——基于引力模型的实证研究 ［J］. 管理世界，2017（2）：43-52.

［16］　韩剑，许亚云. RCEP 及亚太区域贸易协定整合——基于协定文本的量化研究 ［J］. 中国工业经济，2021（7）：81-99.

［17］　刘杜若，张明志. 自由贸易协定原产地规则调整的经济效应评估——以美墨加协定汽车原产地规则为例 ［J］. 国际贸易问题，2022（1）：146-159.

［18］　彭冬冬，林珏. "一带一路"沿线自由贸易协定深度提升是否促进了区域价值链合作？［J］. 财经研究，2021，47（2）：109-123.

［19］　铁瑛，黄建忠，徐美娜. 第三方效应、区域贸易协定深化与中国策略：基于协定条款异质性的量化研究 ［J］. 经济研究，2021（1）：155-171.

［20］　王孝松，张瑜. 美国贸易保护政策对全球化的影响探究 ［J］. 经济学家，2022（5）：107-116.

［21］　许亚云，岳文，韩剑. 高水平区域贸易协定对价值链贸易的影响——基于规则文本深度的研究 ［J］. 国际贸易问题，2020（12）：81-99.

［22］　姚铃，秦磊. 欧盟新贸易政策及其对中欧经贸关系的影响 ［J］. 国际贸易，2021（7）：61-67.

［23］　袁保生，王林彬，邓峰，等. "逆全球化"探源：基于双边投资协定深度决定因素的研究 ［J］. 财贸经济，2022（1）：153-167.

Utilizing Partners' Trade Channel: China's Indirect Strategy to Construct a Global High Standard FTA Network

ZHANG Xiaolei   YANG Jijun

Abstract: The report of the 20th National Congress of the Communist Party of China stressed the necessity to expand the network of high standard free trade zones facing the world. However, it's difficult for China to directly establish FTAs with major export target markets in Europe and the United States at present. Based on this practical dilemma, this paper discussed the feasibility of an "indirect strategy", that is, China can use the trade channels of third countries to increase the indirect export of China's value-added by establishing a high standard FTA network with as many third countries as possible. This paper constructed an indirect, trilateral, value-added trade "gravity model" to analyze the theoretical mechanism of China's construction of a high-standard FTA network to promote its indirect value-added export growth and confirmed the existence of this mechanism based on the indirect value-added trade data between China and 63 countries and regions from 1999 to 2018. The findings of this paper provided a new idea for China to build a global high standard FTA network in the new era.

Keywords: FTA Network; Value-added Trade; Indirect Export; Gravity Model

区域贸易协定框架下数字贸易规则对金融服务贸易的影响*

——基于 OECD 面板数据的实证研究

陈寰琦**

内容提要：伴随数字技术产业的发展，金融逐步成为可数字化的服务贸易。鉴于此，本文聚焦于数字金融相关的推动数据流动和获取、数字知识产权保护、提升特定数字部门市场准入水平等领域，梳理了数字贸易规则的发展情况和现状。在此基础上，利用 2010~2018 年 OECD 服务贸易数据考察这些数字贸易规则对金融服务贸易产生的作用。研究表明：数字贸易规则的签订有助于推进金融服务贸易，特定部门市场准入规则的促进作用相对较低；在子部门层面，数字贸易规则对金融服务贸易产生的促进作用大于保险；随着贸易双方经济水平差异以及监管强度的增加，数字贸易规则的金融服务贸易促进作用更为明显。本文可对中国在参与全球数字贸易治理过程中对接其他经济体的既有规则，并构建符合自身诉求的数字金融相关数字贸易规则提供有益参考。

关键词：数字贸易规则；数字金融；引力模型；数字贸易效应；区域贸易协定

中图分类号：F744

一、引言

伴随区块链和大数据等技术的出现和普及，数字金融成为了驱动传统金融服务转型升级并蓬勃发展的中坚力量。一方面，数字技术赋予了传统金融服务新活力，使之衍生出供应链金融和网络小额借贷等创新型金融服务。另一方面，它缓解了金融领域"属性错配"的困境。这让更多中小微个体参与到全球金融服务贸易的链条中，使金融服务也具备了普惠性等特征。值得注意的是，数字金融虽然运用了大量高新数字技术，但是依然面临着传统金融领域的监管问题。尤其是监管和创新的平衡点仍有待进一步厘清。由于新兴事物的法规制定往往存在滞后性，目前数字金融的相关规制体系仍有待改进和完善。鉴于金融数字化以上特性[①]，有必要关注和构建数字贸易规则以推进金融服务贸易的发展。在数字贸易谈判中，饱受争议的三大领域主要是数据的流通和获取、数字知识产权保护和特定数字部门的市场准入。针对这些领域，目前各大经济体所构建的数字贸易规则方兴未艾，如美国、日本和欧盟等所引领的数字贸易规则已颇成体系，较能代表这些经济体在数字金融贸易上的核心诉求。

---

* 基金项目：2021 年国家社会科学基金青年项目"美式数字贸易规则在'一带一路'的扩展及中国应对研究"（2021CGJ044）。

** 作者简介：陈寰琦，女，广东广州人，广东外语外贸大学经济贸易学院副教授、硕士生导师；研究方向为数字贸易、服务贸易；电子邮箱：chquibe@163.com。

① 根据 USBEA（2018）的定义，金融和保险皆为可数字化服务，属于数字贸易的范畴。

中国金融在数字技术的推动下也呈现出颇佳的发展势头。近年来，中国的数字金融覆盖范围和服务深度不断扩展，在服务的对外输出上也颇具优势，如阿里巴巴的数字金融信用核算体系已获得海外官方机构的认证。同时，中国也成为了金融数据处理等外包服务的重要供应地。合理规范的数字贸易规则有助于营造良好的数字金融市场，进而推动金融服务的对外输出。因此，有必要考察国际上数字金融服务相关数字贸易规则的发展情况，并在此基础上识别这些规则在金融服务贸易发展中产生的效用。这有助于未来中国制定相应的数字贸易规则，并为中国推动金融服务贸易的发展提供经验支撑。

二、文献综述

与本文研究主题密切相关的文献主要有以下两类。第一类是数字贸易规则的文本分析。早期的数字贸易规则研究主要聚焦于信息通信技术和电子商务领域（Heiskanen，1999；Sookman，1999），指出数字技术发展给国际贸易治理带来了巨大挑战。对此，Burri（2013）、Usman 和 Grant（2015）分析了多边框架下数字贸易规则的发展动态及其存在的不足。而随着区域贸易协定（Regional Trade Agreement，RTAs）框架下数字贸易规则的发展成熟，李杨等（2016）及周念利和陈寰琦（2018）提出了"美式模板"和"欧式模板"的概念。关于"美式模板"，Gao（2017）和 Burri（2017）梳理了美国参与全球数字贸易治理的轨迹，而周念利和陈寰琦（2020）根据规则的覆盖范围和承诺水平，将区域贸易协定（Regional Trade Agreements，RTAs）框架下的"美式模板"划分为以 KORUS、TPP 和 USMCA 为代表的 1.0、2.0 和 2.5 版本。关于"欧式模板"，欧盟尤其重视隐私、数据和文化产业保护（张茉楠、周念利，2019；陈寰琦，2022），知识产权保护也是"欧式模板"的核心所在（Ahearn，2010；孙益武，2015；Savin，2018）。而在全球层面，聚焦于特定数字贸易议题进行研究的文献也并不鲜见。Wunsch-Vincent（2008）、何其生（2012）、USITC（2013）和陈靓（2015）等分析了数字贸易规则的早期议题，主要包括电子传输免关税、无纸化通关、电子签名免认证等。近年的数字贸易规则解读则聚焦于推动跨境数据流动、保护数字知识产权和削减边境后管制措施等（Meltzer，2016；温树英，2019；CRS，2020；沈玉良等，2021）。另外，高凌云和樊玉（2020）及韩剑等（2019）结合上述两大模板分析了数字贸易规则的发展情况。

第二类是可数字化服务贸易的影响因素分析。目前专门针对金融服务贸易影响因素进行研究的文献多聚焦于监管政策（赵玲和李雪峰，2018；文穗，2021），更多文献则对可数字化服务贸易整体的影响因素进行分析，如周念利和陈寰琦（2020）针对美国等特定经济体构建的数字贸易规则所产生的贸易效应展开研究。但受限于数据的可获得性，既有研究会更倾向于把注意力放在数字贸易规则以外的可数字化服务贸易影响因素上。一是传统贸易中的地理距离（Freund and Weinhold，2004；马述忠等，2019）；二是互联网等基础设施（Lin，2015；赵维等，2020；施炳展，2016）；三是数字贸易壁垒。Van der Marel 和 Ferracane（2018）、Milner（2006）识别了由边境后措施所构成的数字贸易壁垒给贸易带来的负面影响。

上述研究从不同角度深入分析了数字贸易规则的发展历程以及数字服务贸易的影响因素，为这些规则的贸易效应研究提供了重要参考：这些文献至少存在以下两方面不足，有待进一步研究。一是未聚焦可数字化的金融服务，对相关数字贸易规则的发展演进缺乏全面系统的梳理。既有文献多着眼于零星几个大型经济体在数字贸易上的立场进行分析，未从全球视角深入分析数字贸易规则尤其是数字金融相关规则在多项协定中的分布情况，而且动态跟踪数字金融相关数字贸易规则不同发展阶段的文献也并不多见。二是尚未从全球层面量化数字贸易规则的金融服务贸易效应。区别于传统的贸易规则，数字金融相关数字贸易规则的构建过程和监管对象存在新特征，且不同规则存在较大异质性。遗漏这些新信息和忽略全球数字贸易规则之间的差异，很可能会导致贸易影响估算的偏误。

鉴于此，本文主要在以下三方面作出边际贡献。一是针对各类金融相关的数字贸易议题，梳理 RTAs 框架下不同经济体所承诺规则内容的发展历程、布局和趋向，并剖析各大经济体发展这些规则背后的经济学逻辑。二是识别这些新近发展起来的核心数字贸易规则在金融服务贸易上产生的效用。三是考察数字贸易分规则、子部门、缔约方经济发展水平差距以及监管强度的异质性给数字贸易规则带来的差异化贸易效应。这些分析可为数字贸易规则文本及其贸易效应的研究提供有益补充，有助于中国在参与全球数字贸易治理的过程中把握全球数字贸易规则的发展趋向及评估规则的经济效用，为将来缔结数字贸易规则提供决策参考。

三、理论与研究假设

各大经济体在 RTAs 框架下缔结数字贸易规则有助于金融服务贸易发展是符合经济学逻辑的。鉴于此，本文分别着眼于三大类数字贸易规则进行阐释。第一，在推进数据流通方面。这一领域的规则是为促进跨境数据传输和获取而构建的。数据对于跨境提供金融服务而言有着重要作用：其一，金融服务本身数字化程度较高（USBEA，2018），数据是提供数字金融服务的根基（杨伟明等，2021）。例如，供应链金融的中小型融资企业信用评估等核心环节是基于大数据来维持的，提供跨境金融服务外包的重要前提即为数据要素流通。其二，Choi 等（1997）认为数字产品会随着消费者数量的增加而实现规模经济。这主要是因为在保证数据跨境自由流通的前提下，信息与通信技术可使数字产品的复制和扩散等可变成本接近于零。在这种情况下，企业最开始投入的固定成本构成了数字产品的主要成本。此时边际成本会随着消费者的不断增加而递减甚至趋向于零，进而实现规模经济。因此，跨境数据的流通可扩大企业的市场，直接决定企业的最终收益。其三，则是出于网络外部性的考虑（Katz and Carl，1985）。网络组件的互补性是网络外部性的根源所在，因此网络中单独个体的行为会显著影响整体。其中，网络的正外部性尤为显著，如梅特卡夫定律指出的网络节点数的平方和网络经济效益存在正相关关系。与此同时，随着数字技术的发展，已有的负外部性也会转为正外部性。例如，以往同一地区多人同时使用互联网会使网速变慢，但如今技术的发展大幅缓解了网速问题，使可数字化服务贸易体现更多的正外部性。

第二，在数字知识产权保护方面。其一，高风险产品的金融衍生品或保险服务通常是会被限制推出市面的。以比特币为例，它是不具备传统货币属性的数字产品，因此央行 2013 年规定，中国金融和支付机构不得将比特币纳入保险范畴或者承保比特币相关保险业务。与此同时，数字产品本身容易因为知识产权问题面临着收益降低、投资无法回笼的风险。这主要是因为数字产品的可复制性强。如果知识产权保护力度不足，任由该产品被非法复制，将导致投资者只能通过出售第一件商品来盈利。因此知识产权保护对于投资者占有市场而言至关重要（Mankiw，2020）。而知识产权保护规则可以降低数字产品的相应风险，使数字产品的金融衍生品或保险也得以顺利发展。其二，数字金融产品是高科技产物，如区块链等技术的知识产权含量比较高，保护好知识产权有助于防止新的竞争者进入市场，维持既有企业在产品上的话语权或者垄断地位。

第三，在特定数字金融产品的市场准入方面。为发挥数字产品的规模经济效应，市场规模是至关重要的，但是特定金融服务（尤其是新金融服务）的股权内容限制并不利于海外投资进入市场。因此，除了推动数据自由流通之外，不少经济体要求缔约方放开金融领域的边境后措施，其中的国民待遇和最惠国待遇给予了数字金融服务新机遇，让其拥有更多进入东道国市场的空间。

综上所述，构建数字贸易规则可实现数据获取、降低数字金融产品风险以及提高金融市场开放程度，进而促进金融服务贸易（尤其是数字金融）的发展。鉴于此，本文提出如下假设：

假设 H_1：数字贸易规则有助于促进数字金融的发展。对于金融服务贸易而言，签订数据流通、保护数字知识产权和推动市场开放任一领域的规则都具有积极意义。

金融分部门的内容分化程度较高，数据密集程度也存在差异，而相应的政策措施和市场开放水平也是不同的，因此规则签订所产生的作用也会存在差异。

假设 H_2：数字贸易规则在不同分部门存在差异化的贸易促进作用。

当贸易双方在经济发展水平上存在较大差异时，两者在价值链所处位置的差异会更为明显。此时双方贸易互补性较强，发生贸易的可能性则越大。而数字贸易规则可以减少两者间潜在的贸易壁垒，降低距离等贸易成本（马述忠等，2019），进而推动金融服务的对外输出。

假设 H_3：伴随进出口经济体发展水平差距拉大，数字贸易规则对外输出金融服务所产生的影响会随之增加。

监管水平对数字金融而言起着举足轻重的作用（Treleaven，2015）。数字金融本身相比于传统金融存在更多的潜在问题和风险。党的十九大报告指出，要健全监管体系和规避系统性风险，这也有助于提高金融服务的质量，并为发挥数字贸易规则的作用营造良好的环境，进而促进金融服务的对外输出。

假设 H_4：数字贸易规则会伴随贸易双方监管水平的提高而产生更为显著的金融服务出口促进作用。

四、RTAs 框架下数字贸易规则的分布情况

目前数字贸易谈判中备受各方关注、争议颇多且与数字金融密切相关的议题可分为以下三类：一是数据流通和获取；二是保护源代码、算法和数字技术等数字知识产权；三是规范边境后措施以提高市场准入水平。由于这些大多是规则谈判中新近出现的议题内容，因此被纳入"第二代数字贸易规则"① 的范畴。从普及范围和承诺深度来看，近年来上述三类规则虽然在各新近缔结的协定中有所普及，但是总体来看各经济体就这些规则的高水平承诺持有较为审慎的态度，多会在强制性内容后保留例外条款。

第一类属于推动数据流通的范畴。这一领域密切相关的三大规则是数字传输免关税、跨境数据自由流动和数据存储非强制本地化，分别旨在减免数字产品的关税，规避对跨境流通数据的限制以及禁止东道国将数据存储在本地。数据作为一种生产要素，其所有权关系到数字金融服务的供给和升级。与此同时，它也关系到个人和国家安全，尤其是新金融服务的数据，如线上信用借贷业务的数据涉及用户信息安全和国家金融的系统性风险问题。以数字金融为例，

---

① "第一代数字贸易规则"是早期普遍达成的规则，在各方间的争议颇少，如电子传输免关税、无纸化通关、电子签名有效性等内容。

该服务可以通过用户的日常交易、社交网络和税务等支付，收集海量用户数据。这在提高金融服务效率的同时，也存在侵犯用户个人隐私的可能性，监管不当的情况下甚至会导致国家金融系统性风险的出现。考虑到金融数据的敏感性，不同经济体对于是否能将金融数据输出国门是持有不同态度的。例如，美国在 USMCA 中未在跨境数据自由流动的承诺上设置"监管例外"条款，而印度和俄罗斯等国家则主张外资企业将在东道国运营服务所产生的数据存储在本地。

第二类属于数字知识产权保护的范畴。新金融服务涉及的知识产权议题主要包括源代码与算法保护、技术非强制转移、网络中介责任豁免。一是不随意公开源代码和算法。源代码和算法的知识产权保护可以降低保险标的物的风险，对于金融保险行业的发展颇有裨益。以美国为代表的国家是典型的知识产权密集型金融科技产品输出国，因此对于源代码和算法公开具有比较高的要求。与此相对，作为高新金融服务的接受者，如发展中国家则会要求公开源代码。二是不强制转移数字技术。提供数字金融是依托于数字基础设施的，保证相关技术的知识产权安全也是保障服务提供者权益的重要前提。三是网络中介责任豁免。该条款提出互联网平台在履行监督平台用户行为义务（如"通知—删除"）的前提下，可以豁免其知识产权侵权等第三方责任。这种做法可以让平台起到监督作用，也有助于厘清侵权责任所在，进而保护数字知识产权所有人的权益。

第三类是特定可数字化服务部门的市场准入规则。数字金融服务作为敏感领域，其市场准入规则亦为各方谈判的分歧与焦点所在。这主要体现在数字产品的"非歧视性待遇"规则中。美国在数字贸易章（或电子商务章）的"非歧视性待遇"上要求缔约方给予国外数字服务"国民待遇"或者"最惠国待遇"，以尽量规避股权限制等边境后措施给数字金融服务输出带来的困境。根据"非歧视性待遇"例外条款内容的不同，可以看出各经济体对特定部门的开放程度是存在区别的。美国的例外范围最少，它甚至将欧盟和加拿大比较重视的敏感部门（包括电信内容）引入提高市场准入水平的承诺之内。而欧盟等经济体在金融科技方面的比较优势相对于美国而言较少，因此这些经济体在承诺"非歧视性待遇"时会从自身金融产业利益、发展前景和数字金融本身不确定的风险等角度加以考虑。总体而言，"非歧视性待遇"承诺可以区分成三个层次：一是对此构建具有约束力的承诺，将传统的敏感部门也放置在承诺之中；二是构建具有例外条款的强制性承诺，即把一些敏感部门以及特殊关系国计民生的部门排除在承诺之外；三是暂不承诺，即不会明确将"非歧视性待遇"纳入数字贸易章节的承诺条款中。

为考察数字金融相关数字贸易规则的签订情况，本文选取了 15 个代表性经济体（美国、中国、澳大利亚、比利时、加拿大、丹麦、德国、匈牙利、意大利、日本、荷兰、韩国、瑞典、英国、俄罗斯）对外签订的 134 项协议为样本。选取原因在于这些经济体服务贸易体量世界排名大都靠前，它们在规则谈判中也具备筹码以及话语权，如市场规模较大或数字金融发展水平较高等。本文发现，随着时间推移，越来越多经济体开始在贸易协定中引入相关议题并进行承诺。但值得注意的是，其中高水平承诺较少，即无例外条款承诺的协定只占少数，而且出于国家、产业和个人层面的安全考量，大部分经济体在推动数据流通和获取、数字知识产权保护、提升市场准入水平这些领域具有强制性的承诺上都保留例外条款。本文综合考虑这三大类每一细分规则的承诺内容范围和强制性水平，将这些承诺划分为强、中、弱三个等级并为其赋值。具体规则的分类、标准和分值如表 1 所示。

表 1　数字金融相关的数字贸易规则发展水平及赋值

领域	议题（子规则）	强（3分）	中（2分）	弱（1分）
推动数据流通和获取	数字传输免关税	永久强制性免关税	强制性要求免关税（有限期内）	呼吁就数字传输免关税进行合作
	跨境数据自由流动	采用"should"或"shall"等措辞强制要求数据流通，保留公共政策目标例外	构建具备约束力条款推动数据流通，设置监管和公共政策目标例外	就数据流动和传输提供构建倡导性条款
	数据存储非强制本地化	强制要求不得将数据强制存储在本地	强制要求不得将数据强制存储在本地，但设置监管要求、公共政策目标例外	呼吁不得将数据强制存储在本地
数字知识产权保护	源代码、算法保护	强制禁止源代码转移	条款强制性要求不公开源代码和算法等数字知识产权内容，但构建关键设施例外条款	呼吁保护源代码等数字知识产权内容
	技术非强制本地化	独立的禁止数字技术转移的条款	针对境外投资，不得以技术强制转移为前提	呼吁保护技术的所有权
	网络中介规则	豁免数字平台第三方侵权责任	豁免数字平台第三方知识产权侵权责任	呼吁就数字平台第三方侵权责任豁免进行合作
提升市场准入水平	数字产品非歧视性待遇（国民待遇，最惠国待遇）	强制要求不对数字产品施加歧视性待遇	强制要求不对数字产品施加歧视性待遇，但保留金融章节设置的例外条款	呼吁对数字产品施行非歧视性待遇

五、模型、变量与数据

本文梳理了 2010~2018 年 15 个出口经济体和 100 个进口经济体（见表 2）所缔结的数字金融相关数字贸易规则，并基于扩展的引力模型识别缔结这些规则对金融服务出口产生的影响。选取这些样本主要出于以下三方面考虑：一是出口经济体在金融服务贸易中具有较大影响力，大部分都是全球排名前 40 的经济体，这使其在相应规则谈判上具有话语权，能较充分地表达自身贸易诉求。二是进口经济体包含了出口经济体的重要贸易对象，以保证贸易流量数据的可获得性。三是为了确保进口经济体样本分布上的均衡性，选取以下三方面的样本：在规则签订情况上同时纳入了与进口经济体签订相应数字贸易规则的样本和未与进口经济体签订相应数字贸易规则的样本；在地理分布上囊括了七大洲的国家；在收入水平上涵盖发达、发展中和最不发达经济体。

表 2　样本经济体

经济体类别	出口经济体	进口经济体
个数（个）	15	100
经济体名称	美国、中国、澳大利亚、比利时、加拿大、丹麦、德国、匈牙利、意大利、日本、荷兰、韩国、瑞典、英国、俄罗斯	中国、马来西亚、中国香港、越南、新加坡、日本、韩国、澳大利亚、新西兰、泰国、奥地利、比利时、巴西、巴林、中国台湾、文莱、阿曼、埃及、菲律宾、土耳其、土库曼斯坦、肯尼亚、塔吉克斯坦、巴基斯坦、哈萨克斯坦、乌兹别克斯坦、俄罗斯、印度尼西亚、印度、也门、伊朗、伊拉克、加拿大、美国、汤加、瓦利斯和富图纳、特立尼达和多巴哥、突尼斯、图瓦卢、委内瑞拉、美属维尔京群岛、瓦努阿图、萨摩亚、智利、哥伦比亚、墨西哥、巴拿马、秘鲁、德国、法国、捷克、丹麦、多米尼加共和国、爱尔兰、爱沙尼亚、芬兰、希腊、匈牙利、立陶宛、冰岛、意大利、约旦、卢森堡、摩洛哥、荷兰、挪威、波兰、葡萄牙、西班牙、马耳他、罗马尼亚、瑞典、瑞士、保加利亚、乌克兰、乌拉圭、拉脱维亚、卢森堡、斯洛伐克、斯洛文尼亚、英国、海地、梵蒂冈、圣文森特和格林纳丁斯、英属印度洋领地、格林纳达、格陵兰、危地马拉、关岛、圭亚那、洪都拉斯、马恩岛、塞浦路斯、克罗地亚、尼日利亚、赞比亚、赤道几内亚、坦桑尼亚、乌干达、南非

（一）主要变量和相关数据

1. 被解释变量

本文的被解释变量 $\ln F_{ijt}$ 是金融服务出口额的对数。F_{ijt} 代表出口经济体 i 在年份 t 向进口经济体 j 出口的金融服务流量（单位：百万美元）。由于经济合作与发展组织（OECD）服务贸易统计口径下的金融部门和保险部门皆与金融服务密切相关，因此本文的 F_{ijt} 由金融和保险这两个服务贸易子部门的出口额相加得出。更进一步，本文分别构建出指标 $\ln F_{ijst}$ 和 $\ln RF_{ijt}$ 来替代被解释变量，以验证基准回归结果的稳健性。指标 F_{ijst} 代表在金融服务贸易子部门 s（金融或保险）层面，经济体 i 于年份 t 对经济体 j 的金融服务出口量。RF_{ijt} 为金融服务出口值 F_{ijt} 除以总服务贸易量 AF_{ijt}，即 $RF_{ijt} = F_{ijt}/AF_{ijt}$。数据来源均为 OECD 数据库。[①]

2. 核心解释变量

本文分别在两个基准回归模型中，构建测度数字贸易规则承诺与否以及数字贸易规则承诺深度的指标 $Rules_{ijt}^{dum}$ 和 $Rules_{ijt}^{dep}$。$Rules_{ijt}^{dum}$ 是虚拟变量，用以判断在年份 t 进出口经济体 j 和 i 之间是否签订了表 1 所列的数字金融相关数字贸易规则，如签订一条及以上即赋值为 1，否则为 0。$Rules_{ijt}^{dep}$ 是刻画数字贸易规则承诺深度的赋值变量，由推动数据流动和获取、数字知识产权保护、提升特定数字部门市场准入水平这三大数字金融相关领域规则的承诺水平测度指标 $Rules_{ijt}^{data}$、$Rules_{ijt}^{ip}$、$Rules_{ijt}^{mk}$ 加总而成。三大领域规则的赋值标准如表 1 所示，分别由各领域的子规则承诺取值加总而成。$Rules_{ijt}^{data\_dum}$、$Rules_{ijt}^{ip\_dum}$ 和 $Rules_{ijt}^{mk\_dum}$ 则分别代表上述三大领域规则签订情况的虚拟变量，衡量是否签署了相应领域一项及以上的规则。文本来源是 WTO[②] 和 USTR[③] 的 RTAs 文本数据库。

3. 其他变量

（1）两经济体 i 和 j 间不随时间变化的变量，亦为本文回归中的控制变量。根据 Rose（2004）扩展的引力模型理论，进出口经济体间不随时间变化又影响贸易流量的变量包括进出口经济体间的加权距离的对数（$\ln Dist_{ij}$）、是否使用同一官方语言（$Comlang_{ij}$）、是否接壤

---

① 参见 https：//stats. oecd. org/Index. aspx？DatasetCode＝TISP。

② 参见 http：//rtais. wto. org/UI/PublicMaintainRTAHome. aspx。

③ 参见 https：//ustr. gov/trade-agreements/free-trade-agreements。

（ $Comcontig_{ij}$ ）、是否为殖民关系（ $Comcolony_{ij}$ ）。其中， $\ln Dist_{ij}$ 通常被视为引力模型中测度贸易成本的变量。数据来源皆为 CEPII。

（2）进出口经济体人均 GDP 的对数分别为 $\ln PGDP_{it}$ 和 $\ln PGDP_{jt}$ 。两指标皆基于 2010 年不变美元测度得出，可用于衡量进、出口经济体的经济发展水平。两者相减得出两个经济体之间的经济发展水平差距 $\ln PGDP_{ijt}$ 。 $\ln PGDP_{it}$ 和 $\ln PGDP_{jt}$ 的数据来源为世界银行数据库。

（3）进出口经济体金融服务的监管水平分别为 Reg_{it} 和 Reg_{jt} ，用于测度进、出口经济体在金融领域的监管水平。两者加总得出两经济体的总体监管水平 Reg_{ijt} 。数据来源为世界银行数据库。

本文各变量含义及其描述性统计如表 3、表 4 所示。

表 3　各变量含义

代表式	中文含义	代表式	中文含义
$\ln F_{ijt}$	经济体 i 对 j 在年份 t 的金融服务贸易出口额（单位：百万美元）的对数	$Rules_{ijt}^{mk}$	贸易双方在年份 t 签署的特定数字部门市场开放规则的规则深度
$\ln F_{ijst}$	（部门层面）经济体 i 对 j 在年份 t 的金融服务贸易出口额（单位：百万美元）的对数	$\ln Dist_{ij}$	贸易双方加权地理距离（千米）的对数
$\ln RF_{ijt}$	贸易双方在年份 t 的相对金融服务贸易出口额的对数	$Comlang_{ij}$	贸易双方是否采用共同官方语言
$Rules_{ijt}^{dum}$	贸易双方在年份 t 是否签署一项及以上的数字贸易规则	$Comcontig_{ij}$	贸易双方是否存在殖民关系
$Rules_{ijt}^{dep}$	贸易双方在年份 t 签署数字贸易规则的深度	$Comcontig_{ij}$	贸易双方是否接壤
$Rules_{ijt}^{data}$	贸易双方在年份 t 签署推动数据流通的规则深度	$\ln PGDP_{ijt}$	贸易双方经济发展水平之差
$Rules_{ijt}^{ip}$	贸易双方在年份 t 签署数字知识产权保护的规则深度	Reg_{ijt}	贸易双方整体金融监管水平

表 4　各变量的描述性统计

变量名称	样本量	平均值	标准差	最小值	最大值
被解释变量					
$\ln F_{ijt}$	2764	2.9831	2.4260	−2.3025	9.2556
$\ln F_{ijst}$	5414	2.6385	2.3578	−2.3025	9.2556
$\ln RF_{ijt}$	2764	2.9831	2.4260	−2.3025	9.2556
核心解释变量					
$Rules_{ijt}^{dep}$	13095	1.8501	3.4170	0	20
$Rules_{ijt}^{dum}$	13095	0.2717	0.4448	0	1
$Rules_{ijt}^{data}$	13095	0.9256	1.6675	0	9
$Rules_{ijt}^{ip}$	13095	0.8424	1.5779	0	8
$Rules_{ijt}^{mk}$	13095	0.0820	0.3977	0	3
控制变量					
$\ln Dist_{ij}$	12285	8.5876	0.9484	4.9519	9.8813
$Comlang_{ij}$	12420	0.0971	0.2961	0	1
$Comcontig_{ij}$	12420	0.0347	0.1832	0	1

变量名称	样本量	平均值	标准差	最小值	最大值
$Comcolony_{ij}$	12420	0.0427	0.2023	0	1
其他变量					
$\ln PGDP_{ijt}$	12330	1.4555	1.1219	0.0001	4.5604
Reg_{ijt}	5068	7.5522	1.0799	2.3125	9.1571

表 5 是各主要解释变量的相关系数。左下三角形是 Pearson 系数，右上三角形是 Spearman 系数。绝大部分系数都在 0.2 以下，可见本文回归不存在显著的多重共线性问题。

表 5　主要变量的 Pearson 和 Spearman 相关系数

	$Rules_{ijt}^{dum}$	$\ln Dist_{ij}$	$Comlang_{ij}$	$Comcontig_{ij}$	$Comcolony_{ij}$	$\ln PGDP_{ijt}$	Reg_{ijt}
$Rules_{ijt}^{dum}$	1	-0.4188	-0.0652	0.1616	-0.0958	-0.209	-0.1566
$\ln Dist_{ij}$	-0.4841	1	0.0918	-0.309	-0.0547	0.2098	0.2242
$Comlang_{ij}$	-0.0652	0.0364	1	0.1784	0.2992	0.0374	0.0973
$Comcontig_{ij}$	0.1616	-0.4501	0.1784	1	0.1603	-0.1745	-0.0622
$Comcolony_{ij}$	-0.0958	-0.0512	0.2992	0.1603	1	-0.0212	-0.1201
$\ln PGDP_{ijt}$	-0.2321	0.2794	0.106	-0.1576	-0.0133	1	0.1381
Reg_{ijt}	-0.151	0.2229	0.0329	-0.0493	-0.1085	0.1014	1

（二）基准回归模型

本文通过构建扩展的引力模型式（1）和列（2），考察数字贸易规则对金融服务出口产生的作用。矩阵 X_{ij} 为双边层面的贸易影响因素，包括 $\ln Dist_{ij}$、$Comlang_{ij}$、$Comcolony_{ij}$、$Comcontig_{ij}$。为控制不可观测的因素，本文分别在模型式（1）和式（2）中加入固定效应 γ_{it} 和 γ_{jt}，以分别控制进、出口经济体随时间变化的因素，包括双方的人均 GDP、通信技术普及水平、金融监管水平和多边阻力因子等影响金融贸易的重要因素（Baldwin and Taglioni，2006）。更进一步，这些固定效应还可以控制进、出口经济体不随时间变化的因素和年份给各个经济体整体带来的冲击。ε_{ijt} 为随机误差项。

$$\ln F_{ijt} = \beta_0 + \beta_1 Rules_{ijt}^{dum} + \theta_1 X_{ij} + \gamma_{it} + \gamma_{jt} + \varepsilon_{ijt} \qquad (1)$$

$$\ln F_{ijt} = \beta_2 + \beta_3 Rules_{ijt}^{dep} + \theta_2 X_{ij} + \gamma_{it} + \gamma_{jt} + \varepsilon_{ijt} \qquad (2)$$

六、基准回归、稳健性检验及异质性分析

（一）基准回归及稳健性检验

本文基于模型式（1）和式（2）识别缔结数字贸易规则对金融服务贸易 $\ln F_{ijt}$ 产生的作用。结果如表 6 列（1）和列（2）所示，表明缔结数字贸易规则对金融服务贸易存在积极的影响，且该促进作用会随着承诺水平的增加而提高。更进一步，为验证该基准回归结果的稳健性，本文采用了两种方式替换被解释变量 $\ln F_{ijt}$。其一是聚焦于服务贸易子部门层面，将金融及保险这

两个子部门各自的出口额设置为被解释变量 $\ln F_{ijst}$ 。这主要是因为各服务贸易子部门相互分化程度较高，而基准回归中的 $\ln F_{ijt}$ 由保险和金融这两个服务贸易子部门的贸易量加总而成，容易忽略各子部门特有的个性化特征（Anderson et al.，2014）。与此同时，将贸易量拓展至分部门层面可加大样本量，有助于进一步识别规则签订对贸易产生的影响。回归结果如表6列（3）和列（4）所示。其二是将金融服务贸易量除以服务贸易总量构成相对金融服务贸易量 $\ln RF_{ijt}$ 。从经济学角度来看， RF_{ijt} 是去除了总体服务贸易对其分部门的牵引作用后更为纯粹的金融服务出口流量。这有助于结合金融服务贸易本身的特征变化趋势以考察数字贸易规则对金融服务贸易的影响，回归结果如表6列（5）和列（6）所示。表6各列结果是一致的，验证了缔结数字贸易规则给金融服务出口带来的积极影响。通过对列（1）、列（3）、列（5）中 $Rules_{ijt}^{dum}$ 的系数进行指数换算，本文发现数字贸易规则的签订可提升49%~91%，且随着签订水平（强制性水平）的加深其作用更为明显。

表6　基准回归及稳健性检验

变量	$\ln F_{ijt}$		$\ln F_{ijst}$		$\ln RF_{ijt}$	
	（1）	（2）	（3）	（4）	（5）	（6）
$Rules_{ijt}^{dum}$	0.6510***		0.5515***		0.4053**	
	(0.1942)		(0.1669)		(0.1854)	
$Rules_{ijt}^{dep}$		0.0637***		0.0547***		0.0348**
		(0.0192)		(0.0162)		(0.0175)
常数项	9.7920***	9.9688***	8.6786***	8.8083***	-3.6988***	-3.3695***
	(1.4006)	(1.4291)	(1.1473)	(1.2058)	(1.2130)	(1.1666)
出口经济体—年份固定效应	Yes	Yes	Yes	Yes	Yes	Yes
进口经济体—年份固定效应	Yes	Yes	Yes	Yes	Yes	Yes
观测值	2764	2764	5414	5414	1789	1789
R^2	0.8099	0.8095	0.7479	0.7476	0.6396	0.6382

注：括号中为在进出口经济体对层面的稳健标准误，***、**、* 分别表示1%、5%、10%的显著性水平。已控制 $\ln Dist_{ij}$ 、 $Comlang_{ij}$ 、 $Comcolony_{ij}$ 、 $Comcontig_{ij}$ 等变量。

（二）内生性问题

为修正潜在双向因果和遗漏变量带来的内生性问题，本文引入了两个工具变量来对上述结果进行检验：其一是将 $Rules_{ijt}^{dep}$ 滞后三期的 $Rules_{ijt-3}^{dep}$ 。由于 $Rules_{ijt-3}^{dep}$ 是 $Rules_{ijt}^{dep}$ 的滞后项，因此两者相互间存在直接联系，又由于时间差的作用， $Rules_{ijt-3}^{dep}$ 与当期金融服务贸易量呈现间接关系。回归结果如表7列（1）和列（2）所示。其二是贸易双方 i 和 j 以外的第三方区域对外签订数字贸易规则水平 $Rule_{ot}^{iv}$ 。该工具变量通过加总年份 t 进出口经济体以外的其他经济体（第三方区域）对外签订的协定承诺水平得出。参与全球经贸治理的经济体构成了统一整体，因此其中一个经济体的规则签订具有外部性作用。换言之，一个经济体构建协议时，会关注全球整体的规则发展水平以构建相应规则。但与此同时， $Rule_{ot}^{iv}$ 作为衡量第三方数字贸易规制水平的代表，它直接管制的是第三方金融服务出口，因此它无法直接对进出口经济体的金融服务出口产生促进或削减作用。回归结果如表7列（3）和列（4）所示。两大回归的第一阶段F统计量都大于40，证明了两个工具变量皆不是弱工具变量。使用工具变量的2SLS结果和基准回归结果一致，表明在缓解了内生性问题之后，签订数字贸易规则依然有助于促进金融服务贸易出口，且随着签订深度的增加其影响更为明显。

表 7   工具变量检验

	(1)	(2)	(3)	(4)
	第一阶段	第二阶段	第一阶段	第二阶段
	$Rules_{ijt}^{dep}$	$\ln F_{ijt}$	$Rules_{ijt}^{dep}$	$\ln F_{ijt}$
$Rules_{ijt-3}^{dep}$	1.0333*** (0.0496)			
$Rule_{ot}^{iv}$			-0.1157*** (0.0025)	
$Rules_{ijt}^{dep}$		0.0692*** (0.0219)		0.0494** (0.0209)
常数项	3.9368*** (0.0496)	16.7755*** (1.2558)	34.9814*** (1.4325)	9.5519*** (1.3642)
出口经济体—年份固定效应	Yes	Yes	Yes	Yes
进口经济体—年份固定效应	Yes	Yes	Yes	Yes
观测值	2492	2492	2764	2764
R^2	0.8936	0.8087	0.9304	0.8093
F 值	637.99		2821.894	

注：括号中为在进出口经济体对层面的稳健标准误，***、**、* 分别表示 1%、5%、10% 的显著性水平。已控制 $\ln Dist_{ij}$、$Comlang_{ij}$、$Comcolony_{ij}$、$Comcontig_{ij}$ 等变量。

（三）异质性分析

1. 数字贸易分部门的差异化分析

金融服务涵盖的内容呈现多样化特征。OECD 数据库中与金融服务密切相关的部门包括金融和保险。本文将模型式（1）和式（2）的被解释变量替换成各金融服务相关子部门的出口流量，发现无论是在哪个子部门，数字贸易规则都表现出显著的促进作用（见表 8）。但相比于金融而言，数字贸易规则的签订对保险的作用稍有逊色。这可能是因为保险服务的提供需要考虑风险收益，所以新金融服务中保险的发展与对外开放通常会被慎重考虑。例如，央行 2013 年发布的比特币风险防范通知并未直接限制比特币这种产品的使用，但是其相应的保险服务已被明令禁止。这种针对保险部门的风险防范力度导致数字贸易规则在这两个分部门所产生的作用存在差异。

表 8   可数字化金融服务贸易分部门的差异化分析

	金融子部门		保险子部门	
	(1)	(2)	(3)	(4)
$Rules_{ijt}^{dum}$	0.6510*** (0.1942)		0.5933*** (0.2288)	
$Rules_{ijt}^{dep}$		0.0637*** (0.0192)		0.0597*** (0.0217)
常数项	9.7920*** (1.4006)	9.9688*** (1.4291)	10.3000*** (1.3104)	10.4347*** (1.4229)
出口经济体—年份固定效应	Yes	Yes	Yes	Yes
进口经济体—年份固定效应	Yes	Yes	Yes	Yes
观测值	2764	2764	2650	2650
R^2	0.8099	0.8095	0.8061	0.8059

注：括号中为在进出口经济体对层面的稳健标准误，***、**、* 分别表示 1%、5%、10% 的显著性水平。已控制 $\ln Dist_{ij}$、$Comlang_{ij}$、$Comcolony_{ij}$、$Comcontig_{ij}$ 等变量。

2. 数字贸易规则的异质性分析

数字贸易规则虽然近年才开始蓬勃发展，但是已覆盖了数字服务多个方面。仅仅针对 $Rules_{ijt}^{dum}$ 或者 $Rules_{ijt}^{dep}$ 来考察规则的贸易效应会难以识别不同领域规则所带来的差异化影响。为考察不同领域规则带来的贸易效应异质性，本文构建变量 $Rules_{ijt}^{area}$ 来代表在各核心领域数字贸易规则的签订情况，分别代表是否在三大领域即推动数据流动和获取、数字知识产权保护、提升特定数字部门市场准入水平签署一项及以上规则的指标 $Rules_{ijt}^{data-dum}$、$Rules_{ijt}^{ip-dum}$ 和 $Rules_{ijt}^{mk-dum}$，以及代表相应承诺深度的 $Rules_{ijt}^{data}$、$Rules_{ijt}^{ip}$ 和 $Rules_{ijt}^{mk}$。基于模型式（3）的回归结果如表9所示，表明三种规则的贸易效应都呈现正向的作用。其中推动数据流动和获取和数字知识产权保护领域的规则签订较之"提升特定数字部门市场准入水平"的促进作用更为明显，这可能是因为市场准入规则的签订通常会面临"大门开，小门不开"的局面。换言之，即便缔约双方在RTAs框架下承诺互相开放特定部门的市场，但边境后措施所带来的限制可能会削弱相应议题承诺的效力。

$$\ln F_{ijt} = \beta_4 + \beta_5 Rules_{ijt}^{area} + \theta_3 X_{ij} + \gamma_{it} + \gamma_{jt} + \varepsilon_{ijt} \tag{3}$$

表9 数字贸易分规则的差异化分析

	（1）	（2）	（3）	（4）	（5）	（6）
$Rules_{ijt}^{data\_dum}$	0.6338*** (0.1958)					
$Rules_{ijt}^{data}$		0.1361*** (0.0421)				
$Rules_{ijt}^{ip\_dum}$			0.6510*** (0.1942)			
$Rules_{ijt}^{ip}$				0.1466*** (0.0435)		
$Rules_{ijt}^{mk\_dum}$					0.5649** (0.2237)	
$Rules_{ijt}^{mk}$						0.2779** (0.1104)
常数项	10.0825*** (1.3834)	9.9634*** (1.4268)	9.7920*** (1.4006)	9.8980*** (1.4361)	11.0476*** (1.3375)	11.0511*** (1.3380)
出口经济体—年份固定效应	Yes	Yes	Yes	Yes	Yes	Yes
进口经济体—年份固定效应	Yes	Yes	Yes	Yes	Yes	Yes
观测值	2764	2764	2764	2764	2764	2764
R^2	0.8097	0.8095	0.8099	0.8096	0.8076	0.8076

注：括号中为在进出口经济体对层面的稳健标准误，***、**、* 分别表示1%、5%、10%的显著性水平。已控制 $\ln Dist_{ij}$、$Comlang_{ij}$、$Comcolony_{ij}$、$Comcontig_{ij}$ 等变量。

3. 缔约双方发展水平差距的异质性分析

为验证假设 H_3，本文在模型式（3）中加入核心解释变量与 $\ln PGDP_{ijt}$ 的交互项①，结果如表10所示。随着缔约方经济发展水平差距的加大，双方所签订的数字贸易规则对金融服务贸易的影响明显增加。这也意味着相比于"南南型"和"北北型"协议，"南北型"规则的签订更

---

① $\ln PGDP_{ijt}$ 由 $\ln PGDP_{it}$ 和 $\ln PGDP_{jt}$ 相加构成，被 γ_{it} 和 γ_{jt} 所控制，因此不再单独放入模型中。

有助于推动金融服务贸易的发展。这主要是由于双方经济发展水平差距越大，双方的比较优势更可能出现差异化的情况，因此进行优势互补的可能性更大。对此，签订数字贸易规则可以为经济发展水平差距较大即互补优势更明显的进出口经济体提供进一步合作的契机，它们相互间经济或比较优势的互补性则能依托于规则的签订给金融服务带来更大的正向促进作用。

表 10   缔约方发展水平差距的差异化分析

	（1）	（2）	（3）	（4）	（5）	（6）
$Rules_{ijt}^{data\_dum}$	1.2601***					
	（0.3287）					
$Rules_{ijt}^{data\_dum} \times \ln PGDP_{ijt}$	0.6846***					
	（0.2603）					
$Rules_{ijt}^{data}$		0.3334***				
		（0.0836）				
$Rules_{ijt}^{data} \times \ln PGDP_{ijt}$		0.1904***				
		（0.0658）				
$Rules_{ijt}^{ip\_dum}$			1.2935***			
			（0.3287）			
$Rules_{ijt}^{ip\_dum} \times \ln PGDP_{ijt}$			0.7034***			
			（0.2653）			
$Rules_{ijt}^{ip}$				0.3355***		
				（0.0844）		
$Rules_{ijt}^{ip} \times \ln PGDP_{ijt}$				0.1856***		
				（0.0681）		
$Rules_{ijt}^{mk\_dum}$					1.0911***	
					（0.3496）	
$Rules_{ijt}^{mk\_dum} \times \ln PGDP_{ijt}$					0.4501	
					（0.2781）	
$Rules_{ijt}^{mk}$						0.5440***
						（0.1745）
$Rules_{ijt}^{mk} \times \ln PGDP_{ijt}$						0.2271
						（0.1391）
出口经济体—年份固定效应	Yes	Yes	Yes	Yes	Yes	Yes
进口经济体—年份固定效应	Yes	Yes	Yes	Yes	Yes	Yes
常数项	10.2814***	10.1252***	10.0735***	10.1058***	11.0626***	11.0661***
	（1.3949）	（1.4360）	（1.4210）	（1.4444）	（1.3380）	（1.3384）
观测值	2764	2764	2764	2764	2764	2764
R²	0.8130	0.8135	0.8134	0.8130	0.8078	0.8078

注：括号中为在进出口经济体对层面的稳健标准误，***、**、* 分别表示 1%、5%、10% 的显著性水平。已控制 $\ln Dist_{ij}$、$Comlang_{ij}$、$Comcolony_{ij}$、$Comcontig_{ij}$ 等变量。

4. 监管强度的异质性分析

金融监管一直是各大经济体推动数字金融服务发展所需要考虑的因素。本文将 Reg_{ijt} 分别与各领域规则的核心解释变量相乘构造交互项，并放入模型式（3）中进行回归[①]。这样可以考察

---

① Reg_{ijt} 由 Reg_{it} 和 Reg_{jt} 相加构成，被 γ_{it} 和 γ_{jt} 所控制，因此不再单独放入模型中。

伴随监管水平的变化，数字贸易规则的签订是否会对数字贸易产生不同的影响。结果如表 11 所示，提升特定数字部门市场准入水平领域的数字贸易规则对贸易的影响显著提高。这主要是因为监管水平可为营造合理的营商环境提供良好的基础。而监管体系的不健全则不利于金融市场的健康发展，如数字金融领域的 P2P 线上融资市场准入门槛较低，监管体制的空白容易导致其市场的混乱。只有在市场具备较好营商环境的情况下，市场准入的开放才更有可能吸引到优质的金融投资，进而推进金融服务贸易的发展。另外，推动数据流动和获取和数字知识产权保护并未随着监管的提高而对金融服务出口产生更为显著的影响。

表 11　监管强度的差异化分析

	（1）	（2）	（3）	（4）	（5）	（6）
$Rules_{ijt}^{data\_dum}$	0.7807 ***					
	（0.2175）					
$Rules_{ijt}^{data\_dum} \times Reg_{ijt}$	-0.0976					
	（0.1313）					
$Rules_{ijt}^{data}$		0.1780 ***				
		（0.0468）				
$Rules_{ijt}^{data} \times Reg_{ijt}$		-0.0277				
		（0.0323）				
$Rules_{ijt}^{ip\_dum}$			0.8160 ***			
			（0.2098）			
$Rules_{ijt}^{ip\_dum} \times Reg_{ijt}$			-0.0896			
			（0.1310）			
$Rules_{ijt}^{ip}$				0.2231 ***		
				（0.0535）		
$Rules_{ijt}^{ip} \times Reg_{ijt}$				-0.0374		
				（0.0416）		
$Rules_{ijt}^{mk\_dum}$					-0.3134	
					（0.6227）	
$Rules_{ijt}^{mk\_dum} \times Reg_{ijt}$					1.5163 **	
					（0.7704）	
$Rules_{ijt}^{mk}$						-0.1567
						（0.3114）
$Rules_{ijt}^{mk} \times Reg_{ijt}$						0.7581 **
						（0.3852）
出口经济体—年份固定效应	Yes	Yes	Yes	Yes	Yes	Yes
进口经济体—年份固定效应	Yes	Yes	Yes	Yes	Yes	Yes
常数项	9.6145 ***	9.3361 ***	9.3025 ***	9.1428 ***	10.5882 ***	10.5882 ***
	（1.4142）	（1.4552）	（1.4264）	（1.4441）	（1.4155）	（1.4155）
观测值	1377	1377	1377	1377	1377	1377
R^2	0.8384	0.8384	0.8390	0.8391	0.8355	0.8355

注：括号中为在进出口经济体对层面的稳健标准误，***、**、* 分别表示 1%、5%、10% 的显著性水平。已控制 $lnDist_{ij}$、$Comlang_{ij}$、$Comcolony_{ij}$、$Comcontig_{ij}$ 等变量。

七、结论与政策内涵

由于金融数字化的趋向越发明显，因此有必要结合这些新特征构造数字贸易规则，以提高数字金融乃至金融服务整体的质量。在全球数字贸易治理中，涉及数字金融的核心规则主要存在于推动数据流动和获取、数字知识产权保护、提升特定数字部门市场准入水平这三大领域。近年来，这些数字贸易规则的构建取得了不少进展。但与此同时，不同经济体对这些议题的承诺存在较大差异。本文基于2010~2018年的OECD服务贸易数据，测度了这些数字贸易规则对金融服务贸易产生的影响，得出如下主要结论和相关政策建议：

第一，数字贸易规则的签订对金融服务出口产生显著的促进作用，而且随着承诺深度的增加其促进作用更为显著。这主要是因为数据、知识产权和市场准入等数字贸易规则可从扩大金融服务市场规模、升级服务和降低金融风险等方面对金融服务的输出起到正面的促进作用。这意味着中国在对外经贸谈判中有必要充分重视这些议题，并结合自身的国情以及其他经济体的缔结情况来构建符合自身诉求的承诺。

第二，相比于金融子部门，数字贸易规则在保险子部门的金融服务贸易促进作用较弱。这主要是不同子部门的政策制定特征所导致的。针对数字金融这类新型金融服务，保险子部门的市场开放更为审慎，尤其是针对风险较高的数字产品，其相应保险产品往往会被东道国限制提供。因此，在制定相应数字贸易规则的时候也有必要充分考虑不同部门的特征，并因应不同子部门的特征配套好不同领域的法律法规，以更好地提高数字贸易规则的贸易促进作用。

第三，伴随经济贸易差距的扩大以及监管水平的提高，数字贸易规则的金融服务贸易促进作用也会提高。这主要是考虑了经济互补潜力以及监管对金融质量的规范作用。因此，未来中国参与全球数字贸易治理时，有必要考察对方的经济发展情况来构建规则。与此同时，中国应构建一个健全合理的金融监管体系，为金融良性发展营造良好环境。

参考文献

[1] Ahearn R J. Europe's Preferential Trade Agreements: Status, Content, and Implications [R]. Congressiona Research Service, 2010.

[2] Anderson J E, Milot C A, Yotov Y V. How Much Does Geography Deflect Services Trade? Canadian Answers [J]. International Economic Review, 2014, 55 (3): 791-818.

[3] Baldwin R, Taglioni D. Gravity for Dummies and Dummies for Gravity Equations [R]. NBER Working Papers, 2006.

[4] Burri M. New Legal Design for Digital Commerce in Free Trade Agreements [J]. Digiworld Economic Journal, 2017, 107 (3): 1-21.

[5] Burri M. Should There Be New Multilateral Rules for Digital Trade? [R]. Social Science Electronic Publishing, 2013.

[6] Choi S. Y., Stahl D, Whinston A. The Economics of Electronic Commerce [M]. Hampshire: Macmillan Techniacl Publishing, 1997.

[7] CRS. Digital Trade [R]. 2020.

[8] Freund C L, Weinhald D. The Effect of the Internet on International Trade [J]. Journal of International Economics, 2004 (1): 171-189.

［9］Gao H. The Regulation of Digital Trade in the TPP：Trade Rules for the Digital Age ［M］// Chaisse J，Gao H，Fa L．Paradigm Shift in International Economic Law Rule-Making：TPP as a New Model for Trade Agreements？2017.

［10］Heiskanen V. Dispute Resolution in International Electronic Commerce ［R］. 1999.

［11］Katz M L，Carl S. Network Externalities，Competition and Compatibility ［J］. The American Economic Review，1985（3）：424-440.

［12］Lin F. Estimating the Effect of the Internet on International Trade ［J］. Journal of International Trade and Economic Development，2015（3）：409-428.

［13］Mankiw N. G. Essentials of Economics ［M］. Singapore：South-Western Cengage Learning，2020.

［14］Meltzer J P. Maximizing the Opportunities of the Internet for International Trade ［R］. ICTSD and World Economic Forum，2016.

［15］Milner H V. The Digital Divide：The Role of Political Institutions in Technology Diffusion ［J］. Comparative Political Studies，2006，39（2）：176-199.

［16］Savin A. Regulating Internet Platforms in the EU-The Emergence of the "Level Playing Field" ［J］. Computer Law and Security Review，2018，34（6）：1215-1231.

［17］Sookman B. Electronic Commerce，Internet and the Law：A Survey of the Legal Issues ［R］. 1999.

［18］Treleaven P. Financial Regulation of Fintech ［J］. Journal of Financial Perspectives，2015（4）：114-121.

［19］USBEA. Defining and Measuring the Digital Economy ［R］. Bureau of Economic Analysis，2018.

［20］USITC. Digital Trade in the U. S. and Global Economies Part 1 ［R］. U. S. International Trade Commission，2013.

［21］Usman A，Grant A. Addressing Barriers to Digital Trade ［R］. International Centre for Trade and Sustainable Development，2015.

［22］Van der Marel E，Ferracane M F. Do Data Policy Restrictions Inhibit Trade in Services？ ［R］. Europe Centre for International Political Economy，2018.

［23］Wunsch-Vincent S. GATS and the Regulation of International Trade in Services：Trade Rules for the Digital Age ［M］. Cambridge：Cambridge University Press，2008.

［24］陈寰琦．国际数字贸易规则博弈背景下的融合趋向——基于中国、美国和欧盟的视角 ［J］. 国际商务研究，2022，43（3）：85-95.

［25］陈靓．数字贸易自由化的国际谈判进展及其对中国的启示 ［J］. 上海对外经贸大学学报，2015，22（3）：28-35.

［26］高凌云，樊玉．全球数字贸易规则新进展与中国的政策选择 ［J］. 国际经济评论，2020（2）：162-172+8.

［27］韩剑，蔡继伟，许亚云．数字贸易谈判与规则竞争——基于区域贸易协定文本量化的研究 ［J］. 中国工业经济，2019（11）：117-135.

［28］何其生．美国自由贸易协定中数字产品贸易的规制研究 ［J］. 河南财经政法大学学报，2012，27（5）：142-153.

［29］李杨，陈寰琦，周念利．数字贸易规则"美式模板"对中国的挑战及应对 ［J］. 国际

贸易，2016（10）：24-27+37.

　[30] 马述忠，房超，张洪胜. 跨境电商能否突破地理距离的限制 [J]. 财贸经济，2019，40（8）：116-131.

　[31] 沈玉良，彭羽，高疆，等. 数字贸易发展新动力：RTA 数字贸易规则方兴未艾——全球数字贸易促进指数分析报告（2020）[J]. 世界经济研究，2021（1）：3-16+134.

　[32] 施炳展. 互联网与国际贸易——基于双边双向网址链接数据的经验分析 [J]. 经济研究，2016，51（5）：172-187.

　[33] 孙益武.《欧盟加拿大经济贸易协定》知识产权条款研究 [J]. 电子知识产权，2015（10）：38-45.

　[34] 温树英. 金融服务贸易国际法律规制的新发展与启示——以 TPP/CPTPP 和 USMCA 为视角 [J]. 国际经济法学刊，2019（3）：72-89.

　[35] 文穗. 海南自由贸易港离岸金融风险防范监管制度研究 [J]. 海南大学学报（人文社会科学版），2021（5）：1-7.

　[36] 杨伟明，粟麟，孙瑞立，等. 数字金融是否促进了消费升级？——基于面板数据的证据 [J]. 国际金融研究，2021（4）：13-22.

　[37] 张茉楠，周念利. 数字贸易对全球多边贸易规则体系的挑战、趋势及中国对策 [J]. 全球化，2019（6）：32-46+135.

　[38] 赵玲，李雪峰. 监管政策异质性对金融服务贸易的影响研究 [J]. 上海对外经贸大学学报，2018，25（6）：29-39.

　[39] 赵维，邓富华，霍伟东.“一带一路”沿线国家互联网基础设施的贸易效应——基于贸易成本和全要素生产率的中介效应分析 [J]. 重庆大学学报（社会科学版），2020，26（3）：19-33.

　[40] 周念利，陈寰琦. RTAs 框架下美式数字贸易规则的数字贸易效应研究 [J]. 世界经济，2020，43（10）：28-51.

　[41] 周念利，陈寰琦. 数字贸易规则“欧式模板”的典型特征及发展趋向 [J]. 国际经贸探索，2018，34（3）：96-106.

The Impact of Digital Trade Rules under Regional Trade Agreements Framework on the Financial Services Trade

—An Empirical Study Based on OECD Panel Data

CHEN Huanqi

Abstract: With the development of the digital technology industry, finance has gradually become a digitized service trade. In view of this, this paper focuses on digital finance-related fields such as "promoting data flow and acquisition", "digital intellectual property protection", and "improving the market access level of specific digital sectors" to sort out the development and current status of related digital trade rules. On this basis, it uses the 2010～2018 OECD service trade data to examine the effects of these digital trade rules on financial service trade. Studies have shown that: ①The signing of digital trade rules helps to promote the financial services trade, while the promotion of market access rules for specific sectors is relatively low. ②At the sub-sector level, digital trade rules have a greater promoting effect on finance than insurance. ③With the difference in the economic levels of the two trading parties and the increase in the intensity of supervision, the promotion of financial services trade by digital trade rules has become more obvious. This paper can provide a useful reference for China to connect with the existing rules of other economies and to build digital financial-related digital trade rules that meet its own needs in the process of participating in global digital trade governance.

Keywords: Digital Trade Rules; Digital Finance; Gravity Model; Effects on Digital Trade; Regional Trade Agreements

双向服务业开放与出口产品多元化发展[*]

白卓然　张　艳　何文欣[**]

内容提要： 本文从产品结构的视角，研究双向服务业开放如何影响中国制造业企业的出口多元化发展。本文利用经合组织公布的 FDI 限制性指数分别构建中国和目的国服务业开放程度的衡量指标，并结合 2010~2016 年中国微观企业的海关数据进行回归检验。研究发现，中国和目的国服务业开放会促进企业出口规模的扩张，并提高出口产品结构多元化程度，并且在替换产品多元化衡量指标以及考虑企业所有权特征等内生性问题后，结果依然稳健。进一步地，本文发现中国服务业开放会显著提高企业一般贸易出口比重和出口技术密集度，同时目的国服务业开放也会显著增加内资企业的一般贸易出口比重。在如今复杂多变的国际形势下，促进中国出口高质量发展，要坚定推进服务业开放进程，不仅需要中国自身服务业的开放，还要求中国积极促进双边或多边服务贸易协定的签署和发展，促进中国和目的国服务贸易双向同时的开放。

关键词： 服务业开放；双向开放；企业出口；产品结构

中图分类号： F74

一、引言

加入世界贸易组织（WTO）后，中国出口规模迅速扩张，于 2010 年成为世界第一大出口国。但近年来，逆全球化浪潮汹涌，WTO 改革举步维艰，在如此动荡多变的世界经济局势下，中国的出口企业面临更加复杂和多变的外部市场环境，中国出口大而不强的弊端逐渐显现。因此，提升贸易质量，优化出口结构，是新时期中国出口发展的重点。"十四五"规划和 2035 年远景目标纲要中明确提出优化国际市场布局、优化出口商品结构和稳步提高出口附加值的新目标。

尽管推动货物贸易开放的障碍重重，但是《2019 年世界贸易报告》显示，服务贸易自由化进程持续推进，世界各国逐渐将经济重心转移到了服务业。根据世界银行的数据，2019 年服务业占全球 GDP 的份额已经高达 65%，服务业已然占据了世界经济的主导地位。中国也正在步入服务经济主导的新时期，根据中国国家统计局数据，2020 年第三产业增加值占国内生产总值的比重为 54.5%，服务业成为拉动中国经济发展的重要力量。与此同时，中国服务开放进程也在不断推进，根据经济合作与发展组织（OECD）发布的外商直接投资限制指数（FDI Regulatory

---

　　* 基金项目：国家社会科学基金项目"中国服务业扩大开放、效率与产业安全协调发展政策研究"（20210052）；中央财经大学青年科研创新团队支持计划项目"数字贸易规则的全球治理与政策影响"。

　　** 作者简介：白卓然，中央财经大学国际经济与贸易学院博士研究生；电子邮箱：zhuoranbai_cufe@163.com。张艳，中央财经大学国际经济与贸易学院教授；电子邮箱：leaflucy@sina.com。何文欣，北京科技大学经济管理学院；电子邮箱：2982905823@qq.com。

Restrictiveness Index，FDI 限制性指数），中国各服务部门的限制程度逐年降低。2019 年，中国服务业实际吸收外资达到 946.9 亿美元，占实际吸收外资总额的 70%，服务贸易总额达到 7850 亿美元，中国成为全球服务贸易第二大国。[①] 以往大量文献已经验证服务业开放可以通过降低制造业企业的生产成本促进出口（Barone and Cingano，2011；Hoekman and Shepherd，2017；李方静、张静，2018），但对出口结构多元化的讨论较少，因此本文将从此视角出发，探究服务业开放对制造业企业出口结构多元化的影响。

本文使用 OECD 公布的 FDI 限制性指数分别构建中国和目的国服务业开放程度的衡量指标，并结合 2010~2016 年中国微观企业的海关数据，探究服务业开放对企业出口规模和出口多元化发展的影响。本文构建企业层面的产品多元化指数（Baldwin and Gu，2009；Bernard et al.，2011；Lopresti，2016），以衡量出口多元化程度。研究发现，中国和目的国服务业开放会显著促进企业出口规模的扩张，并提高出口产品结构的多元化程度。首先，本国服务业开放使得大量国外服务产品涌入国内市场，为本国企业的生产提供价格低廉、种类丰富的中间服务产品，降低企业的生产成本，促进企业出口。根据新新贸易理论（Melitz，2003），除生产过程中所需的成本外，企业在出口至国外市场的过程中仍需要支付一系列出口成本，其中包括信息搜寻和建立分销网络等服务成本。而目的国服务业开放则有助于降低企业的出口成本，从而促进出口。其次，对于出口企业而言，多元化的出口产品战略可以分摊出口的沉没成本，同时也能够分散风险。在如今逆全球化浪潮下，国际贸易格局复杂多变，而多元化出口产品则有助于企业分散风险，降低外部冲击带来的负面影响（Hirsch and Lev，1971；Jansen，2004）。因此，服务业开放会促进企业在规模经济和风险规避的选择中，更倾向于多元化的产品战略。

本文还进一步检验了服务业开放对企业一般贸易出口比重和出口技术密集度的影响。本文发现，中国服务业开放会显著提高企业一般贸易出口比重和出口技术密集度，同时目的国服务业开放也会显著提高内资企业的一般贸易比重。削减本国服务贸易壁垒，有助于大量外国服务中间品流入市场，降低使用服务投入的成本，从而降低制造业企业的生产成本，同时，蕴含国外先进生产技术、知识与管理经验的进口服务品带来的技术溢出效应将使企业生产的产品技术含量提高（Barone and Cingano，2011；孙浦阳等，2018；李方静、张静，2019），从而有助于企业从事一般贸易出口和提升出口技术水平。目的国服务业开放又进一步降低了企业的出口成本，使得内资企业能够扩大其一般贸易出口规模，提高一般贸易出口比重。

本文可能的贡献主要有以下两点：第一，从服务业开放对出口的影响出发，研究出口目的国服务贸易开放的影响。探讨贸易自由化对企业出口影响的文献众多，但大部分文献针对货物贸易进行研究。普遍观点认为货物贸易的自由化，如关税下降，会带来出口规模的增长（Busto，2011；Khandelwal et al.，2013；Yu，2015；Feng et al.，2016）。还有一些文献认为，贸易自由化会带来激烈的竞争，从而使企业的出口更加集中化（Bernard et al.，2011；Mayer et al.，2014；Nocke and Yeaple，2014）。近年来，随着服务业的发展，服务业开放带来的影响引起了许多研究者的关注。众多文献研究服务业开放对制造业企业生产率的影响，认为服务业的开放会提高制造业企业的生产率（Arnold et al.，2011，2016；张艳等，2013；Beverelli et al.，2017）。也有文献研究服务业开放对企业出口的影响，认为本国服务业开放有利于制造业企业的出口，会提高制造业企业的出口概率和出口规模（Barone and Cingano，2011；Javorcik and Li，2013；Bas，2014；Head et al.，2014；施炳展，2016；李兵、李柔，2017；Hoekman and Shepherd，2017；李方静、张静，2018；孙浦阳等，2018）。相反，服务业壁垒较高将阻碍企业的出口

---

① 资料来源：商务部数据中心。

（Nordas and Kim，2013）。此外，关于服务业开放促进企业出口背后的机制，大多数文献认为服务业开放可以降低企业的生产成本。综上所述，这支文献从企业间和企业内部资源重新分配的角度研究了本国的贸易冲击如何影响异质性企业的生产和出口行为。但企业的出口行为既会受到本国政策影响，也会受到目的国政策的影响，然而这些文献仅关注本国开放对出口的影响，忽略了目的国开放带来的重要作用。本文还进一步关注服务业开放对出口结构的影响。以上文献均肯定了本国服务业开放促进出口的结论，但大都集中于出口概率和出口规模的探讨上，鲜有文献研究服务业开放对出口结构的影响，而本文则同时考察了本国和目的国服务业开放对企业出口产品结构多元化的影响。

第二，本文通过多种指标全面衡量企业的出口产品结构。现有研究出口结构的文献主要关注出口产品结构（樊纲等，2006；黄先海、周俊子，2011；Feenstra and Kee，2007；易先忠等，2014；刘竹青、盛丹，2021；沈国兵、沈彬朝，2022）和出口市场结构（黄先海、周俊子，2011；沈国兵、沈彬朝，2022）。关于出口产品结构的衡量，一些文献从技术角度进行考察，认为我国出口产品的技术水平逐渐提高（樊纲等，2006；江小娟，2007；Amiti and Konings，2007；姚洋、章林峰，2008；沈国兵、沈彬朝，2022）。另一些文献从出口产品种类角度考虑，观察新产品的出口（钱学峰、熊平，2010；黄先海、周俊子，2011；Feenstra and Kee，2007；刘竹青和盛丹，2021）和出口产品多元化程度（易先忠等，2014；沈国兵、沈彬朝，2022）。易先忠等（2014）总结出口产品结构多元化包括两个维度：一是出口产品种类的增加；二是给定产品种类的情况下出口产品分散化。因此，考虑到企业在不同产品之间的出口配置策略，本文构建了出口产品多元化指标衡量出口产品结构。本文还额外构建了出口贸易方式和出口技术密集度指标，更加全面细致地衡量出口结构。

本文其余部分安排如下：第二部分对中国服务业对外开放进程进行梳理；第三部分描述本文所使用的数据与实证模型的设定；第四部分报告实证结果并进行讨论；第五部分是本文的结论及政策建议。

二、中国服务业对外开放进程

从 20 世纪中叶开始，美国等发达国家将经济重心从工业逐渐转移到了服务业，相继完成了以服务业为主的经济转型，而新兴经济体向服务经济的转型也成为必然的发展趋势。根据世界银行的数据，2019 年服务业占全球经济的份额已经高达 65%，服务业已然占据了世界经济的主导地位。而中国也正在步入服务经济主导的新时期，根据中国国家统计局数据，第三产业增加值占国内生产总值的比重由 2000 年的 39.8% 上升至 2020 年的 54.5%，服务业逐渐成为拉动中国经济发展的重要力量。与此同时，为促进服务业高质量发展，中国也在不断扩大服务业开放程度。回顾中国加入 WTO 以来的服务业开放进程，参考李钢和聂平香（2016），可以将其概括为三个阶段。

第一阶段：五年过渡期（2002~2006 年）。加入 WTO 后，中国对服务贸易总协定中九个大类、近一百个小类做出了较高的开放承诺，并在五年过渡期内逐渐实现。在此阶段，服务业在国民经济中的作用得到充分重视，我国颁布《关于"十五"期间加快发展服务业若干政策措施意见的通知》，明确了中国服务业发展和开放的重要性。在这一时期，中国服务业开放取得了积极的成效，具体表现为服务业吸收外资增加和服务业贸易规模不断扩张。如图 1 所示，2002~2006 年，中国服务业吸收外资实际金额从 121 亿美元增长为 195.3 亿美元，在中国实际吸收外

资中的比重从 22.0% 上升到了 31.0%。过渡期结束后，2007 年服务业实际吸收外资同比增长
57.1%，服务业吸收外资表现突出。同时，2007 年中国服务贸易进出口总额达到 2509 亿美元，
在世界的排名从 2002 年的第 13 位升至 2007 年的第 6 位。

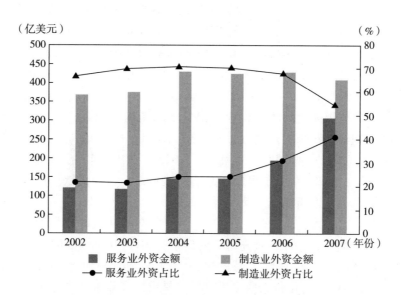

图 1　2002~2007 年中国实际吸收外资结构变化①

　　第二阶段：全面开放时期（2007~2012 年）。五年过渡期结束后，中国服务业步入全面开放
阶段。从 2006 年 11 月 12 日起，除个别领域外，中国取消服务业对外资的限制，2007 年和 2008
年又连续出台了《国务院关于加快发展服务业的若干意见》《服务贸易发展"十一五"规划纲
要》和《国务院办公厅加快发展服务业若干政策措施的实施意见》，进一步加快服务业发展和深
化服务业开放。在这一阶段，服务业成为吸收外资的主导产业，并且吸收外资结构不断优化。
商务部数据显示，2007~2012 年，中国服务业实际吸收外资金额从 306.9 亿美元增长为 538.4 亿
美元，且 2012 年服务业吸收外资占比为 48.2%，超过制造业，成为中国吸收外资的第一产业。
如图 2 所示，在吸收外资的结构方面，2012 年虽然房地产业仍然占据了中国服务业吸收外资的
主要地位，但是其吸收外资占比明显下降，批发和零售业、信息服务业、金融业和科学研究等
现代服务业实际吸收外资规模和占比都在不断提升，服务业吸收外资结构逐渐改善。与此同时，
中国世界服务贸易大国的地位也逐渐形成，2012 年中国服务贸易总额达到 4706 亿美元，跻身世
界第三。
　　第三阶段：服务业开放新阶段（2013 年至今）。2013 年以来，中国政府不断加快构建开放
型经济新体制，进一步扩大服务业的对外开放：2013 年党的十八届三中全会通过了《中共中央
关于全面深化改革若干重大问题的决定》，为新时期中国服务业的进一步开放指明了道路和方
向；2015 年发布了《国务院关于加快发展服务贸易的若干意见》，优化出口退税管理，促进服务
贸易发展；2016 年创建服务贸易创新发展试点城市（地区），稳步推进金融、教育、商贸物流等
行业对外开放，为全国范围内的开放提供了先进经验，同年还发布了《服务外包产业重点发展领

---

　　①　由于 2006 年是中国加入 WTO 的五周年，对很多服务领域的全面开放相当于在 2007 年开始实施，为更好地体现出五年
过渡期结束后服务业开放的效果，本部分的研究中也使用了 2007 年的数据。数据来源为商务部外资统计。

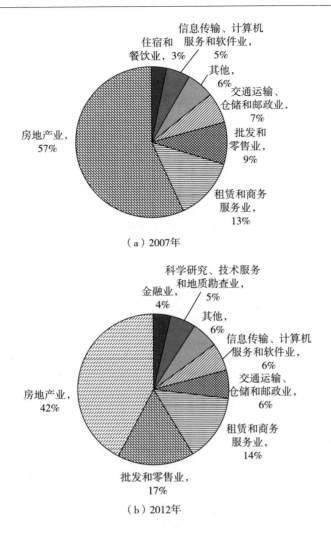

图 2　2007 年和 2012 年服务业外商直接投资行业分布①

域指导目录》，助力服务外包产业发展；2017 年发布《服务贸易发展"十三五"规划》，针对不同服务行业提出了新阶段的发展目标予以特别指导，发挥特色优势，以期顺应国际市场需求，不断扩大国际影响力和竞争力；2020 年"十四五"规划再次提出创新发展服务贸易，推进服务贸易创新发展试点开放平台建设，深化服务开放水平，推动现代服务业集聚发展。在不断开放的进程中，中国服务业吸收外资和服务贸易规模稳步增长，服务业在对外经济中的地位不断提升。近年来，服务业实际吸收外资额持续上升，2019 年中国服务业实际吸收外资达到 946.9 亿美元，占实际吸收外资总额的 70%，并且得益于服务业吸收外资的快速增长，中国已经成为使用外资第二大国。同时，中国服务业吸收外资结构也在不断优化。如图 3 所示，2019 年房地产业实际吸收外资占比下降至 24%，租赁和商务服务业等其他服务业实际吸收外资比重大幅增加。与此同时，中国服务业对外直接投资规模也在不断扩大，2019 年服务业对外直接投资流量达到 1052.3 亿美元，占对外直接投资总额的 77%，对外直接投资存量达到 17706.2 亿美元，超过对外直接投资存量总额的 80%，其中租赁和商务服务业、批发和零售服务业以及金融业是服务业

---

①　资料来源：商务部外资统计数据。

对外直接投资前三的领域①。此外，服务贸易规模持续攀升，2019 年服务进口额达到 5014 亿美元，服务出口额为 2836 亿美元，服务贸易总额为 7850 亿美元，中国成为全球服务贸易第二大国②。

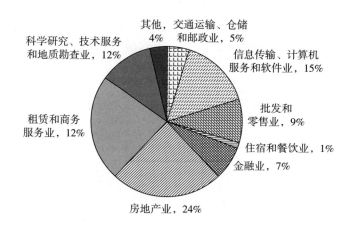

图 3　2019 年中国服务业实际使用外资结构③

三、数据与模型设定

（一）数据说明

本文的数据来源主要有三个方面：一是 2010~2016 年的中国海关数据库，该数据库包括了在这段时间内每个出口企业每笔交易的详细信息，包括出口产品（HS8 位代码为分类基础）、出口额、出口目的国、出口企业编码等；二是 OECD 提供的 2010~2016 年的 FDI 限制性指数，其衡量了各国各部门的开放程度，用于构建服务业开放测度指标；三是 2012 年中国分省份投入产出表，包含各省份各部门之间的投入产出信息。

本文首先对数据进行以下处理：第一步，将海关数据库中产品信息保留为 HS6 位码形式④。第二步，通过十位企业海关编码识别企业所在省份和所有制信息⑤。第三步，识别企业所属行业信息并匹配投入产出信息和 FDI 限制性指数。具体地，本文计算企业出口份额最大的 HS4 位码作为企业所属的主要行业，与 2012 年投入产出表中的制造业行业进行匹配（见附表 1），并进一步将投入产出表中的行业与 FDI 限制性指数数据库中的行业进行匹配（见附表 2）。最后，根据

---

①　资料来源：国家统计局。

②　资料来源：商务部数据中心。

③　资料来源：国家统计局。

④　本文使用的数据时间跨度为 2010~2016 年，其中 2010~2011 年的海关数据使用 HS07 版本，2012~2016 年使用的是 HS12 版本，本文在数据处理时将 HS 编码统一为 HS07 版本。

⑤　企业海关编码共有十位。前四位为进出口单位属地的行政区划代码，其中，第 1、2 位数表示省、自治区或直辖市，第 3、4 位数表示省辖市（地区、省直辖市行政单位）。第 6 位代表企业所有制性质，其中"1"表示国有企业，"2"表示中外合作企业，"3"表示中外合资企业，"4"表示外商独资企业，"5"表示有进出口经营权的集体企业，"6"表示有进出口经营权的私营企业，"7"表示有进出口经营权的个体工商户，"8"表示有报关权而无进出口经营权的企业，"9"表示其他（包括外商企业驻华机构、外国驻华使领馆等机构和临时有进出口经营权的单位），本文将所有制编码取值为"1"和"5"的企业定义为国有企业，取值为"2""3""4""9"的企业定义为外资企业，取值为"6""7""8"的企业定义为私营企业。

本文的研究目的，保留持续出口的企业—目的国层面样本①。

（二）主要变量构造

1. 服务业开放指数

本文选用 OECD 提供的 2010~2016 年 55 个国家的 FDI 限制性指数对不同国家的服务业开放程度进行衡量②，其中包含分销、运输、餐饮与住宿、媒体、通讯、金融服务、商业服务、房地产投资八个服务部门及各细分服务部门。FDI 限制性指数通过 FDI 的四种主要类型限制来衡量一国对外资规则的限制：①外国股权限制；②筛选和事先批准要求；③关键人员规则；④对外国企业经营的其他限制。各衡量指标的最高得分为 1（该指标完全限制该部门的外国投资），最低得分为 0（该部门的外国直接投资没有监管障碍）。每个部门的得分是通过将所有四种措施的得分相加得到的，约束条件是其总和的上限值为 1。2017 年 55 个国家的服务业总体的开放程度排序如图 4 所示。可以看出，OECD 国家的服务贸易整体开放程度要显著大于非 OECD 国家，且两者差距较大。中国的服务业开放水平仍处于较落后的位置。

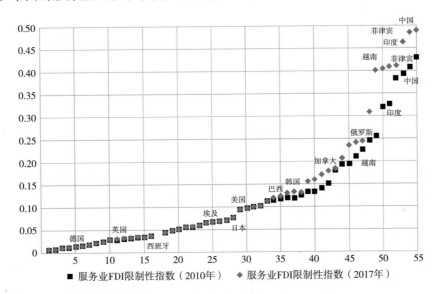

图 4　2010 年和 2017 年世界各国服务部门 FDI 限制性指数③

本文借鉴 Arnold 等（2011）和张艳等（2013）的方法，通过投入产出表计算各省份各制造行业使用各服务部门投入占总服务投入的比重，即制造业对服务部门的直接消耗系数，进一步结合 FDI 限制性指数构建了中国服务业开放测度指标：

$$CSL_{hrt} = \sum_s \alpha_{hsr} \times (1 - FDI\_res_{st}) \tag{1}$$

其中，α_{hsr} 是指省份 r 制造业 h 所使用的服务部门 s 占总服务投入的份额，该份额根据 2012 年中国投入产出表计算得出；FDI_res_{st} 是中国服务部门 s 在 t 年的 FDI 限制性指数。CSL_{hrt} 代表 t

---

① 本文的研究目的不仅在于检验中国服务贸易开放对企业出口的影响，同时也关注目的国服务贸易开放对企业出口的影响，为避免企业在不同出口市场的进入退出行为对检验产生干扰，本文选用持续出口的企业—目的国样本进行研究。

② 服务贸易自由化程度很难像货物贸易的开放那样找到一个相对统一的衡量指标，如关税或非关税壁垒等。目前大多数研究使用服务业外商直接投资来衡量一国服务开放程度，如 Fernandes 和 Paunov（2012）。Lu 等（2017）和孙浦阳等（2018）则以实际政策出发，量化服务业开放政策，从服务业外资参股来跟踪刻画中国服务业开放进程。根据 2019 年世界贸易报告，商业存在是全球服务贸易的主要供应模式，在 2017 年占服务贸易超过 60%。因此，参考 Hayakawa 等（2020），本文中使用 FDI 限制指数来衡量服务贸易开放程度。

③ 资料来源：OECD FDI 限制性指数数据库。

年省份 r 制造业 h 的服务业开放水平，CSL 取值越大，代表服务业开放水平越高。

同时，本文也进一步考虑企业出口时面临的目的国服务业开放程度。具体地，将企业出口到某一目的国的出口额占企业总出口额的比例作为权重[①]，计算企业出口目的国的加权服务业开放水平：

$$DSL_{ft} = \sum_j \frac{v_{fj2010}}{v_{f2010}} (1 - FDI\_res_{jt}) \tag{2}$$

其中，v_{fj2010} 代表样本初始年份 2010 年 f 企业向 j 国的出口额，v_{f2010} 代表 2010 年 f 企业的总出口额，FDI_res_{jt} 是 t 年 j 国服务部门的 FDI 限制性指数。DSL_{ft} 为出口企业面临的目的国加权服务业开放程度，取值越大表明企业面临的出口市场的服务业开放程度越高。

2. 出口产品结构多元化指标

本文从出口产品分散化的角度对出口产品结构多元化进行衡量（易先忠等，2014）。为综合考虑出口企业产品范围绝对数量的调整以及核心产品相对收入的改变，本文参考 Lopresti（2016）的方法，遵循赫芬达尔—赫希曼指数（Herfindahl-Hirschman Index，HHI）的形式构造产品多元化指数：

$$div\_hhi_{ft} = 1 - \left[\sum_i \left(\frac{v_{fit}}{\sum_i v_{fit}} \right) \right]^2 \tag{3}$$

其中，v_{fit} 是 f 企业在 t 年出口 HS6 位码产品 i 的出口额。产品多元化指数越大，表明企业出口的产品越多元化，生产越平均。该方法的主要优点是它能够通过考虑每个细分产品的比例来把握不同产品的相对重要性。

（三）实证模型设定

为检验服务业开放对企业出口的影响，本文设定以下模型：

$$Export_{fhrt} = \beta_0 + \beta_1 Service\_liberalization_{fhrt} + \beta_2 X_{fhrt} + e_f + e_t + \varepsilon_{fhrt} \tag{4}$$

其中，f 代表企业，h 代表行业，r 代表中国的省份，t 代表年份。在实际运算中，被解释变量 $Export$ 可以取为出口额（export value）和产品多元化指数（div_hhi）。主要解释变量为服务业开放指数（$Service\_liberalization_{fhrt}$），具体包括中国服务业开放程度（$CSL_{hrt}$）和目的国加权服务业开放程度（$DSL_{ft}$）。$X_{fhrt}$ 为一系列控制变量，包括：第一，加权目的国人均 GDP 水平（des_gdp_{ft}），以控制目的国的经济发展水平[②]；第二，加权目的国平均关税水平（des_tariff_{ft}），以控制出口目的国的贸易自由化水平[③]；第三，中国进口关税（$China\_tariff_{ht}$），以控制出口企业所在行业由于贸易开放导致的竞争程度[④]；第四，中国和出口目的国的制造业 FDI 开放水平（$China\_manuf\_lib_{ht}$ 和 $des\_manuf\_lib_{ft}$）[⑤]。此外，本文还控制了企业固定效应 e_f 和时间固定效应

---

①　为充分反映目的国服务业开放水平的变化，本文在计算中使用样本初始年份 2010 年的出口额占比情况作为权重。

②　数据来源于世界银行数据库。具体地，将样本初始年份 2010 年企业出口到某一目的国的出口额占企业总出口额的比例作为权重，计算出企业面临的加权目的国人均 GDP 水平。

③　关税数据来源于 WTO 综合数据库。本文计算各国 HS6 位码最惠国关税的简单平均值作为该国平均关税水平，进一步将样本初始年份 2010 年企业出口到某一目的国的出口额占企业总出口额的比例作为权重，计算出企业面临的加权目的国平均关税水平。

④　中国关税数据来源于 WTO 综合数据库。本文使用的是中国 HS4 位码对应的最惠国关税水平，与 2012 年中国投入产出表中的制造业行业进行匹配（见附表 1），并通过简单平均的方式计算各制造业行业对应的关税水平。

⑤　本文使用了 OECD 的 FDI 限制性指数来衡量制造业的 FDI 开放水平。具体地，根据行业信息将投入产出表中的行业与 FDI 限制性指数数据库中的行业进行匹配（见附表 2），并进行简单平均，由此得到中国和目的国各制造业行业的 FDI 限制性指数。进一步将样本初始年份 2010 年企业出口到某一目的国的出口额占企业总出口额的比例作为权重，计算出企业面临的加权目的国—制造业 FDI 限制性指数。该指数取值越小，代表中国或目的国制造业 FDI 限制程度越低，开放程度越高。

e_t。对于出口额（*export value*）、目的国 GDP 水平（*des_gdp*）和关税水平（*des_tariff* 和 *China_tariff*）变量，本文在进行实证检验时均使用其对数形式①。主要变量的描述性统计见附表 3。

四、实证结果分析

（一）基准结果

首先，本文基于连续出口企业的样本，根据式（4）分别估算中国和目的国服务业开放对出口额和出口产品多元化结构的影响。表 1 列（1）和列（2）分别展示了中国和目的国服务业开放对企业出口规模的影响，表明服务业开放会显著促进企业出口额增加，这与 Bas（2014）、Francois 等（2010）、Hoekman 和 Shepherd（2017）及 Ariu 等（2019）的结论一致。表 1 中列（3）则展示了中国和目的国服务业开放同时作用的影响，中国和目的国服务业双向同时开放会促进企业出口规模的扩张。在出口产品多元化方面，如表 1 列（4）所示，无论是中国服务业还是目的国服务业开放，均会显著促进企业出口的多元化程度。本文认为，削减本国的服务贸易壁垒，能够使得大量价格低廉、种类丰富的外国服务中间品流入市场，降低制造业企业使用服务投入的生产成本，促进企业生产和出口扩张（Barone and Cingano，2011；孙浦阳等，2018；李方静、张静，2018）。而根据新新贸易理论（Melitz，2003），除生产过程中所需的成本外，企业在出口至国外市场的过程中仍需要支付一系列出口成本，其中包括信息搜寻和建立分销网络等服务成本。出口目的国服务业开放使得企业在目的国市场上可以接触到更多、更便利的服务，如运输、分销、信息和金融服务等，降低在目的国市场上的运输成本、分销成本、信息成本和金融服务成本等出口成本，从而促进企业出口。对于出口企业而言，多元化的出口产品战略可以分摊出口的沉没成本，同时也能够分散风险，缓冲外部冲击带来的负面影响（Hirsch and Lev，1971；Jansen，2004）。因此，服务业开放会促进企业在规模经济和风险规避的选择中，更倾向于多元化的产品战略。

表 1　基准回归结果：双向服务业开放对出口规模和出口多元化的影响

VARIABLES	(1)	(2)	(3)	(4)
	export value			*div_hhi*
CSL	0.458***		0.466***	0.025*
	(0.098)		(0.098)	(0.014)
DSL		0.304**	0.333**	0.086***
		(0.131)	(0.131)	(0.022)
des_gdp	0.117**	0.049	0.047	0.055***
	(0.050)	(0.053)	(0.053)	(0.009)
des_tariff	0.109***	0.108***	0.107***	-0.006**
	(0.014)	(0.014)	(0.014)	(0.003)
China_tariff	-0.163***	-0.151***	-0.162***	0.000
	(0.019)	(0.018)	(0.019)	(0.002)
China_manuf_lib	0.395***	0.341***	0.354***	-0.060***
	(0.064)	(0.066)	(0.066)	(0.011)

---

① 为避免变量可能取值为 0 的问题，所有变量均加 1 后取对数。

续表

VARIABLES	(1)	(2)	(3)	(4)
	export value			div_hhi
des_manuf_lib	−0.549***	−0.449***	−0.381**	0.150***
	(0.138)	(0.149)	(0.150)	(0.026)
Constant	12.832***	13.501***	13.270***	0.048
	(0.504)	(0.504)	(0.507)	(0.089)
Firm FE	Yes	Yes	Yes	Yes
Year FE	Yes	Yes	Yes	Yes
Observations	635488	635488	635488	635488
R-squared	0.884	0.884	0.884	0.886

注: export value 是企业出口额的对数形式; div_hhi 是对 HS6 位码产品基于 HHI 指数衡量的产品多元化指数; CSL 是中国年份、省份、行业层面的服务业开放指数; DSL 是企业面临的加权目的国服务业开放指数; des_gdp 是企业面临的加权目的国人均 GDP 水平的对数形式; des_tariff 是企业面临的加权目的国关税水平的对数形式; China_tariff 是中国行业层面进口关税水平的对数形式; China_manuf_lib 是中国制造业行业的 FDI 限制指数; des_manuf_lib 是企业面临的加权目的国制造业行业 FDI 限制指数。所有回归均控制了企业个体固定效应和时间固定效应; 括号内为稳健标准误; *** 表示 p<0.01, ** 表示 p<0.05, * 表示 p<0.1。

(二) 稳健性检验

1. 出口产品结构多元化的衡量

在基准回归中,企业出口产品多元化指数(div_hhi)以 HS6 位码为基准进行计算。本文也使用了 HS4 位码和 HS2 位码,重新计算企业出口产品的多元化指数(div_hhi_hs4 和 div_hhi_hs2),以检验出口产品结构多元化衡量方法的稳健性。结果如表 2 列(1)和列(2)所示,CSL 和 DSL 的回归系数均显著为正,与本文基本结论保持一致。

2. 多产品出口企业

为避免单产品出口企业,即样本期间内每年都只出口一种 HS6 位码产品的企业,对产品结构多元化结果产生的干扰,本文将单产品出口企业样本删除,仅保留多产品出口企业样本进行回归①。回归结果如表 2 列(3)所示,与基准回归结果一致,CSL 和 DSL 的回归系数均显著为正。

3. 企业所有权结构

随着中国市场化改革进程的推进,政府出台了大量分别针对国有、外资和私营企业的政策,为排除针对特定所有制企业的政策冲击对结果造成的干扰,本文在基准回归中额外加入了企业所有权、年份固定效应②。回归结果如表 2 列(4)所示,中国和目的国的服务业开放均会显著促进企业出口产品多元化程度,与本文的基准回归结果保持一致。

表 2 稳健性检验

VARIABLES	(1)	(2)	(3)	(4)
	div_hhi_hs4	div_hhi_hs2	div_hhi	div_hhi
CSL	0.024*	0.028**	0.024*	0.024*
	(0.014)	(0.014)	(0.014)	(0.014)

---

① 单产品出口企业样本数量约占总样本数量的 6.6%。
② 海关数据库中企业注册编码第六位代表企业的所有权性质,本文定义该位编码取值为 "1" 和 "5" 代表国有企业; "2" "3" "4" 和 "9" 代表外资企业; "6" "7" 和 "8" 代表私营企业。

续表

VARIABLES	(1)	(2)	(3)	(4)
	div_hhi_hs4	*div_hhi_hs2*	*div_hhi*	*div_hhi*
DSL	0.094 ***	0.085 ***	0.085 ***	0.093 ***
	(0.022)	(0.021)	(0.024)	(0.022)
des_gdp	0.055 ***	0.049 ***	0.054 ***	0.055 ***
	(0.009)	(0.009)	(0.010)	(0.009)
des_tariff	−0.004 *	−0.005 **	−0.005 *	−0.005 **
	(0.002)	(0.002)	(0.003)	(0.003)
China_tariff	−0.001	0.006 ***	0.000	0.000
	(0.002)	(0.002)	(0.002)	(0.002)
China_manuf_lib	−0.067 ***	−0.023 **	−0.064 ***	−0.059 ***
	(0.011)	(0.011)	(0.011)	(0.011)
des_manuf_lib	0.167 ***	0.156 ***	0.159 ***	0.148 ***
	(0.026)	(0.026)	(0.028)	(0.026)
Constant	0.009	−0.007	0.082	0.037
	(0.089)	(0.087)	(0.097)	(0.089)
Firm FE	Yes	Yes	Yes	Yes
Year FE	Yes	Yes	Yes	Yes
Ownership−Year	No	No	No	Yes
Observations	635488	635488	593285	635488
R−squared	0.868	0.941	0.868	0.886

注：*div_hhi_hs4*、*div_hhi_hs2*、*div_hhi* 分别是对 HS4、HS2 和 HS6 位码产品基于 HHI 指数衡量的产品多元化指数；*CSL* 是中国年份、省份、行业层面的服务业开放指数；*DSL* 是企业面临的加权目的国服务业开放指数；*des_gdp* 是企业面临的加权目的国人均 GDP 水平的对数形式；*des_tariff* 是企业面临的加权目的国关税水平的对数形式；*China_tariff* 是中国行业层面进口关税水平的对数形式；*China_manuf_lib* 是中国制造业行业的 FDI 限制指数；*des_manuf_lib* 是企业面临的加权目的国制造业行业 FDI 限制指数。列（3）使用多产品出口企业样本回归，其余回归使用全样本。列（1）至列（3）控制了企业个体固定效应和时间固定效应，列（4）控制了企业个体固定效应、时间固定效应和所有权、年份固定效应；括号内为稳健标准误；*** 表示 p<0.01，** 表示 p<0.05，* 表示 p<0.1。

（三）拓展分析

首先，本文进一步考察服务业开放对企业出口贸易方式的影响。由于中国的劳动力优势，加工贸易的带动作用在中国自加入 WTO 以来飞速的贸易增长中功不可没，但加工贸易通常处于价值链低端，而且加工贸易"两头在外"的贸易模式使得企业出口对外国市场形成依赖，不利于抵抗风险和产业发展，因此拉动一般贸易的增长是优化出口结构的重要途径。本文通过计算一般贸易额在企业总出口额中的占比来衡量企业参与一般贸易的程度，计算方法如下：

$$mode1\_share_{ft} = \frac{mode1\_v_{ft}}{v_{ft}} \tag{5}$$

其中，v_{ft} 是企业 f 在 t 年的总出口额，$mode1\_v_{ft}$ 是企业 f 在 t 年出口的一般贸易出口额，$mode1\_share_{ft}$ 则代表企业出口一般贸易的占比。

其次，本文还考虑服务业开放对出口技术密集度的影响。本文参考 Lall（2000）提出的分类方法，将 HS6 位码产品按技术密集度分为高技术产品和低技术产品，并计算高技术产品的出口占企业总出口额的比重，用于衡量该企业的出口技术密集度水平。具体计算公式如下：

$$hightec\_share_{ft} = \frac{hightec\_v_{ft}}{v_{ft}} \tag{6}$$

其中，v_{ft} 是企业 f 在 t 年的总出口额，$hightec\_v_{ft}$ 是企业 f 在 t 年的高技术产品出口额，$hightec\_share_{ft}$ 则代表企业的出口技术密集度水平。

表 3 列（1）检验了服务业开放对贸易方式转型的影响，结果显示中国服务业开放会显著提高企业一般贸易的出口比重，有助于减少出口企业对加工贸易的依赖，更多地开展自主出口，从而优化中国出口结构，而目的国服务业开放则倾向于降低一般贸易的出口比重。服务业开放对出口技术密集度的影响结果如表 3 列（2）所示，中国服务业开放会显著促进高技术产品的出口，而目的国服务业开放则没有显著影响。本文认为，本国服务业开放带来的影响主要作用于企业的生产阶段，本国服务业开放后大量国外服务产品涌入国内市场，为本国企业的生产提供种类丰富、品质优秀的中间服务产品，同时，蕴含国外先进生产技术知识与管理经验的进口服务品带来的技术溢出效应将显著促进企业研发和创新（李方静、张静，2018），使得企业生产的产品技术含量提高，从而有助于企业从事一般贸易出口和提高出口技术密集度。而目的国服务业开放主要作用于完成产品生产后的出口阶段，不会显著影响产品的生产阶段，因此对出口产品的技术密集度没有显著影响。

表 3　异质性分析：出口产品结构的进一步分析

VARIABLES	（1）	（2）
	mode1_share	hightec_share
CSL	0.077***	0.120***
	(0.010)	(0.010)
DSL	−0.042***	−0.006
	(0.014)	(0.011)
des_gdp	−0.006	0.002
	(0.006)	(0.005)
des_tariff	0.002	0.000
	(0.002)	(0.001)
China_tariff	−0.024***	−0.016***
	(0.002)	(0.001)
China_manuf_lib	−0.007	−0.083***
	(0.008)	(0.007)
des_manuf_lib	0.012	0.015
	(0.016)	(0.015)
Constant	0.963***	0.073*
	(0.052)	(0.044)
Firm FE	Yes	Yes
Year FE	Yes	Yes
Observations	635488	635488
R-squared	0.920	0.945

注：$mode1\_share$ 是企业出口的一般贸易所占比重；$hightec\_share$ 是企业出口的高技术产品所占总出口额的比重，用于衡量出口技术密集度；CSL 是中国年份、省份、行业层面的服务业开放指数；DSL 是企业面临的加权目的国服务业开放指数；des_gdp 是企业面临的加权目的国人均 GDP 水平的对数形式；des_tariff 是企业面临的加权目的国关税水平的对数形式；$China\_tariff$ 是中国行业层面进口关税水平的对数形式；$China\_manuf\_lib$ 是中国制造业行业的 FDI 限制指数；des_manuf_lib 是企业面临的加权目的国制造业行业 FDI 限制指数。所有回归均控制了企业个体和时间固定效应；括号内为稳健标准误；*** 表示 p<0.01，** 表示 p<0.05，* 表示 p<0.1。

进一步地，本文考虑到外资企业通常会根据外资母公司的指示开展业务活动，如出口固定的产品或从事加工贸易，因此外资企业可能具有与内资企业不同的生产过程以及出口行为，导致服务业开放带来的影响存在差异。本文按企业的所有制性质将样本分为外资企业样本和内资企业样本[①]，并分别对出口贸易方式结构和出口产品技术密集度进一步回归，结果如表4所示。中国服务业开放对外资企业和内资企业的一般贸易出口比重均有显著正向影响，与上文结论保持一致。但目的国服务业开放会显著降低外资企业的一般贸易出口，而显著促进内资企业的一般贸易出口。目的国服务业开放降低了出口成本，使得内资企业能够扩大其一般贸易出口规模，提高一般贸易出口比重。而外资企业的跨国母公司拥有发达的全球销售网络，当目的国服务业开放使得在华外资企业的出口成本降低时，母公司为利用在华生产成本低廉的优势，会扩大在华外资企业的生产规模，再转销海外市场，因此目的国服务业开放将扩大外资企业的加工贸易比重。对于出口技术密集度的影响，外资和内资企业的结果相似并均与上文结论一致。

表 4　异质性分析：外资企业与内资企业

VARIABLES	(1)	(2)	(3)	(4)
	mode1_share		hightec_share	
	外资企业	内资企业	外资企业	内资企业
CSL	0.121***	0.049***	0.129***	0.120***
	(0.027)	(0.010)	(0.023)	(0.011)
DSL	−0.078**	0.025*	−0.034	−0.003
	(0.035)	(0.015)	(0.023)	(0.013)
des_gdp	0.024	−0.005	−0.019*	0.009*
	(0.016)	(0.005)	(0.010)	(0.005)
des_tariff	0.006	−0.000	−0.002	0.002
	(0.004)	(0.001)	(0.002)	(0.001)
China_tariff	−0.050***	−0.017***	−0.009**	−0.018***
	(0.006)	(0.002)	(0.004)	(0.002)
China_manuf_lib	−0.002	−0.007	−0.117***	−0.069***
	(0.019)	(0.007)	(0.014)	(0.008)
des_manuf_lib	−0.013	0.014	0.019	0.007
	(0.040)	(0.017)	(0.032)	(0.017)
Constant	0.554***	0.995***	0.323***	−0.016
	(0.157)	(0.046)	(0.094)	(0.050)
Firm FE	Yes	Yes	Yes	Yes
Year FE	Yes	Yes	Yes	Yes
Observations	225862	409626	225862	409626
R-squared	0.916	0.885	0.953	0.937

注：mode1_share 是企业出口的一般贸易所占比重；hightec_share 是企业出口的高技术产品所占总出口额的比重，用于衡量出口技术密集度；CSL 是中国年份、省份、行业层面的服务业开放指数；DSL 是企业面临的加权目的国服务业开放指数；des_gdp 是企业面临的加权目的国人均 GDP 水平的对数形式；des_tariff 是企业面临的加权目的国关税水平的对数形式；China_tariff 是中国行业层面进口关税水平的对数形式；China_manuf_lib 是中国制造业行业的 FDI 限制指数；des_manuf_lib 是企业面临的加权目的国制造业行业 FDI 限制指数。列（1）、列（3）使用外资企业样本进行回归，列（2）、列（4）使用内资企业样本进行回归。所有回归均控制了企业个体和时间固定效应；括号内为稳健标准误；*** 表示 p<0.01，** 表示 p<0.05，* 表示 p<0.1。

---

① 海关数据库中企业注册编码第六位代表企业的所有权性质，本文定义该位编码取值为"2""3""4"和"9"代表外资企业，其余代表内资企业。

五、结论与政策建议

本文使用 OECD 公布的 FDI 限制性指数分别构建中国和目的国服务业开放程度的衡量指标，并结合 2010~2016 年中国微观企业的海关数据，探究双向服务业开放对企业出口规模和出口多元化的影响。本文从微观产品角度构建产品多元化指数（Baldwin and Gu，2009；Bernard et al.，2011；Lopresti，2016）衡量企业出口的多元化程度。研究发现，中国和目的国服务业开放会显著促进企业出口规模的扩张，并提高出口产品结构的多元化程度。本文认为，服务业开放有助于降低企业的生产成本和出口成本，并促进企业在规模经济和风险规避的选择中，更倾向于多元化的产品战略。进一步地，本文发现中国服务业开放会显著提高企业一般贸易的出口比重和出口技术密集度，同时目的国服务贸易开放也会显著增加内资企业的一般贸易比重。本文认为这是由于本国服务业开放为本国企业的生产阶段提供价格低廉、种类丰富的中间服务产品，同时，蕴含国外先进生产技术、知识与管理经验的进口服务品带来的技术溢出效应将使得企业生产的产品技术含量提高。此外，目的国服务业开放又进一步降低了企业的出口成本，使得内资企业能够扩大其一般贸易出口规模，提高一般贸易出口比重。综上所述，本文认为促进中国出口高质量发展，要进一步推进服务业开放进程，不仅需要中国自身服务业的开放，还要求中国积极促进双边或多边贸易协定的签署和发展，促进中国和目的国服务贸易双向同时的开放，从而有助于改善企业出口环境，帮助企业减少对加工贸易的依赖，提升出口技术密集度和增加值，优化出口结构。

参考文献

[1] Amiti M, Konings J. Trade Liberalization, Intermediate Inputs, and Productivity: Evidence from Indonesia [J]. American Economic Review, 2007, 97 (5): 1611-1638.

[2] Ariu A, Breinlich H., Corcos G et al. The Interconnections between Services and Goods Trade at the Firm-level [J]. Journal of International Economics, 2019, 116: 173-188.

[3] Arnold J M, Javorcik B, Mattoo A. Does Services Liberalization Benefit Manufacturing Firms? Evidence from the Czech Republic [J]. Journal of International Economics, 2011, 85 (1): 136-146.

[4] Arnold J M, Javorcik B, Lipscomb M, et al. Services Reform and Manufacturing Performance: Evidence from India [J]. Economic Journal, 2016, 126 (590): 1-39.

[5] Baldwin J, Gu W. The Impact of Trade on Plant Scale, Production - run Length and Diversification [M]//Dunne T, Jensen J, Roberts M. Producer Dynamics: New Evidence from Micro Data Chicago: University of Chicago Press, 2009.

[6] Barone G, Cingano F. Service Regulation and Growth: Evidence from OECD Countries [J]. Economic Journal, 2011, 121 (555): 931-957.

[7] Bas M. Does Services Liberalization Affect Manufacturing Firms' Export Performance? Evidence from India [J]. Journal of Comparative Economics, 2014, 42 (3): 569-589.

[8] Bernard A B, Redding S J, Schott P K. Multiple-Product Firms and Product Switching [J]. American Economic Review, 2010, 100 (1): 70-97.

[9] Bernard A B, Redding S J, Schott P K. Multi-Product Firms and Trade Liberalization [J]. The Quarterly Journal of Economics, 2011, 126 (3): 1271-1318.

[10] Beverell C, Fiorini M, Hoekman B. Services Trade Policy and Manufacturing Productivity: The

Role of Institutions [J]. Journal of International Economics, 2017, 104 (C): 166-182.

[11] Bustos P. Trade Liberalization, Exports, and Technology Upgrading: Evidence on the Impact of Mercosur on Argentinian firms [J]. American Economic Review, 2011, 101 (1): 304-340.

[12] Chatterjee A, Dix-Carneiro R, Vichyanond and J. Multi-Product Firms and Exchange Rate Fluctuations [J]. American Economic Journal: Economic Policy, 2013, 5 (2): 77-110.

[13] Feenstra R C, Kee H L. Trade Liberalisation and Export Variety: A Comparison of Mexico and China [J]. World Economy, 2007, 30 (1): 5-21.

[14] Feng L, Li Z, Swenson D L. The Connection Between Imported Intermediate Inputs and Exports: Evidence from Chinese Firms [J]. Journal of International Economics, 2016, 101 (C): 86-101.

[15] Fernandes A M, Paunov C. Foreign Direct Investment in Services and Manufacturing Productivity: Evidence for Chile [J]. Journal of Development Economics, 2012, 97 (2): 305-321.

[16] Fernandes A M, Paunov C. The Risks of Innovation: Are Innovating Flrms Less Likely to Die? [R]. Working Paper, 2012.

[17] Francois J, Hoekman B. Services Trade and Policy [J]. Journal of Economic Literature, 2010, 48 (3).

[18] Hayakawa K, Mukunoki H, Yang C. Liberalization for Services FDI and Export Quality: Evidence from China [J]. Journal of the Japanese and International Economies, 2020, 55: 1-11.

[19] Head K, Jing R, Swenson D L. From Beijing to Bentonville: Do Multinational Retailers Link Markets? [J]. Journal of Development Economics, 2014, 110: 79-92.

[20] Hirsch S, Lev B. Sales Stabilization through Export Diversification [J]. The Review of Economics and Statistics, 1971, 53 (3): 270-277.

[21] Hoekman B, Shepherd B. Services Productivity, Trade Policy and Manufacturing Exports [J]. The World Economy, 2017, 40 (3): 499-516.

[22] Iacovone L, Javorcik B S. Multi-Product Exporters: Product Churning, Uncertainty and Export Discoveries [J]. Economic Journal, 2010, 120: 48-499.

[23] Jansen M. Income Volatility in Small and Developing Economies: Export Concentration Matters [R]. WTO Discussion Paper, 2004.

[24] Javorcik B S, Li Y. Do the Biggest Aisles Serve a Brighter Future? Global Retail Chains and Their Implications for Romania [J]. Journal of International Economics, 2013, 90 (2): 348-363.

[25] Khandelwal A K, Schott P K, Wei S J. Trade Liberalization and Embedded Institutional Reform: Evidence from Chinese Exporters [J]. American Economic Review, 2013, 103 (6): 2169-2195.

[26] Lall S. The Technological Structure and Performance of Developing Country Manufactured Exports, 1985-98 [J]. Oxford development studies. 2000, 28 (3): 337-369.

[27] Lopresti J. Multiproduct Firms and Product Scope Adjustment in Trade [J]. Journal of International Economics, 2016, 100: 160-173.

[28] Lu Y, Tao Z, Zhu L. Identifying FDI Spillovers [J]. Journal of International Economics, 2017, 107: 75-90.

[29] Mayer T, Melitz M J, Ottaviano G I. Market Size, Competition, and the Product Mix of Exporters [J]. American Economic Review, 2014, 104 (2): 495-536.

[30] Mayer T, Melitz M J, Ottaviano G I. Product Mix and Flrm Productivity Responses to Trade

Competition [J]. The Review of Economics and Statistics, 2021, 103 (5): 874-891.

[31] Melitz M J. The Impact of Trade on Intra-industry Reallocations and Aggregate Industry Productivity [J]. Econometrica, 2003, 71 (6): 1695-1725.

[32] Nocke V, Yeaple S. Globalization and Multiproduct Flrms [J]. International Economic Review, 2014 (55): 993-1018.

[33] Nordas H K, Kim Y. The Role of Services for Competitiveness in Manufacturing [R]. 2013.

[34] Yu M. Processing Trade, Tariff Reductions and Firm Productivity: Evidence from Chinese Firms [J]. The Economic Journal, 2015, 125 (585): 943-988.

[35] Zahavi T, Lavie D. Intra-Industry Diversification and Firm Performance [J]. Strategic Management Journal, 2013, 34 (8): 978-998.

[36] 樊纲, 关志雄, 姚枝仲. 国际贸易结构分析: 贸易品的技术分布 [J]. 经济研究, 2006 (8): 70-80.

[37] 黄先海, 周俊子. 中国出口广化中的地理广化、产品广化及其结构优化 [J]. 管理世界, 2011 (10): 20-31.

[38] 江小涓. 我国出口商品结构的决定因素和变化趋势 [J]. 经济研究, 2007 (5): 4-16.

[39] 李兵, 李柔. 互联网与企业出口: 来自中国工业企业的微观经验证据 [J]. 世界经济, 2017 (7): 102-125.

[40] 李方静, 张静. 服务贸易自由化程度对企业出口决策的影响探析 [J]. 世界经济研究, 2018 (6): 44-57.

[41] 李钢, 聂平香. 新时期中国服务业开放战略及路径 [M]. 北京: 经济科学出版社, 2016.

[42] 刘竹青, 盛丹. 贸易自由化、产品生命周期与中国企业的出口产品结构 [J]. 经济学 (季刊), 2021, 21 (1): 263-284.

[43] 钱学锋, 熊平. 中国出口增长的二元边际及其因素决定 [J]. 经济研究, 2010 (1): 65-79.

[44] 沈国兵, 沈彬朝. 实施 RCEP 协定与出口多元化: 来自中国的证据 [J]. 东南大学学报 (哲学社会科学版), 2022 (2): 32-47.

[45] 盛斌. 中国工业贸易保护结构政治经济学的实证分析 [J]. 经济学 (季刊), 2002 (2).

[46] 施炳展. 互联网与国际贸易——基于双边双向网址链接数据的经验分析 [J]. 经济研究, 2016 (5): 172-187.

[47] 孙浦阳, 侯欣裕, 盛斌. 服务业开放、管理效率与企业出口 [J]. 经济研究, 2018 (7): 136-151.

[48] 姚洋, 章林峰. 中国本土企业出口竞争优势和技术变迁分析 [J]. 世界经济, 2008 (3): 3-11.

[49] 易靖韬, 蒙双. 贸易自由化、企业异质性与产品范围调整 [J]. 世界经济, 2018 (11): 74-97.

[50] 易先忠, 欧阳峣, 傅晓岚. 国内市场规模与出口产品结构多元化: 制度环境的门槛效应 [J]. 经济研究, 2014 (6): 18-29.

[51] 张艳, 唐宜红, 周默涵. 服务贸易自由化是否提高了制造业企业生产效率 [J]. 世界经济, 2013 (11): 51-71.

附 录

附表 1　制造业行业与 HS4 位码匹配

IO 行业代码	IO 行业	HS4
1	农林牧渔产品和服务	0101-0106；0301-0302；0307-0308；0502；0504-0508；0510-0511；0601-0604；1001；1003-1004；1005；1007-1008；1201-1202；1204-1214；1301-1302；1401；1404
2	煤炭采选产品	2701-2703
3	石油和天然气开采产品	2709；2711；2714
4	金属矿采选产品	2601-2611；2613-2617；2620-2621
5	非金属矿和其他矿采选产品	2501-2526；2528-2530
6	食品和烟草	0201-0210；0303-0306；0401-0410；0701-0714；0801-0814；0901-0910；1006；1101-1109；1501-1517；1521-1522；1601-1605；1701-1704；1801-1806；1901-1905；2001-2009；2101-2106；2201-2209；2301-2309；2401-2403
7	纺织品	5001-5007；5101-5113；5201-5212；5301-5303；5305-5311；5601-5609；5701-5705；5801-5811；5901-5911；6001-6006；6101-6117；6301-6310
8	纺织服装鞋帽皮革羽绒及其制品	4101-4107；4112-4115；4201-4206；4301-4304；6201-6217；6401-6406；6501-6507；6701-6704；9404
9	木材加工品和家具	4401-4421；4501-4504；4601-4602；9401-9403
10	造纸印刷和文教体育用品	4701-4707；4801-4814；4816-4823；4901-4911；9201-9202；9205-9209；9503-9508；9608-9612
11	石油、炼焦产品和核燃料加工品	2704-2708；2710；2712-2713；2715
12	化学产品	1518；1520；2801-2837；2839-2850；2853；2901-2942；3001-3006；3101-3105；3201-3215；3301-3307；3401-3407；3501-3507；3601-3606；3701-3707；3801-3826；3901-3926；4001-4017；5401-5408；5501-5516
13	非金属矿物制品	6801-6815；6901-6914；7001-7011；7013-7020；7101-7107；7116；9003-9004
14	金属冶炼和压延加工品	2618-2619；7201-7229；7401-7410；7501-7506；7601-7607；7801-7802；7804；7901-7905；8001；8003；8101-8113
15	金属制品	6601；7110-7115；7117-7118；7301-7326；7411-7415；7418-7419；7507-7508；7608-7616；7806；7907；8007；8201-8215；8301-8311；9406
16	通用设备	8401-8414；8416；8418-8420；8452；8456-8468；8480-8484
17	专用设备	8417；8421-8422；8424-8449；8451；8453-8455；8474-8479；8486-8487；9018-9022；9303-9307
18	交通运输设备	8601-8609；8701-8709；8711-8716；8801-8805；8901-8907
19	电气机械和器材	8415；8450；8501-8516；8530-8539；8544-8548；9405
20	通信设备、计算机和其他电子设备	8470-8471；8517-8519；8521-8523；8525-8529；8540-8543

续表

IO 行业代码	IO 行业	HS4
21	仪器仪表	8423；8469；8472 – 8473；9001 – 9002；9005 – 9008；9010 – 9017；9023 – 9033；9101–9114
22	其他制造产品	6602–6603；9601–9607；9613–9619；9701–9706；9801；9803；9804

注：IO 行业为 2012 年中国投入产出表中的制造业行业分类。HS4 为 HS07 版本海关 HS4 位编码。

资料来源：作者根据盛斌（2002）整理得来。

附表 2　FDI 限制性指数行业匹配

IO 行业代码	IO 行业	FDI 限制性指数行业
1	农林牧渔产品和服务	Agriculture & Forestry & Fisheries
2	煤炭采选产品	Mining & Quarrying（incl. Oil extr.）
3	石油和天然气开采产品	Oil ref. & Chemicals
4	金属矿采选产品	Mining & Quarrying（incl. Oil extr.）
5	非金属矿和其他矿采选产品	Mining & Quarrying（incl. Oil extr.）
6	食品和烟草	Food and other
7	纺织品	Food and other
8	纺织服装鞋帽皮革羽绒及其制品	Food and other
9	木材加工品和家具	Food and other
10	造纸印刷和文教体育用品	Food and other
11	石油、炼焦产品和核燃料加工品	Oil ref. & Chemicals
12	化学产品	Oil ref. & Chemicals
13	非金属矿物制品	Metals，machinery and other minerals
14	金属冶炼和压延加工品	Metals，machinery and other minerals
15	金属制品	Metals，machinery and other minerals
16	通用设备	Electric，Electronics and other instruments
17	专用设备	Electric，Electronics and other instruments
18	交通运输设备	Transport equipment
19	电气机械和器材	Electric，Electronics and other instruments
20	通信设备、计算机和其他电子设备	Electric，Electronics and other instruments
21	仪器仪表	Electric，Electronics and other instruments
22	其他制造产品	Food and other
29	批发和零售	Distribution
30	交通运输、仓储和邮政	Transport
31	住宿和餐饮	Hotels & restaurants
32	信息传输、软件和信息技术服务	Communications
33	金融	Financial services
34	房地产	Real estate investment

IO 行业代码	IO 行业	FDI 限制性指数行业
35	租赁和商务服务	Business services
36	科学研究和技术服务	
37	水利、环境和公共设施管理	
38	居民服务、修理和其他服务	
39	教育	Other services
40	卫生和社会工作	
41	文化、体育和娱乐	
42	公共管理、社会保障和社会组织	

注：IO 行业为 2012 年中国投入产出表中的行业分类。FDI 限制性指数行业为 OECD FDI 限制性指数数据库中的行业分类。
资料来源：作者整理。

附表 3　主要变量的描述性统计

Variable	Obs	Mean	Std. Dev.	Min	Max
export value	635488	14.114	2.040	0.000	24.061
div_hhi	635488	0.656	0.364	0.000	1.000
CSL	635488	0.543	0.061	0.000	0.797
DSL	635488	0.772	0.229	0.000	0.993
des_gdp	635488	9.969	1.174	0.138	11.583
des_tariff	635488	1.760	0.470	0.000	3.144
China_tariff	635488	2.380	0.281	0.381	2.898
China_manuf_lib	635488	0.192	0.072	0.070	0.637
des_manuf_lib	635488	0.018	0.038	0.000	0.691

注：*export value* 是企业出口额的对数形式；*div_hhi* 是对 HS6 位码产品基于 HHI 指数衡量的产品多元化指数；*CSL* 是中国年份—省份—行业层面的服务业开放指数；*DSL* 是企业面临的加权目的国服务贸易开放指数；*des_gdp* 是企业面临的加权目的国人均 GDP 水平的对数形式；*des_tariff* 是企业面临的加权目的国关税水平的对数形式；*China_tariff* 是中国行业层面进口关税水平的对数形式；*China_manuf_lib* 是中国制造业行业的 FDI 限制指数；*des_manuf_lib* 是企业面临的加权目的国制造业行业 FDI 限制指数。

Mutual Liberalization in Services and Export Product Diversification

BAI Zhuoran   ZHANG Yan   HE Wenxin

Abstract: From the perspective of product mix, this paper investigates the effect of service liberalization in both China and destination countries on the export structure of Chinese manufacturing firms. Using the OECD FDI Regulatory Restrictiveness Index to measure service liberalization in China and destination country, this paper examines the effect of service liberalization with China customs transaction data of manufacturing firms from 2010 to 2016. We find that service liberalization in both China and destinations will significantly promote the expansion of export scale and export product diversity. After considering endogeneity issues such as alternative measures and firm ownership characteristics, our conclusions are still robust. Further, service liberalization in China will significantly increase the general trade proportion and exporting technology intensity, and simultaneously, the service liberalization in destination countries will also significantly increase the general trade proportion of domestic enterprises. In this current international situation with such instability, the high-quality development of China's exports requires the further liberalization in service industry, not only China's services liberalization, but also the development of bilateral or multilateral service trade agreements, and the simultaneous bilateral liberalization of services in both China and destination country.

Keywords: Services Liberalization; Bilateral Opening; Firm Export; Product Mix

中国海运服务贸易出口潜力

——基于 Heckman 样本选择模型的实证分析*

刘思睿　黄满盈**

内容提要： 海运服务贸易作为对外服务贸易的重要组成部分，在中国经济高质量发展和全面参与全球竞争中发挥着重要作用。由于不同贸易伙伴之间产生的贸易创造效应大相径庭，本文将从出口市场结构视角对中国海运贸易的出口潜力进行经验分析。考虑到因 WTO 海运服务出口数据报告不足而导致的 0 值样本问题，本文将运用 Heckman 样本选择模型实证研究海运服务贸易出口的影响因素，并以此量化中国海运服务贸易的出口潜力，为中国海运服务出口寻找具有持续开发潜力的贸易市场。研究发现：①如果不考虑双边海运服务出口中的 0 值样本问题，会存在内生性样本选择偏差，从而导致估计结果有偏。②贸易双方海运服务开放度越高、距离越近，出口方的港口建设水平越高，进口方的经济规模越大，既会增加双边海运服务出口发生的概率，也会增加双边海运出口的规模；出口方经济规模对本国海运服务贸易出口的影响具有一定的滞后性。③过去十年中国对不同国家和地区海运服务出口情况不同，应警惕"贸易过度"市场，关注"贸易不足"市场，实现中国海运服务贸易出口潜力的充分挖掘。

关键词： 海运服务贸易；出口潜力；Heckman 样本选择模型

中图分类号： F746.12

一、引言

海运是一个庞大的全球性产业，在这个产业中，通常以船舶为载体跨越海洋进行国际货物和旅客的运输，并提供相关的辅助服务。具体而言，海运既包括常见的货物运输和旅客运输，也涉及一系列难以观测到的操作，如装卸、仓储、保管以及集装箱船站等辅助服务领域。在运输行业的各细分部门中，海运具有较大规模且与国际竞争力息息相关，可直接创造 GDP 和就业，在节能减排、缓解城市拥堵以及适应人民日益增长的美好生活需要方面具有独特优势。据统计，海运承担了全球近九成的货物运输。与此同时，国际海洋运输服务贸易与商品贸易相伴相生，成为服务贸易的重要部门，2016~2020 年，全球海运服务贸易进出口总额接近 5000 亿美元，占全球服务贸易总额近 9%，位列服务贸易细分行业之首。

---

　* 基金项目：国家社会科学基金一般项目"中国双边服务贸易出口潜力及贸易壁垒研究"（14BJY224）。

　** 作者简介：刘思睿，女，山西左权人；电子邮箱：Liusirui7788@163.com。黄满盈，男，河南内乡人，教授；电子邮箱：hmanying@163.com。

因其重要的经济价值和社会价值，海运服务贸易得到了党和国家的高度重视。党的十八大以来，"一带一路"倡议、海洋强国、贸易强国和交通强国等的实施都对海运发展提出了新要求。《"十四五"服务贸易发展规划》指出，要大力增强国际运输服务能力；党的二十大报告指出，发展海洋经济，保护海洋生态环境，加快建设海洋强国。这些重要论述为企业在海运市场调整时期，抓住"中国因素"机遇、加快海运船队发展、优化外贸运输结构、促进高质量发展提供了良好的政策环境和机遇。

过去十年间，尽管面临国内外一系列深刻变化，中国海运业依旧抓住机遇，加快发展。已有数据显示，2010~2020年，中国海运船队实现了年均11.5%的持续快速增长，较全球海运船队的平均增速高6.4个百分点①，也顺应经济发展趋势，积极探索第三代物流服务功能，并向第四代网络化功能拓展。这些发展成就标志着中国海运竞争力持续提升，直接推动了中国海运服务贸易出口在2020年达到463亿美元，2021年进一步增长到790亿美元，居世界首位，与2005年相比增长了6倍，年均增速达13.1%，超过了同期货物贸易和服务贸易出口的增速（10.1%和9.1%）②。值得说明的是，2020年全球新冠疫情暴发后，以客运为主的国际航空服务受到重创，客运量同比下降约90%③，而以货运为主的海运服务实现强势增长，货运量同比上升近360%④，成为三年特殊经济形势下中国运输服务贸易增长的主要推动力量。全球领先的航运研究公司克拉克森在2023年8月发布的最新数据显示，以总吨位计算，中国拥有的船舶数量已达2.492亿总吨，占全球的15.9%，超越希腊成为了全球第一大船东国。

尽管增长势头强劲，中国海运服务贸易也不乏问题和挑战：①所占世界市场份额较低，2021年世界海运服务出口额为5582亿美元，中国占比为14.1%⑤；②结构失衡，长期处于逆差状态，逆差额由2005年的73亿美元上升到2021年的152亿美元⑥，约占中国服务贸易逆差的31.9%，在海运服务贸易逆差各国中居首位；③竞争力还不够强，2020年中国海运服务贸易出口规模只有海运服务强国新加坡的80%⑦。从商船队的规模来看，中国运力规模2.45亿载重吨，只有世界海运强国希腊载重规模的66%⑧。上述均表明中国建设海运服务贸易强国仍任重道远，无论从理论层面还是现实层面来看，都有重要的研究意义。

基于上述背景，本文提出进行"中国海运服务贸易出口潜力分析"研究的必要性和重要性。主要研究思路为：首先，根据21个国家和地区与47个贸易伙伴报告的双边海运服务贸易出口数据，探寻影响双边海运服务贸易出口的因素及其作用机制；其次，计算中国对相应贸易伙伴的海运服务出口模拟值，对中国海运服务贸易在不同市场的出口潜力进行测度；再次，进一步思考中国和贸易伙伴的海运服务开放度的提高，是否会带动中国海运服务出口增长；最后，根据实证检验结果，得出结论与政策启示。具体来说，本文拟从出口市场结构视角对中国海运服务贸易的出口潜力作实证分析，探索到底哪些因素决定了中国海运服务的出口，中国对不同市场的海运服务出口潜力如何，扩大中国海运服务出口市场规模的同时，如何优化海运服务出口的市场结构。如能科学解答这一系列问题，将有助于识别中国海运服务贸易发展潜力的存在性并理清内在发展机理，以帮助我们正确应对中国海运服务贸易面临的机遇和挑战。如果通过研究证明海运服务贸易出口潜力这一指标科学可靠，对于构建更具针对性的高质量海运服务发展格局、实现海运强国目标，具有重要的理论意义和战略意义。

---

① 资料来源于中国交通运输部2010年、2020年交通运输行业发展统计公报。
②⑤⑥⑦ 资料来源于WTO统计数据库。
③ 资料来源于中国交通运输部2020年、2022年民航行业发展统计公报。
④ 资料来源于中国交通运输部2020年、2022年水路货物运输量公开数据。
⑧ 资料来源于中国交通运输部2020年交通运输行业发展统计公报。

本文的创新点主要体现在以下三方面：第一，创新研究视角。与以往研究仅关注海运服务贸易实践中的突出问题不同，本文从海运服务出口市场结构的视角进行分析，不仅更具有针对性，也为其他细分行业的服务贸易出口潜力测度提供新的研究框架。第二，创新研究内容。不同于以往研究止步于海运服务贸易的影响因素分析，本文把握从一般到特殊的发展规律，进一步测度中国双边海运服务贸易出口潜力，并进一步模拟海运服务自由化。第三，创新研究方法。对于中国海运服务出口数据报告不足而导致的 0 值样本问题，不同于以往研究直接忽略或是简单线性插值，本文运用面板 Heckman 样本选择模型解决上述数据测量偏误问题，并加入国家固定效应和动态面板系统 GMM 进行稳健性检验，确保检验结果科学可靠。除此之外，现有实证研究中较多考虑经济因素对海运服务贸易产生的影响及作用机制，出现"政冷经热"的现象，本文创新性地引入双边政治关系变量，并使用各国在联合国大会投票理想点距离作为双边政治关系的代理变量，充分关注这一非正式制度对海运服务贸易出口的影响。

二、文献述评

根据研究对象，本文大致从海运贸易发展情况和服务贸易出口影响因素两方面进行文献整理和总结。

1. 有关海运贸易发展情况的文献述评

海运贸易近年来受到了学者们的广泛关注（邱志萍和秦淑悦，2022），现有文献大致按不同研究视角和不同理论视角可以分为两类。

从研究视角看，一些学者从海运开放度视角展开研究，尝试从船队结构、船舶登记制度、港航企业商业模式（宋春玲等，2016）、海运服务开放度（李晨等，2015）、海运服务对外开放法律（刘海燕，2017）等方面对中国海运服务贸易进行分析并给出相应的对策；一些学者则从全球价值链（王玲等，2021）的视角对中国在国际运输贸易中的网络地位进行评估，研究结果表明，中国的节点中心地位位居第 7，与美国、法国、德国、英国、意大利等国相比，在联系广度、独立性和互动性等方面存在较大差距；更多学者则从竞争力角度出发进行研究，比较突出的文献是对国际运输贸易或海运贸易的竞争力进行比较研究，比如，宣善文（2019）运用国际市场占有率（Market Occupancy Ratio，MOR）、显示性比较优势（Revealed Comparative Advantage，RCA）等指数对中国与发达国家的运输贸易国际竞争力进行了比较分析，得出结论为中国运输贸易的国际竞争力较弱，贸易结构发展不平衡。

从理论视角看，对中国海运贸易竞争力的影响因素进行实证分析。例如，李娜（2019）将选取的 13 个指标放入"钻石"模型框架，运用 PLS 模型进行实证分析，研究结果指出，海运服务贸易的开放度在影响力方面占据首要地位，其他 12 个指标则相对较弱。

2. 有关服务贸易出口影响因素的文献述评

经济合作与发展组织公开双边服务贸易数据后，许多研究人员对服务贸易的关注度与日俱增，相关文献大多遵循反映现状和影响因素两大思路。

从现状研究来看，一些学者将中国与一些发达国家的服务贸易的发展现状进行对标分析（牛欢和彭说龙，2021），指出中国已逐渐摘掉"制造大国"的帽子，向"制造强国"转变，但中国仍只在与传统贸易相关的服务领域具备典型优势，在高新技术等先进服务领域与英国、美国、法国、澳大利亚等发达国家存在较大差距。这增加了中国实现高质量服务贸易出口的难度，因此，程大中等（2017）对服务贸易的出口复杂度进行了估计，并使用附加值溯源分解法测算服务贸易增加值，为选择服务贸易出口对象提供量化方法。也有一些学者提出解决上述复杂情况的方法，如赵若锦等（2021）建议中国借鉴爱尔兰发展服务贸易的经验，创新发展模式和路径，讲中国故事，传递中国服务。

从影响因素来看，国内外学者的研究囊括了经济、政治、文化、社会等多种因素。比如，国内生产总值、贸易双方距离、经济自由度、语言文字等因素会影响金融服务出口情况；区域服务贸易协定中的法律因素作为非正式制度也会产生作用（陈丽丽和龚静，2014），以及引力模型中的经典变量——地理距离（郭明英，2019）也是学者们关注的重点。

3. 文献综述

从研究视角看，尽管学术界关于海运贸易和服务贸易的文献资料较为充足，但将二者结合起来探究海运服务贸易出口潜力的研究较少，其中，大多数学者聚焦海运服务贸易实践的突出问题，却少有从海运服务出口市场结构的视角进行分析。事实上，海运服务出口市场结构问题在一定程度上决定了贸易结构的进一步优化和布局。根据 WTO 的统计数据，中国海运服务出口的市场结构相对集中，2012～2020 年中国对丹麦、法国、比利时、希腊四个市场的海运服务出口额平均达 40.44 亿美元，约占中国海运服务出口的 1/8[①]。

从研究方法看，开放度问题、竞争力问题等是本文的重要参考。Francois（2001）将引力模型率先运用到服务贸易分析中，经修正和扩展，其在国际贸易流量研究中得到广泛应用（盛斌和廖明中，2004）。考虑到服务贸易和货物贸易有所区别，相关学者不断改进引力模型的估计方法，用于服务贸易总体和部门的流量研究，但运用引力模型来研究海运服务贸易者尚不多见。

从引力模型的运用情况看，数据测量偏误导致的偏差是常见的一类问题。而由于数据统计方面的原因，在双边贸易流量特别是双边服务贸易流量的统计中，经常会出现大量 0 值样本导致可能出现结论偏误（Heckman，1979；Helpman et al.，2008；Liu，2009）。国外学者 Westerlund 和 Wilhelmsson（2011）使用扩展的泊松回归模型处理这一问题，Helpman 等（2008）则通过两阶段回归来解决。而国内相关文献对这一问题的解决方式尚不成熟，周念利（2012）、邓晓虹和黄满盈（2014）选择用 0.025 替代 0 值，虽然求对数后该数值变得微乎其微，但这种人为更改的情况或多或少会影响到结论的准确性。在计量经济学中，Heckman 两阶段模型是处理这一问题的相对有效的方法（李坤望和刘健，2012）。因此，本文基于扩展的引力模型，运用面板 Heckman 样本选择模型对上述相关问题进行解答。

三、研究设计

1. 模型设定

根据标准引力模型，双边贸易流量和二者的经济总体量成正比，与地理距离成反比。目前对 Francois（2001）引力模型的修正和扩展主要针对距离变量[②]，将简单距离调整为用人口作为权重的加权距离，从而可以更真实地反映双方的贸易成本（Mayer & Zignago，2011）。同时，一些虚拟变量被用来反映双边贸易特征，以此修正和扩大了传统引力模型，比如贸易双方是否拥有共同语言、是否边界相邻、是否有相同殖民历史等（Brandicourt et al.，2008；Kimura & Lee，2006）。

---

① 资料来源：WTO 数据库（https：//data. wto. org/）。
② 简单距离的问题主要有两点：一是假设海运、陆运和空运无差别；二是首都未必是一国的经济中心或者某些国家可能有数个经济中心（Walsh，2006）。

同时，海运服务与一国对外开放程度息息相关。有不少学者研究了海运服务开放度对海运服务竞争力的影响，学者们得出的结论是比较一致的，即由于开放度的提高，海运企业面临的竞争会更加激烈，从而优化海运行业结构，提高海运行业的竞争力（Myrna，2003；Rosellon & Yap，2010；陈双喜等，2011；储昭昉等，2012；李晨等，2015）。因此，本文也在模型中加入海运服务开放度指标以考察其对双边海运服务贸易流量的影响。

如今，大型化、专业化以及集成化的船舶已经在世界航运市场上占据主导地位，2021 年全球 100 吨以上的商船队已经接近了 10 万艘[①]，这对港口建设提出了更高要求。陈双喜等（2011）、李晨和郭浩然（2013）等也实证研究了港口建设水平对中国海运服务贸易的影响，因此，本文也在模型中加入集装箱港口吞吐量，以反映港口建设水平对双边海运服务贸易流量的影响。

值得一提的是，本文引入双边政治关系这一影响因素，这是之前研究中未考虑的新观点。首先，参考 Bailey 等（2017）的方法，本文认同其通过联合国大会投票数据衡量各国的政治立场的观点，并利用这一数据构造出一组理想点集，然后计算两国理想点距离之差的绝对值。这一距离越大，两国政治关系越紧张；反之表明政治关系友好。根据前人研究结果，本文预计这种紧张关系可能对海运服务贸易的出口产生不利影响。

此外，船舶吨位是影响海运贸易量的重要因素，大型船舶在承载大量货物、实现高效运输的同时也会催生更多的海运服务贸易出口，因此，船舶吨位可以影响到海运服务贸易的出口规模、成本效率以及供应链管理等方面，预计这一因素会对海运服务贸易产生正向促进作用。但由于世界各国对用于国际贸易的船舶吨位未专门统计，鲜有完整数据进行统计分析，因此，在基准回归中暂不考虑这一控制变量。但在后文的拓展分析中，本文将以中国船舶吨税为代理变量，模拟计算中国海运服务贸易的出口潜力。

综上所述，本文在已有研究的基础上，扩展标准的引力模型，得到如下理论模型：

$$\ln EX_{ijt} = \beta_1 \ln GDP_{it} + \beta_2 \ln GDP_{jt} + \beta_3 \ln DIS_{ij} + \beta_4 \ln EFW_{it} + \beta_5 \ln EFW_{jt} + \beta_6 \ln CPT_{it} + \beta_7 \ln CPT_{jt} +$$
$$\beta_8 \ln IPD_{ijt} + \beta_9 ADJ_{ij} + \beta_{10} COL_{ij} + \alpha_i + \delta_t + \varepsilon_{ijt} \tag{1}$$

其中，α_i 和 δ_t 表示个体效应和时间效应，ε_{ijt} 是随机误差项，其他各变量的具体含义及数据来源如表 1 所示。

表 1 数据说明及来源

变量符号	含义	预期符号	数据来源
$\ln EX_{ijt}$	t 期经济体 i 对经济体 j 的海运服务出口		WTO 数据库[②]
$\ln GDP_{it}$	t 期出口方 i 的 GDP	+	世界发展指标（WDI）数据库
$\ln GDP_{jt}$	t 期进口方 j 的 GDP	+	世界发展指标（WDI）数据库
$\ln DIS_{ij}$	经济体 i 和 j 之间的物理距离	−	CEPII 数据库[③]
$\ln EFW_{it}$	t 期出口方 i 的海运服务开放度	+	加拿大菲莎研究所
$\ln EFW_{jt}$	t 期进口方 j 的海运服务开放度	+	加拿大菲莎研究所
$\ln CPT_{it}$	t 期出口方 i 的集装箱港口吞吐量	+	世界发展指标（WDI）数据库

---

① 来自克拉克森研究公司 2023 年 7 月公布数据。

② 资料来源：WTO 数据库（https：//data. wto. org/）。

③ CEPII 数据库共提供了两类距离数据：简单距离和加权距离。其中简单距离并不能准确地反映两国之间的真实距离，因此本文采用基于城市数据的加权距离。

续表

变量符号	含义	预期符号	数据来源
$\ln CPT_{jt}$	t 期进口方 j 的集装箱港口吞吐量	+	世界发展指标（WDI）数据库
$\ln IPD_{ij}$	经济体 i 和 j 之间的双边政治情况	−	联合国大会投票数据库
ADJ_{ijt}	虚拟变量，表示经济体 i 和 j 之间是否拥有共同边界，有则取 1，否则取 0	+	CEPII 数据库
COL_{ij}	虚拟变量，表示经济体 i 和 j 之间是否有殖民联系，是则取 1，否则取 0	+	联合国非殖民化委员会数据库

资料来源：作者整理。

经过统计，总样本数量 814 个，其中有 9.68% 的海运服务贸易出口额为 0，进一步研究发现，这与 WTO 数据库的统计单位（百万美元）有关，当贸易额不足 100 万美元时，系统默认为 0。但从定量分析的基本原理来看，忽略或剔除 0 值的前提是随机性，事实上，这些双边海运服务出口为 0 的样本仍然是由双方的经济规模、开放度、港口建设水平等因素内生决定的，只不过规模较小才显示为 0。此时，如果人为将这些 0 值样本排除在外，必然导致估计结果有偏（Heckman，1979；Helpman et al.，2008；Liu，2009）[①]。

针对这一问题，本文将在已有研究的基础上，采用 Heckman 两阶段模型解决。根据 Heckman 模型基本原理，首先要进行样本选择方程的估计，具体模型如下：

$$Probit(d\ln EX_{ijt}=0,\ 1)=\gamma d\ln EX_{ij,t-1}+\beta_1\ln GDP_{it}+\beta_2\ln GDP_{jt}+\beta_3\ln DIS_{ij}+\beta_4\ln EFW_{it}+\beta_5\ln EFW_{jt}+$$
$$\beta_6\ln CPT_{it}+\beta_7\ln CPT_{jt}+\beta_8\ln IPD_{ij}+\beta_9ADJ_{ij}+\beta_{10}COL_{ij}+\alpha_i+\delta_t+\varepsilon_{ijt} \qquad (2)$$

基于现实经济意义[②]和模型识别[③]两方面的考虑，本文在方程（2）中加入了虚拟变量 $d\ln EX_{ij,t-1}$，表示滞后一期双边海运服务出口是否大于 0，其他变量和式（1）的含义相同（如表 1 所示），Probit 表示 t 期双边海运服务出口大于 0 的概率。

接下来，根据式（1）对出口规模决定方程进行 Heckman 两阶段估计，只有 $Probit(d\ln EX_{ijt}=0,\ 1)>0$ 时，$\ln EX_{ijt}$ 才可观测。根据 Stata16 中 xtheckman 的估计命令，运行结果中会提供两个相关系数：corr（e. dlnEX，e. lnEX）和 corr（dlnEX［id］，lnEX［id］），分别表示样本选择方程和规模决定方程误差方差的相关系数、样本选择方程和规模决定方程个体随机效应的相关系数。如果这两个相关系数有一个显著不等于 0，就表明样本在选择上存在内生偏差，从而证明 Heckman 模型的正确性。

2. 样本选择及数据说明

在 WTO 海运服务贸易的统计中，主要有 20 个国家和地区报告了其双边海运服务贸易的出口数据[④]，关于它们的贸易伙伴，考虑到代表性、区域性和获取难度，本文共选择了 47 个[⑤]。由

[①] 如果仅对双边海运服务出口规模大于 0 的样本进行回归，其实是采用了一个自我选择样本，而非随机样本，这种非随机的数据筛选将导致估计结果有偏（李坤望和刘健，2012）。

[②] 因为现实中双边贸易流量往往会具有较高的持续性（Zarzoso et al.，2009），即前一期的出口流量往往会对后一期产生一定影响，因此加入滞后一期双边海运服务出口是否大于 0 的虚拟变量有着较强的经济意义。

[③] 因为根据 Heckman 两阶段模型，选择方程中至少要有一个解释变量不出现在出口规模决定方程中，因此加入该变量便于模型的有效识别。

[④] 它们分别是奥地利、比利时、保加利亚、捷克、丹麦、芬兰、法国、德国、希腊、匈牙利、冰岛、爱尔兰、意大利、日本、荷兰、波兰、葡萄牙、罗马尼亚、俄罗斯和瑞典。

[⑤] 除了上述 20 个国家和地区外，还包括英国、美国、澳大利亚、加拿大、西班牙、瑞士、中国香港、卢森堡、斯洛伐克、斯洛文尼亚、新西兰、以色列、韩国、新加坡、阿根廷、巴西、智利、中国、埃及、印度、印度尼西亚、马来西亚、墨西哥、菲律宾、南非、泰国和土耳其。

于各报告经济体提供的贸易伙伴数量不等①，本文选择的样本数量共计 814 个，而不是 940 个（20×47）。根据 WTO 的统计数据计算，2021 年这 47 个样本经济体的海运服务出口占世界市场的份额达 92.3%。因此，用这 47 个经济体的数据来对双边海运服务贸易流量的决定方程进行拟合具有很强的代表性。

模型中各变量的数据来源如表 1 所示。其中关于海运服务开放度，现有文献较多使用的代理变量是贸易依存度，但该指标常受到贸易市场情况、货币财政政策、自然禀赋以及对外贸易联系等因素干扰，是一个噪音很大的代理变量（周念利，2012）。实证研究中，有不少学者采用澳大利亚生产力委员会的 TRI 指数（Grünfeld & Moxnes，2003）、经济合作与发展组织（Organization for Economic Co-operation and Development，OECD）的产品市场监管（Product Market Regulation，PMR）指标（Lejour & Verheijden，2004；Kox & Lejour，2005）及服务贸易限制指数（Service Trade Restrictiveness Index，STRI）反映一国的服务贸易保护水平。但这些指标要么是截面数据，要么涉及的样本数据有限，因此本文选择加拿大菲莎研究所报告的经济自由度（Economic Freedom of the World，EFW）指数中的国际贸易自由度指数来反映一国的海运贸易开放水平②，并使用以 2000 年为基期的面板数据集作为可比数据。同时，考虑到双边政治关系的复杂性和多样性，这一指标的测度，一直是科学研究双边政治关系效应的重点，也是难点。以前的研究主要使用建交时间、高层互访、双边冲突等可以直接观察和获取的数据来衡量双边政治关系。为避免受到研究者主观意识的影响，参照刘敏等（2020）研究，本文根据联合国大会投票数据计算理想点绝对距离，以更具广泛性、长期性和稳定性的计算方法合理量化双边政治关系。

3. 描述性统计与相关性分析

对于面板引力模型，考虑到异方差的影响，以及变量间可能的非线性关系及回归系数的经济学解释，一般采用其对数形式，因此本文在估计时，也采用这种方法（虚拟变量除外）。模型中各变量的主要统计指标如表 2 所示，由地理距离代理变量的范围在 5.081~9.847 可知，样本覆盖的国别和区域范围较广，各主要解释变量之间存在很大的离散性。

表 2 各变量基本统计量

变量	观测值	均值	标准差	最小值	最大值
$\ln EX_{ijt}$（USD）	7352	13.290	7.228	0	22.930
$\ln GDP_{it}$（USD）	8140	26.910	1.296	23.410	30.780
$\ln GDP_{jt}$（USD）	8140	27.010	2.148	6.655	30.780
$\ln DIS_{ij}$（Kilometers）	8140	8.044	1.094	5.081	9.847
$\ln EFW_{it}$	7326	2.107	0.0699	1.833	2.196
$\ln EFW_{it}$	7321	2.041	0.150	1.128	2.258
$\ln CPT_{it}$（TEU：20 Foot Equivalent Units）	7234	14.680	1.403	12.040	16.970
$\ln CPT_{jt}$（TEU：20 Foot Equivalent Units）	7315	15.550	1.463	11.540	19.390
$\ln IPD_{ij}$（Position Units）	7950	1.231	1.133	0.000158	7.918

① 其中俄罗斯报告的伙伴经济体数量最多，有 45 个；葡萄牙报告的伙伴经济体数量最少，只有 12 个。

② 加拿大菲莎研究所提供的 EFW 指数涉及政府规模、法律体系和财产安全性、货币稳健、国际贸易自由度及政策规制 5 大领域，由于本文的研究对象是海运服务贸易，因此选择其中的第 4 大领域国际贸易自由度来检验海运服务开放度对双边出口贸易流量的影响。

续表

变量	观测值	均值	标准差	最小值	最大值
ADJ_{ijt}	8140	0.0713	0.257	0	1
COL_{ij}	8140	0.0270	0.162	0	1

资料来源：作者整理。

进一步地，本文使用 Pearson 相关性检验初步分析，以排除可能存在的多重共线性风险，统计结果如表 3 所示。进一步方差膨胀因子检验（VIF）各变量的平均数远低于 10，可以排除多重共线性的问题，且面板数据回归会在一定程度上解决共线性带来的风险，此处不做过多赘述。由此可得：本文所选取的变量与海运服务贸易均呈线性相关关系，变动方向也与预期结果和相关的国际贸易理论基本保持一致。

表 3　变量间的相关系数

变量	$\ln EX_{ijt}$	$\ln GDP_{it}$	$\ln GDP_{jt}$	$\ln DIS_{ij}$	$\ln EFW_{it}$	$\ln EFW_{jt}$	$\ln CPT_{it}$
$\ln GDP_{it}$	0.399	1					
$\ln GDP_{jt}$	0.259	0.0776	1				
$\ln DIS_{ij}$	−0.0894	0.0627	0.150	1			
$\ln EFW_{it}$	0.0198	0.00370	0.0257	−0.0630	1		
$\ln EFW_{jt}$	0.0894	−0.0427	−0.0530	−0.332	0.00950	1	
$\ln CPT_{it}$	0.395	0.732	−0.00480	0.0346	−0.00530	−0.0203	1
$\ln CPT_{jt}$	0.165	0.0702	0.400	0.412	0.0215	−0.0558	0.0268
$\ln IPD_{ij}$	−0.0163	−0.159	−0.192	−0.465	0.101	0.335	−0.0688
ADJ_{ijt}	0.151	0.0846	−0.000300	−0.447	0.000700	0.0945	0.0470
COL_{ij}	0.0974	−0.0166	−0.00510	−0.153	0.00670	0.00450	0.000400

变量	$\ln CPT_{jt}$	$\ln IPD_{ij}$	ADJ_{ijt}	COL_{ij}			
$\ln CPT_{jt}$	1						
$\ln IPD_{ij}$	−0.272	1					
ADJ_{ijt}	−0.0866	0.135	1				
COL_{ij}	−0.0364	0.00700	0.337	1			

资料来源：作者整理。

四、实证分析

1. 基准回归

在基准回归前，本文首先使用 BP 检验、过度识别检验（F 检验）和 Hausman 检验在随机效应模型、混合效应模型和固定效应模型中选择最恰当的模型开展后续实证研究。一般而言，用 LM 检验比较混合回归和随机效应（选择随机效应），用 F 检验比较固定效应与随机效应（选择固定效应）。上述三种检验的结果如表 4 所示。由于固定效应模型在估计时使用了每个个体的组内离差信息，难以估计与时间无关的固定变量。另外，根据表4第（2）栏的估计结果，固定效应模型的 R^2 极小，只有0.019，另外模型中的一些重要解释变量，如 $\ln GDP_{it}$ 的符号明显与预期不符。在表4第（3）栏的估计结果中，虽然 $\ln GDP_{it}$ 和 $\ln IPD_{ij}$ 不显著，但通过大量的现实调研和文献阅读，本文发现，这种情况多与经济增长的滞后性有关，即出口方本年的 GDP 增减情况和双边政治关系变化是一个潜移默化的影响过程，难以在当期就作用于贸易出口，导致二者对海运服务贸易的影响并不显著。

表4　扩展的引力模型基本回归的估计结果

$\ln EX_{ijt}$	混合回归（1）	固定效应模型（2）	随机效应模型（3）
$\ln GDP_{it}$	0.775 ***	−2.253 ***	0.185
	(0.086)	(0.399)	(0.188)
$\ln GDP_{jt}$	0.662 ***	0.020	0.084 **
	(0.053)	(0.036)	(0.035)
$\ln DIS_{ij}$	−1.655 ***	0.000	−1.559 ***
	(0.100)	(.)	(0.224)
$\ln EFW_{it}$	1.712	4.278 ***	4.705 ***
	(1.085)	(1.369)	(1.185)
$\ln EFW_{jt}$	3.340 ***	1.193 **	1.318 **
	(0.548)	(0.594)	(0.552)
$\ln CPT_{it}$	1.395 ***	1.871 ***	1.619 ***
	(0.080)	(0.430)	(0.176)
$\ln CPT_{jt}$	0.801 ***	0.517	1.000 ***
	(0.066)	(0.395)	(0.133)
$\ln IPD_{ij}$	−0.192 **	−0.068	−0.087
	(0.080)	(0.066)	(0.064)
ADJ_{ijt}	−0.339	0.000	0.419
	(0.372)	(.)	(0.933)
COL_{ij}	2.806 ***	0.000	2.298 *
	(0.497)	(.)	(1.236)
$\_cons$	−53.972 ***	28.118 ***	−31.772 ***
	(3.377)	(10.179)	(5.099)
时间效应	是	是	是
N	5182	5182	5182
R^2	0.309	0.019	0.0096
Wald chi2		371.07	

注：括号内为国家—年份层面聚类稳健标准误，***、** 和 * 分别表示在1%、5%和10%的水平上显著。如无特别说明，下表同。

资料来源：作者整理。

综上，本文将使用随机效应模型作为基准回归，具体估计结果见表4的第（3）栏。从中可以看出，除上述 $\ln GDP_{it}$ 和 $\ln IPD_{ij}$ 不显著外，其他各变量对双边海运服务出口的影响都是显著的，其中伙伴经济规模越大、距离相近、海运服务开放度越高、港口建设水平越高，则两经济体之间的海运服务出口流量越大。

2. 稳健性检验

（1）加入出口固定效应估计。考虑到非观测的遗漏变量，如行业产业政策、生产消费习惯等，都可能会使估计结果产生偏差，因此，在式（1）中加入国家固定效应重新估计[①]，本文借鉴黄满盈和邓晓虹（2022）的做法，对式（1）作变换进行重新估计：

$$\ln EX_{ijt} = \beta_1 \ln TGDP_{ijt} + \beta_2 \ln DIS_{ij} + \beta_3 \ln TEFW_{ijt} + \beta_4 \ln TCPT_{ijt} + \beta_5 \ln IPD + \beta_6 ADJ_{ij} + \beta_7 COL_{ij} + \alpha_i + \delta_t + \varepsilon_{ijt}$$

（3）

其中，$\ln TGDP_{ijt} = \ln(GDP_{it} + \ln GDP_{jt})$，$\ln TEFW_{ijt} = \ln(EFW_{it} + EFW_{jt})$，$\ln TCPT_{ijt} = \ln(CPT_{it} + CPT_{jt})$，$\alpha_i$ 表示出口方固定效应。这里虽然考虑了出口方固定效应，但由于对 GDP、EFW 和 CPT 等变量进行了加总，就无法分别估计出贸易伙伴双方的 GDP、EFW 和 CPT 等变量的系数。

对式（3）的估计结果见表 5 的第（1）栏，从中可以看出，该估计结果和随机效应模型［见表 4 的第（3）栏］的估计结果基本是一致的，$\ln TGDP_{ijt}$、$\ln DIS_{ij}$、$\ln TEFW_{ijt}$、$\ln TCPT_{ijt}$ 等变量仍然显著，并且符号也保持一致，可以证明基准回归结果稳健。

表 5　稳健性检验的估计结果

$\ln EX_{ijt}$	出口方固定效应（1）	系统 GMM 估计（2）	无滞后（3）	滞后一期（4）	滞后两期（5）	Probit 模型（6）
$L.\ln EX_{ij,t-1}$		0.644*** (0.051)				
$\ln GDP_{it}$		0.395** (0.163)	0.185 (0.188)			−0.000893 (0.158)
$\ln GDP_{jt}$		0.428** (0.192)	0.084** (0.035)	0.084** (0.034)	1.484*** (0.176)	0.117** (0.0476)
$\ln TGDP_{ijt}$	1.044*** (0.207)					
$\ln DIS_{ij}$	−1.303*** (0.164)	−0.811*** (0.290)	−1.559*** (0.224)	−1.580*** (0.226)	−1.382*** (0.223)	−1.479*** (0.223)
$\ln EFW_{it}$		−1.205 (0.990)	4.705*** (1.185)	4.136*** (1.259)	2.121 (1.412)	3.883*** (1.162)
$\ln EFW_{jt}$		−0.249 (0.480)	1.318** (0.552)	1.356** (0.561)	1.092* (0.558)	1.366*** (0.484)
$\ln TEFW_{ijt}$	6.540*** (1.350)					
$\ln CPT_{it}$		0.550*** (0.152)	1.619*** (0.176)	1.497*** (0.173)	1.449*** (0.164)	1.353*** (0.209)
$\ln CPT_{jt}$		0.0616 (0.173)	1.000*** (0.133)	1.030*** (0.135)	0.136 (0.167)	0.952*** (0.141)
$\ln TCPT_{ijt}$	1.132*** (0.255)					
$\ln IPD_{ij}$	−0.102* (0.0601)	−0.0161 (0.0536)	−0.087 (0.064)	−0.091 (0.066)	−0.012 (0.067)	−0.167** (0.0791)
ADJ_{ijt}	0.245 (0.498)	−0.384 (3.125)	0.419 (0.933)	0.292 (0.936)	−0.173 (0.917)	1.047 (2.131)

---

① 但不能把出口国和伙伴国固定效应都加上，因为这会导致多重共线问题。另外，国家固定效应也可能会和 GDP、EFW、CPT 等变量多重共线。

续表

$\ln EX_{ijt}$	出口方固定效应（1）	系统 GMM 估计（2）	无滞后（3）	滞后一期（4）	滞后两期（5）	Probit 模型（6）
COL_{ij}	2.456***	4.954** (2.248)	2.298* (1.236)	2.376* (1.238)	2.587** (1.211)	—
$L.\ln GDP_{it}$				0.413** (0.183)		
$L2.\ln GDP_{it}$ i					0.519*** (0.171)	
$L.\ln IPD_{ij}$				−0.001* (0.067)		
$L2.\ln IPD_{ij}$					−0.115* (0.064)	
_cons	−38.01*** (6.198)	−20.770*** (5.487)	−31.772*** (5.099)	−35.309*** (5.204)	−58.619*** (6.360)	−32.04*** (4.620)
时间效应	是	是	是	是	是	是
N	5182	4490	5182	4745	4168	5037
R^2	0.0071		0.0096	0.0075	0.003	
Wald chi2	1153.17	843.02	371.07	358.40	402.71	114.12

资料来源：作者整理。

（2）动态面板系统 GMM 估计。由于服务贸易出口在时间上具有高度延续性[①]，并且 GDP、EFW 和 CPT 等变量可能导致内生性偏差（Zarzoso et al.，2009），而动态面板可以较好地解决这些问题，因此，本文在式（1）中引入滞后一期的双边海运服务出口额，将其转换为动态面板引力模型：

$$\ln EX_{ijt} = \lambda \ln EX_{ij,t-1} + \beta_1 \ln GDP_{it} + \beta_2 \ln GDP_{jt} + \beta_3 \ln DIS_{ij} + \beta_4 \ln EFW_{it} + \beta_5 \ln EFW_{jt} + \beta_6 \ln CPT_{it} +$$
$$\beta_7 \ln CPT_{jt} + \beta_8 \ln IPD_{ijt} + \beta_9 ADJ_{ij} + \beta_{10} COL_{ij} + \alpha_i + \delta_t + \varepsilon_{ijt} \qquad (4)$$

其中，$\ln EX_{ij,t-1}$ 表示滞后一期的双边海运服务出口额。目前学术界通常用差分 GMM 和系统 GMM[②] 两种方法进行动态面板估计。由于系统 GMM 常用于面板数据的估计，尤其在涉及内生性问题的情况下，能够控制潜在偏误，本文也采用系统 GMM 对式（4）进行估计。估计结果如表 5 第（2）栏所示，变量 $L.\ln EX_{ij,t-1}$ 显著为正，表示存在出口滞后效应。$\ln GDP_{ijt}$、$\ln DIS_{ij}$、$\ln CPT_{ijt}$、COL_{ij} 等变量仍然显著，并且符号也和随机效应模型一致，但 $\ln EFW_{ijt}$ 和 $\ln CPT_{jt}$ 变得不显著，可能是因为海运服务开放度指标和伙伴港口集装箱吞吐容量往往对当期贸易产生直接影响，加入滞后一期的海运服务出口数据后，各国家和地区贸易开放政策和法规即对本期和上期同时产生作用，使得本期影响分散。总体与基本回归结果保持一致，可以证明结论稳健。

（3）内生性处理。在基准回归中提到，出口方 GDP 和双边政治关系对海运服务贸易可能存在滞后效应，这一效应使得其在当期作用不显著，滞后性不一定是内生性问题，但它在一些情况下可能与内生性问题相关。同时，根据支出法 GDP 的计算公式[③]，可以推断出，如果两国间

[①]　原因主要有两点：一是经济体在贸易伙伴建立分销和服务网络所投入的固定成本实际上已成为市场进入和退出壁垒；二是贸易伙伴的消费者对该经济体的产品比较熟悉，因此习惯的形成会促使该消费继续进行下去。

[②]　二者的区别在于是否将水平方程纳入工具变量，相对来说，系统 GMM 由于利用了更多的信息，估计结果更有效，应用也更广泛（周念利，2012）。

[③]　国内生产总值=最终消费支出+资本形成总额+货物和服务净出口。

海运服务贸易往来频繁，双方民众交往密切，会对出口方 GDP 和双边政治关系产生积极影响。因此，不能完全否认其中存在的内生反向因果关系。因此，本文将出口方 GDP（$\ln GDP_{it}$）和双边政治关系（$\ln IPD_{ij}$）滞后一期和滞后两期作为工具变量，以式（1）为基础运用两阶段最小二乘法进行估算，得到表 5 第（3）至第（5）栏。

如表 5 所示，滞后一期和滞后两期的 LM 统计量均在 1% 的水平上显著，可以证明其相关性满足，同时滞后两期 Wald F 统计量的所有数值都超过了 10，说明不存在弱工具变量。经过检验，$\ln GDP_{it}$ 和 $\ln IPD_{ij}$ 均在加入滞后期时显著符合前文预期假设，并且与出口方固定效应模型和系统 GMM 估计结果保持一致，说明二者与海运服务贸易出口无反向因果问题，有效地消除了可能存在的内生性问题。从滞后一期才出现显著效果来看，出口方 GDP 的增长与双边政治关系变化有一个过程，导致二者对促进中国海运服务贸易出口具有某种程度上的时滞性。

（4）面板 Probit 模型估计。本文用面板 Probit 模型初步估计双边海运服务出口流量大于 0 的概率，解释变量与式（1）中的变量相同，表 5 的第（6）栏给出了面板 Probit 模型的估计结果[1]，从中可以看出，虽然表 5 第（6）栏的估计系数和表 4 第（3）栏的估计系数符号相同，说明影响双边海运服务出口规模的变量同样也会对双边海运服务出口规模大于 0 的概率产生影响，但是表 5 第（6）栏的估计系数均比表 4 第（3）栏的估计系数小，这表明如果对引力模型进行估计的时候不考虑 0 值样本，会导致估计结果有偏。

3. Heckman 两阶段模型估计

在此，本文基于 814 组样本 2012~2021 年的面板数据，运用 Heckman 两阶段模型对双边海运服务出口规模的决定因素进行分析。本文在选择方程中加入滞后一期双边海运服务出口是否大于 0 的虚拟变量（$d\ln EX_{ij,t-1}$）[2]，以保证 Heckman 模型的有效识别。表 6 的第（1）栏和第（2）栏给出了 Heckman 两阶段模型的估计结果。从表 6 第（1）栏可以看出，第一阶段选择方程中滞后一期双边海运服务出口是否大于 0 的虚拟变量 $d\ln EX_{ij,t-1}$ 显著为正[3]，Heckman 两阶段模型有效识别的前提条件成立。另外，Heckman 两阶段模型的相关系数 corr（e. dlnEX，e. lnEX）为 -0.111，显著不等于 0，由此可以证明使用 Heckman 两阶段模型估计是有效的。该相关系数为负，表明未被观测的个体因素会降低双边海运服务出口大于 0 的概率，但会增加双边海运服务出口的规模。

表 6　Heckman 两阶段模型的估计结果

	选择方程（1）	规模方程（2）	选择方程（3）	规模方程（4）
$d\ln EX_{ij,\ t-1}$	2. 595 *** (0. 077)		2. 548 *** (0. 078)	
$\ln GDP_{it}$	0. 126 *** (0. 043)	0. 843 *** (0. 0738)		
$\ln GDP_{jt}$	0. 055 *** (0. 016)	0. 676 *** (0. 0450)		

---

① 由于 Probit 模型所使用的分布函数并非标准正态分布，因此由 Probit 模型估计的系数值不能与普通的随机效应模型直接比较，需要计算其边际效应。在此，本文给出了 Probit 模型在样本均值处的边际效应估计值。

② 本文的简单计算表明，当期双边海运服务出口大于 0 的概率与滞后一期双边海运服务出口是否大于 0 的相关系数达 0.8。

③ 这表明上一期双边海运服务出口发生与否对当期的贸易发生与否有着正向促进作用，即如果上一期的贸易规模大于 0，则本期贸易规模大于 0 的概率较大。

续表

	选择方程（1）	规模方程（2）	选择方程（3）	规模方程（4）
ln$TRADE_{it}$			0.206***	0.415***
			(0.049)	(0.088)
ln$TRADE_{jt}$			0.321***	1.864***
			(0.045)	(0.080)
lnDIS_{ij}	-0.289***	-1.682***	-0.197***	-1.239***
	(0.048)	(0.084)	(0.050)	(0.087)
lnEFW_{it}	-1.596***	1.940**	-1.726***	2.601***
	(0.468)	(0.966)	(0.493)	(0.983)
lnEFW_{jt}	0.443**	3.440***	0.158	1.438***
	(0.212)	(0.467)	(0.218)	(0.470)
lnCPT_{it}	0.190***	1.382***	0.183***	1.689***
	(0.043)	(0.0680)	(0.042)	(0.074)
lnCPT_{jt}	0.149***	0.845***	0.026	0.207***
	(0.029)	(0.0557)	(0.037)	(0.067)
lnIPD1	-0.038	-0.193***	-0.027	-0.120*
	(0.037)	(0.0681)	(0.037)	(0.068)
ADJ_{ijt}	1.088**	-0.191	1.256**	-0.287
	(0.469)	(0.331)	(0.503)	(0.328)
COL_{ij}	0.000	0.000	0.000	0.000
	(.)	(.)	(.)	(.)
imr		7.330***		7.058***
		(0.153)		(0.152)
_cons	-6.210***	-57.21***	-5.552***	-40.671***
	(1.435)	(2.972)	(1.343)	(2.621)
N	5037		5007	
R^2	0.526		0.540	
Wald chi2	4297.16		4345.20	
corr（e.dlnEX，e.lnEX）	-0.111***		-0.0701**	
	(0.0326)		(0.0321)	
corr（dlnEX［id］，lnEX［id］）	0.518***		0.416***	
	(0.0222)		(0.0323)	

资料来源：作者整理。

从表6的第（1）、第（2）两栏可以看出，Heckman两阶段模型的估计结果与前文分析基本一致。其中，贸易双方的经济规模越大、港口建设水平越高、相互距离越近、进口方的海运服务开放水平越高，既会增加双边海运服务出口大于0的概率，也会增加双边海运服务出口的规模。两方共同边界情况会增大双边海运服务出口大于0的概率，但对双边海运服务出口的规模并无显著影响。出口方的海运服务开放水平以及双边政治关系对二者的作用不明显。

考虑到当前80%的国际贸易都是通过海运完成的，在此本文用经济体双方的货物贸易进出口总额（$TRADE_{it}$和$TRADE_{jt}$）①替代双方的GDP来考察市场规模对双边海运服务贸易流量的影响，表6的第（3）栏和第（4）栏给出了Heckman两阶段模型的估计结果。从表中可以看出，

———————

① 数据来自世界银行的世界发展指标（WDI）数据库。

滞后一期双边海运服务出口是否大于 0 的虚拟变量显著为正，Heckman 两阶段模型有效识别的前提条件成立。相关系数 corr（e. dlnEX，e. lnEX）为 -0.0701，显著不等于 0，表明 Heckman 第一阶段条件满足。选择方程和规模方程中各变量的作用方向是稳健的，例如，进口方的对外贸易规模越大，进口方的海运服务开放度越高、出口方港口建设水平越高，双方之间的距离越近时，既会增加双边海运服务出口大于 0 的概率，也会增加双边海运服务出口的规模。

不同之处主要表现为，出口方的海运服务开放度在规模方程中的作用变得十分显著，而进口方港口建设水平在选择方程中变得不显著，但作用方向并未发生变化，由此可以验证回归稳健性。

4. 实证结果分析

第一，无论是用 GDP 还是用对外贸易额来考察，进口方的市场规模不管在选择方程中还是在规模方程中，都比出口方的市场规模发挥了更重要的作用[①]。这可能与国际贸易的定价方式有关，出口多以离岸价（Free On Board，FOB）定价，进口多以到岸价（Cast Insurance and Freight，CIF）定价，在一国货物进出口贸易中，本国航运企业会获得更多的承运业务，从而增加其海运服务的出口。

第二，贸易双方的物理距离既会降低双边海运服务发生的概率，也会降低双边海运服务的规模[②]。这与引力模型基本观点保持一致，说明两国距离越远，无论在地理还是心理上都存在较大的障碍，由此进行服务贸易的成本就越大，导致服务贸易出口规模越小。

第三，贸易双方的海运服务开放度不管在选择方程中还是在规模方程中，都发挥了重要的作用，其中进口方海运服务开放度的影响明显更大，这一结论支持了 Myrna（2003）及 Rosellon 和 Yap（2010）的观点，海运开放度的提高将会使海运企业面临更加激烈的竞争，从而优化海运行业结构，提高海运行业的竞争力。同时，此前服务贸易研究大多采用笼统的经济自由度指标（Kimura & Lee，2006），这一结论的得出也为这一指标的细化提供了新的变量研究视角。

第四，贸易双方的港口建设水平既会影响海运服务贸易发生的概率，也会增加双边海运服务出口的规模。这与当今世界航运市场的特点密切相关，因此，较高的港口建设水平方可适应集成化的海运服务发展趋势，提高海运贸易的竞争力，进而促进海运服务的出口。

第五，双边政治关系紧密不会影响海运服务贸易发生的概率，但会显著增加双边海运服务出口的规模。双边理想点距离值越小，表示双边政治关系越友好，政治立场越相近，此时促进海运服务贸易的出口；反之，距离数值越大，表示政治关系越疏远，双方政治分歧越大，海运服务贸易出口相应减少。但这种反向促进关系具有一定程度上的时滞性，久久为功才可产生。

五、拓展分析

1. 中国双边海运服务贸易出口潜力的测度

接下来，根据表 6 第（2）栏的回归结果，代入 2012~2020 年[③]以中国为出口额的相应解释变量。同时，针对前文提到船舶吨位会对海运服务贸易产生重要影响的问题，考虑到船舶吨税

---

① 也就是说在海运服务的出口当中，不存在母市场效应，这与 Kimura 和 Lee（2006）在使用进口数据分析时得出的结论一致。

② 关于距离对双边服务贸易的影响，学者们的结论是一致的，比如 Brandicourt 等（2008）、Grünfeld 和 Moxnes（2003）、Kimura 和 Lee（2006）、Park（2002）的研究都得出了相同的结论。

③ 由于加拿大菲莎研究所（Fraser Institute of Canada）公布的各国经济自由度指数截至 2020 年，此处海运服务出口潜力测度时间仅截止到 2020 年。

以船舶净吨位为计税依据，《中国统计年鉴》①也对这一数据进行了统计，因此本文将中国2012~2020年国家船舶吨税①作为代理变量引入，得到对应年份中国对相应贸易伙伴的海运服务潜在出口额。

$$\widehat{EX}_{ijt} = \beta_1 GDP_{it} + \beta_2 GDP_{jt} + \beta_3 DIS_{ij} + \beta_4 EFW_{it} + \beta_5 EFW_{jt} + \beta_6 CPT_{it} + \beta_7 CPT_{jt} + \beta_8 IPD_{ijt} + \beta_9 ADJ_{ij} +$$
$$\beta_{10} COL_{ij} + \beta_{11} TTA_{it} \tag{5}$$

$$Export potential = EX_{ijt} / \widehat{EX}_{ijt} \tag{6}$$

这一测度过程是对中国与贸易伙伴双边海运服务贸易的理论模拟，以反映实际或自然状态下的变化。将实际出口值②与出口拟合值相比（具体结果如表7所示），以对中国海运服务贸易在不同市场的出口潜力进行测度③。

表7　中国对主要贸易伙伴的海运服务出口潜力测度

进口方	2012~2020年平均	2012年	2013年	2014年	2015年	2016年	2017年	2018年	2019年	2020年
丹麦	9.18	22.47	13.22	9.81	7.73	8.25	7.75	8.75	7.58	5.77
法国	2.91	8.14	4.29	2.90	2.29	2.19	2.18	2.26	1.78	1.76
德国	1.61	4.45	2.73	2.04	1.62	1.67	1.57	1.86	0.00	0.00
比利时	1.08	2.62	1.17	0.81	0.81	1.01	1.10	1.18	1.09	0.86
希腊	1.42	3.74	2.04	1.04	0.36	0.36	0.53	0.70	0.52	0.32
芬兰	0.89	0.00	0.56	0.44	0.95	1.00	1.10	1.23	1.07	1.44
瑞典	0.90	1.98	1.61	1.36	0.83	0.47	0.34	0.41	0.27	0.18
波兰	0.51	0.66	0.37	0.38	0.19	0.24	0.58	1.01	0.86	0.84
奥地利	0.56	0.82	0.54	0.64	0.65	0.96	0.51	0.42	0.41	0.42
日本	0.52	0.00	0.00	1.37	0.77	0.61	0.64	0.66	0.44	0.43
意大利	0.45	1.14	0.69	0.34	0.43	0.30	0.24	0.49	0.41	0.30
荷兰	0.33	0.00	0.00	0.85	0.52	0.56	0.75	0.00	0.00	0.33
罗马尼亚	0.35	0.00	0.33	0.42	0.27	0.35	0.44	0.46	0.51	0.25
保加利亚	0.32	0.28	0.20	0.67	0.19	0.39	0.50	0.18	0.21	0.15
匈牙利	0.37	0.54	0.22	0.19	0.18	0.20	0.51	0.52	0.16	0.17
斯洛文尼亚	0.42	0.27	0.27	0.18	0.32	0.32	0.25	0.22	0.19	0.31
俄罗斯	0.34	0.57	0.37	0.51	0.23	0.21	0.16	0.28	0.48	0.00
斯洛伐克	0.15	0.00	0.18	0.22	0.15	0.20	0.22	0.22	0.19	0.13
捷克	0.15	0.22	0.21	0.12	0.11	0.12	0.11	0.13	0.10	0.06
爱尔兰	0.13	0.00	0.00	0.00	0.00	0.00	0.00	0.00	0.40	0.33
英国	0.06	0.00	0.00	0.00	0.00	0.10	0.05	0.09	0.00	0.15
冰岛	0.01	0.00	0.00	0.00	0.00	0.00	0.00	0.00	0.00	0.00

资料来源：作者整理。

根据表7，可以得到以下结论：

---

① 资料来源于《中国统计年鉴》。

② 由于中国没有提供双边的海运服务出口数据，因此本文用伙伴国提供的从中国的进口数据来替代。

③ 实际值低于模拟值表示中国对该国"贸易不足"，即市场开发度低；实际值高于模拟值则表示"贸易过度"，即市场开发度较高。

首先，在提供有中国海运服务出口数据的 22 个市场中，有 5 个市场呈"贸易过度"状态，17 个市场呈"贸易不足"状态。其中"贸易过度"程度最大的出口市场是丹麦，2012～2020 年实际值达到了理想值的 9.18 倍，其次是法国，实际值是理想值的 2.91 倍，紧随其后的是德国、比利时、希腊等国。进一步对照 WTO 公布的中国对外贸易数据发现，这些国家和地区也是中国海运服务出口的主要市场，2012～2020 年中国对丹麦、法国、比利时、希腊四个市场的海运服务出口额平均达 40.44 亿美元，约占中国海运服务出口的 1/8。

其次，中国对斯洛伐克、捷克、爱尔兰、英国、冰岛等的海运服务出口严重"贸易不足"，实际值与模拟值之比均不到 0.2，即中国对这些国家的海运服务出口只实现了不到 20% 的潜力。进一步对照 WTO 公布的中国对外贸易数据发现，中国对这些国家出口海运服务的市场较小，2012～2020 年出口平均额低至 0.99 亿美元[①]，但也表明中国对这些国家的海运服务出口潜力巨大。

最后，从中国海运服务出口潜力的时间走势来看，2012～2020 年，中国对大多贸易伙伴的出口潜力基本呈下降趋势，比如对希腊 2012 年实际值是模拟值的 3.74 倍，2020 年已经下降到 0.32，再如对瑞典 2012 年还是"贸易过度"状态，但到 2020 年实际值和模拟值之比已经下降到 0.18。这说明随着中国海运业的不断发展，未来中国海运服务出口发展的市场空间越来越大。

2. 海运服务自由化的进一步模拟

根据上文实证研究结果，贸易双方海运服务开放度（$\ln EFW_{ijt}$）的提高会显著促进双边海运服务的出口，那么，如果分别提高中国和贸易伙伴的海运服务开放度，中国的海运服务出口会增长多少？带着这一问题，本文进一步在上述研究的基础上模拟中国海运服务的出口潜力。在已知中国和贸易伙伴海运服务开放度变化量的情况下，结合 Heckman 规模方程的回归系数，可以得到中国海运服务出口增加的比例分别为：

$$\Delta EX_{ijt} = (EX_{ijt}^{FT} - \widehat{\Delta EX}_{ijt})/\widehat{\Delta EX}_{ijt} \tag{7}$$

$$\Delta EX_{it} = (EX_{it}^{FT} - \widehat{\Delta EX}_{it})/\widehat{\Delta EX}_{it} = \beta_4(EFW_{it}^{FT} - EFW_{it}) - 1 \tag{8}$$

$$\Delta EX_{jt} = (EX_{jt}^{FT} - \widehat{\Delta EX}_{jt})/\widehat{\Delta EX}_{jt} = \beta_5(EFW_{jt}^{FT} - EFW_{jt}) - 1 \tag{9}$$

其中，$\widehat{EX}_{ijt}$ 和 EX_{ijt}^{FT} 分别表示在海运服务开放度提升前后，中国对贸易伙伴海运服务的出口拟合值，β_4 和 β_5 分别是表 6 第（2）栏 EFW_{it} 和 EFW_{jt} 的估计系数，EFW_{it}^{FT} 表示 2012～2020 年贸易伙伴海运服务开放度在第 t 年的定量值。

首先，假定贸易伙伴的海运服务开放度不变，中国的海运服务开放度上升。在菲莎研究所世界各个经济体海运服务开放度的排名当中，2012～2020 年，中国的排名分别是第 121、第 119、第 121、第 119、第 119、第 119、第 117、第 120 和第 116。如果每年中国的海运服务开放度达到 47 个样本国和地区的平均水平[②]，根据式（8），2012～2020 年，中国双边海运服务出口增加的比例分别为 43.73%、41.16%、48.91%、49.89%、49.98%、46.33%、43.87%、38.80% 和 27.81%。从中可以看出，扩大海运服务开放度对中国海运服务贸易的出口会起到非常重要的推动作用。这也再次支持了朱意秋和陈倩倩（2010）等学者的观点，中国海运业应继续深化改革、优化转型，着力提升海运服务贸易开放度。

其次，假定中国保持现状，仅提升贸易伙伴的海运服务开放度。在上述 22 个出口市场中，

① 其中对英国的海运服务出口额相对较大，大致在 0.59 亿美元/年左右。
② 根据简单计算，2012～2020 年，本文选择的 47 个样本经济体海运服务开放度的平均水平为 7.60、7.56、7.83、7.75、7.84、7.93、7.95、7.95、7.44。

新加坡是海运贸易强国,海运服务开放度常年居世界前列,因此以新加坡为标准,如果中国各贸易伙伴的海运服务开放度能够达到新加坡的水平,那么根据式(9),就可以计算出中国海运服务出口在不同市场增加的比例,计算结果如表8所示。从中可以发现:①在22个主要出口市场当中,对俄罗斯的出口增加比例最大,2014年超过300%,其余年份也多在200%左右,这与俄罗斯海运服务开放度基数较小(2020年在162个经济体当中排名第94)有关,海运服务开放度可上升的幅度($EFW_{jt}^{FT}-EFW_{jt}$)较大,从而引起中国对俄罗斯海运服务出口的大幅增加;②在中国的海运服务贸易中,对于丹麦、法国、德国等主要伙伴的出口增长幅度并不显著,大多数情况下都保持在50%以下。这可以说明,海运服务开放度在扩大出口规模中的作用并不明显,应考虑其他海运服务出口促进因素;③中国对日本及一些欧盟成员国的海运服务的出口潜力较大,如冰岛、波兰、希腊和斯洛文尼亚,如果这些国家和地区的海运服务开放度提高至新加坡的水平,中国海运服务出口增加的比例可达到60%~100%;④从时间走势来看,随着各经济体海运服务开放度的不断提升,中国对其海运服务出口增加的比例基本呈整体下降的趋势。

表8 贸易伙伴开放度提高后中国海运服务出口增加的比例   单位:%

进口方	2012年	2013年	2014年	2015年	2016年	2017年	2018年	2019年	2020年
奥地利	43.81	45.29	47.42	47.98	49.61	45.92	45.21	46.39	23.90
比利时	33.31	35.18	43.34	42.63	49.00	45.33	50.02	50.02	27.11
保加利亚	48.17	39.82	46.24	38.09	41.32	36.79	38.35	53.14	33.87
捷克	39.60	56.40	43.34	46.17	47.18	41.83	46.39	47.59	24.43
丹麦	21.29	20.42	31.42	33.20	32.54	26.89	28.32	28.82	7.98
芬兰	15.57	36.89	49.82	47.37	45.98	41.26	43.45	43.45	36.82
法国	35.55	36.89	39.96	43.80	47.18	45.92	43.45	40.02	17.78
德国	43.81	47.18	59.94	58.14	54.00	49.55	54.41	53.14	29.87
希腊	46.28	41.01	57.33	85.32	84.12	79.26	85.34	66.48	19.78
匈牙利	53.38	49.09	45.65	57.48	56.58	50.78	51.26	50.02	52.22
冰岛	182.50	202.54	207.00	181.90	154.78	128.33	122.68	94.51	44.26
爱尔兰	9.34	6.83	26.43	21.68	27.42	31.46	32.95	30.86	31.00
意大利	41.38	38.64	38.30	31.62	33.07	27.88	31.90	32.95	11.58
日本	70.48	45.29	71.68	51.06	49.61	48.33	56.99	54.41	41.72
荷兰	11.51	12.01	25.46	23.59	22.54	17.44	30.35	19.66	0.40
波兰	109.78	94.32	96.12	72.88	77.06	69.53	73.71	75.20	48.84
罗马尼亚	38.43	29.65	31.42	24.55	28.42	26.89	27.82	24.86	4.95
俄罗斯	247.89	215.75	313.00	191.91	171.33	164.49	189.59	205.97	158.89
斯洛伐克	56.75	53.69	45.65	54.23	57.23	50.78	52.51	51.88	54.30
斯洛文尼亚	72.79	69.40	68.12	67.06	71.08	64.57	62.32	61.65	65.27
瑞典	41.38	42.83	42.20	43.22	47.78	42.41	43.45	44.03	21.81
英国	10.20	22.39	42.20	37.54	37.39	41.26	46.39	47.59	45.55

资料来源:作者整理。

六、结论及政策启示

本文基于 WTO2012～2021 年的双边海运服务出口面板数据,运用 Heckman 样本选择模型实证研究海运服务贸易出口的影响因素,并从出口市场结构视角对中国海运贸易的出口潜力进行经验分析,模拟计算"理论"或"自然"状态下的出口拟合值,以此为基础量化中国海运服务贸易出口潜力,以寻找具有持续开发潜力的贸易市场。主要结论有:①如果不考虑双边海运服务出口中的 0 值样本问题,会存在样本选择非随机,从而导致内生性问题和估计结果偏误。②贸易双方海运服务开放度越高、距离越近,出口方的港口建设水平越高,进口方的经济规模越大,既会增加双边海运服务出口发生的概率,也会增加双边海运出口的规模;出口方经济规模和双边政治关系对海运服务贸易出口的影响具有一定的滞后性。③中国对丹麦、法国、德国、比利时等主要海运服务出口市场基本呈"贸易过度"的状态,而对冰岛、爱尔兰、捷克等小型市场的海运服务出口则严重"贸易不足",只实现了不到 40% 的出口潜力,加入船舶吨税指标后,量化的中国海运服务贸易出口潜力将更有针对性地促进中国海运服务出口市场的选择与开拓。

根据实证研究结果,本文主要有如下政策启示:①加强中国海运服务贸易统计工作。在数据整理工作中,由于 WTO 数据库中缺乏按照出口方报告的中国海运服务贸易出口额,本文只能采用其他国家和地区从中国的进口额代替,工作量大且存在数据不全的问题,同时应加快数据统计与更新频率,为相关政策研究提供时效性数据资料。②重点发展同中国香港、日本、韩国、东盟等邻近的海运服务贸易,减少地理距离对海运服务出口的阻碍作用。③针对进出口双方的海运服务开放度,一方面,逐步放松对海运服务市场的管制,另一方面,在进行双边或区域谈判时,促使贸易伙伴更大限度地开放其海运服务市场。④对标世界一流港口建设水平,推动港口建设的结构优化和转型升级,加强绿色港口、智慧港口建设,提升港口综合服务能力,推进港口治理体系现代化。⑤继续积极推行中国特色大国外交,通过签订双边协定或文化交流等方式,潜移默化地拉近中国同各国家和地区的政治关系,致力于构建人类命运共同体,进而带动海运服务贸易的增长。⑥积极推进大型船舶建设,以吨位优化带动运载能力、出口效率、供应链弹性等的扩大,实现海运服务贸易领域的规模经济。⑦针对过去十年中国对不同国家和地区海运服务出口情况,应警惕"贸易过度"市场,关注"贸易不足"市场,将"贸易不足"市场作为下一阶段中国海运服务出口市场开拓的重点对象,实现中国海运服务贸易出口潜力的充分挖掘。

参考文献

[1] Brandicourt V, Schwellnus C, Wörz J. Austria's Potential for Trade in Services [R]. FIW Research Report, 2008.

[2] Erik Voeten. Does Participation in International Organizations Increase Cooperation? [J]. Review of International Organizations, 2013, 9 (3): 285-308.

[3] Francois J. The Next WTO Round: North-South Stakes in New Market Access Negotiations [R]. Adelaide: Center for International Economic Studies, 2001.

[4] Grünfeld L, Moxnes A. The Intangible Globalisation: Explaining Patterns of International Trade in Services [R]. Norwegian Institute of International Affairs Working Paper, 2003.

［5］Heckman J J. Sample Selection Bias as a Specification Error［J］. Econometrica，1979，47（1）：153-161.

［6］Helpman E，Melitz M，Rubinstein Y. Estimating Trade Flows Trading Partners and Trading Volumes：Trading Partners and Trading Volumes［J］. The Quarterly Journal of Economics，2008，123（2）：441-487.

［7］Kimura F，Lee H H，The Gravity Equation in International Trade in Services［J］. Review of World Economics，2006，142（1）：92-121.

［8］Kox H，Lejour A. Regulatory Heterogeneity as Obstacle for International Services Trade［R］. CPB Discussion Paper，2005.

［9］Lejour A，Verheijden de Paiva J W. Services Trade Within Canada and the European Union：What do They Have in Common?［R］. CPB Discussion Paper，2004.

［10］Liu X. GATT/WTO Promotes Trade Strongly：Sample Selection and Model Specification［J］. Review of International Economics，2009，17（3）：428-446.

［11］Mayer T，Zignago S. Notes on CEPII's Distances Measures：The GeoDist Database［R］. CEPII Working Paper 2011-25，2011.

［12］Michael A. Bailey，Anton Strezhnev and Erik Voeten. Estimating Dynamic State Preferences from United Nations Voting Data［J］. The Journal of Conflict Resolution，2017，61，（2）：430-456.

［13］Myrna S. Liberalization and Deregulation in the Domestic Shipping Industry：Effects on Competition and Market Structure［J］. Philippine Journal of Development，2003，55（1）：29-69.

［14］Park S C. Measuring Tariff Equivalents in Cross-Border Trade in Services［R］. Korea Institute for International Economic Policy Working Paper，2002.

［15］Rosellon M A，Yap J T. The Role of the Private Sector in Regional Economic Integration：A View from the Philippines［R］. PIDS Discussion Paper Series 2010-23，2010.

［16］Walsh K. Trade in Services：Does Gravity Hold? A Gravity Model Approach to Estimating Barriers to Services Trade［R］. IIIS Discussion Paper，2006.

［17］Westerlund J，Wilhelmsson F. Estimating the Gravity Model without Gravity Using Panel Data［J］. Applied Economics，2011，43（6）：641-649.

［18］Zarzoso I M，Felicitas N D，Horsewood N. Are Regional Trading Agreements Beneficial?：Static and Dynamic Panel Gravity Models［J］. The North American Journal of Economics and Finance，2009，20（1）：46-65.

［19］陈奉先，段宇云，李娜. 双边政治关系与中国企业海外并购［J］. 金融经济学研究，2022，37（6）：84-98.

［20］陈丽丽，龚静. 区域服务贸易协定、制度因素与服务贸易促进体系研究——基于49国之间双边服务贸易流量面板数据的实证分析［J］. 国际贸易问题，2014（11）：132-143.

［21］陈双喜，王磊，宋旸. 我国海运服务贸易逆差影响因素研究［J］. 财贸经济，2011（2）：80-86.

［22］程大中，魏如青，郑乐凯. 中国服务贸易出口复杂度的动态变化及国际比较——基于贸易增加值的视角［J］. 国际贸易问题，2017（5）：103-113.

［23］储昭昉，王强，张蕙. 我国运输服务贸易竞争力的实证分析［J］. 国际商务（对外经济贸易大学学报），2012（5）：5-12.

［24］邓晓虹，黄满盈. 基于扩展引力模型的中国双边金融服务贸易出口潜力研究［J］. 财

经研究，2014，40（6）：48-59.

［25］郭明英．我国旅游服务贸易国际竞争力比较——基于扩展引力模型的实证研究［J］.
调研世界，2019（9）：61-65.

［26］黄满盈，邓晓虹．中国双边服务贸易出口潜力及贸易壁垒研究［J］.南开经济研究，
2022（2）：21-34.

［27］黄满盈．引力模型在服务贸易流量研究中的应用：国内外研究述评与展望［J］.世界
经济探索，2017，6（1）：1-13.

［28］贾大山．海运强国战略［M］.上海：上海交通大学出版社，2013.

［29］李晨，迟萍，邵桂兰．基于动态面板 GMM 的海运服务贸易开放度与竞争力关系的实
证研究［J］.国际商务研究，2015，36（4）：88-96.

［30］李晨，郭浩然．我国海运服务贸易竞争力影响因素的实证研究［J］.国际商务研究，
2013，34（3）：46-53.

［31］李坤望，刘健．金融发展如何影响双边股权资本流动［J］.世界经济，2012，35
（8）：22-39.

［32］李娜．我国海运服务贸易影响因素技术层面分析——基于 PLS 模型实证检验［J］.物
流技术，2019，38（2）：72-77.

［33］刘海燕．自由贸易试验区背景下我国海运服务贸易对外开放的法律分析［J］.海关法
评论，2017，7（1）：339-355.

［34］刘敏，朱亚鹏，辜良烈．双边政治关系与中国企业跨国并购成功率——基于联合国大
会投票数据的研究［J］.南方经济，2020（7）：18-38.

［35］牛欢，彭说龙．中美服务贸易国际竞争力比较［J］.统计与决策，2021，37（6）：
122-126.

［36］邱志萍，秦淑悦．全球海运连通性的贸易效应及作用机制研究——来自联合国 LSBCI
数据的经验证据［J］.国际经贸探索，2022，38（3）：4-17.

［37］盛斌，廖明中．中国的贸易流量与出口潜力：引力模型的研究［J］.世界经济，2004
（2）：3-12.

［38］宋春玲，赵昌平，郑米雪．港航企业商业模式变革对海运贸易竞争力的影响［J］.大
连海事大学学报（社会科学版），2016，15（3）：12-18.

［39］王玲，刘维林，陈华倩，等．交通强国战略下我国运输服务贸易的网络地位评估与提
升策略——基于全球价值链视角［J］.软科学，2021，35（3）：15-21.

［40］宣善文．中国运输服务贸易国际竞争力分析［J］.经济问题，2019（2）：109-115.

［41］赵若锦，李猛，张云．中国与爱尔兰比较视角下我国服务贸易创新发展研究［J］.国
际贸易，2021（11）：60-69.

［42］周念利．缔结"区域贸易安排"能否有效促进发展中经济体的服务出口［J］.世界经
济，2012，35（11）：88-111.

［43］朱意秋，陈倩倩．海洋运输强国与航运自由化［J］.中国海洋大学学报（社会科学
版），2010（3）：36-39.

Export Potential of China's Maritime Trade in Services

—An Empirical Analysis Based on Heckman's Sample Selection Model

LIU Sirui   HUANG Manying

Abstract：As an important component of foreign trade in services, trade in maritime transport services plays an important role in the high-quality development of China's economy and its full participation in global competition. As the trade creation effect varies greatly among different trading partner countries, this paper will empirically analyse the export potential of China's maritime trade from the perspective of export market structure. Considering the problem of 0-value samples due to the under-reporting of WTO data on maritime services exports, this paper will use the Heckman sample selection model to empirically study the influencing factors of maritime services trade exports, and in this way quantify the export potential of China's maritime services trade, and search for trade markets with sustained development potential for China's maritime services exports. The study finds that：① if the problem of 0-value samples in bilateral maritime service exports is not considered, there will be endogenous sample selection bias, which will lead to biased estimation results. ② the higher the degree of openness of maritime services between the two sides of the trade, the closer the distance, the higher the level of port construction of the exporter, and the greater the size of the economy of the importer will increase both the probability of the occurrence of the bilateral maritime service exports, and the scale of bilateral maritime exports. The impact of the economic scale of the exporting country on its own exports of maritime transport services has a certain lag. ③ The cases of China's exports of maritime transport services to different countries in the past decade are different. We should be wary of the "over-trade" market and pay attention to the "under-trade" market, so as to realise the potential of China's exports of maritime transport services.

Keywords：Sea Transport Trade; Export Potential; Heckman's Sample Selection Model

中国数字服务贸易的本地市场效应研究[*]

蓝 天 孙 萌^{**}

内容提要： 数字服务贸易已经成为世界贸易增长的新动力，对我国经济的高质量发展具有重要的促进作用。为推动数字服务贸易的可持续发展和高质量治理，本文选取2010~2021年中国与22个国家或地区的6个数字服务细分行业的双边平衡面板数据进行本地市场效应的存在性检验，结果显示，研究期间中国数字服务贸易存在本地市场效应，并且本地市场效应的存在性具有行业异质性。本文提出三点建议：第一，应重视市场规模的拓展；第二，应根据行业分类采取不同措施促进本地市场效应的产生；第三，发挥技术创新以及市场竞争对于本地市场效应的促进作用，更好地利用国内需求带动国内国外双循环。

关键词： 数字服务贸易；本地市场效应；市场规模

中图分类号： F746.12

一、绪论

1. 研究背景

随着新一代技术革命的迅速发展，贸易范围已扩展至多个领域，包括技术、金融、数据以及知识产权。数字贸易是数字经济发展的必然趋势，它以数字化的知识与信息为核心的生产要素，以提升传统经济的运行效率、优化经济结构为目标，并以现代化的信息网络为载体，实现了以信息技术为核心的信息交换。美国国际贸易委员会（United States International Trade Commission，USITC）称，数字经济自身已包含了以电子商业为形式的贸易方式，因此，通过数字信息网络进行的一切活动均可被认为是数字贸易的一种。数字贸易的狭义定义侧重于将数字交付作为主要交付模式，主要包括服务产品，不包括大部分实物商品贸易。广义的数字贸易包括通过信息通信技术进行数字交易的实物或商品（盛斌和高疆，2020）。

根据联合国贸易和发展会议（United Nations Conference on Trade and Development，UNCTAD）的数据，2019年全球数字服务出口总额达到38113.76亿美元，占全球服务贸易出口的比例高达62.8%（UNCTAD，2015）。数字服务贸易已然成为服务贸易领域的主要推动力，其增长速度甚至超越了同期的服务贸易和商品贸易。这一趋势表明，数字服务贸易不仅主导着服务贸易的格局，还激发了贸易增长的巨大潜力，成为推动国际贸易发展和提升全球价值链地位的关键途径。

---

* 基金项目：国家社会科学基金面上项目"大国战略竞争对亚太供应链安全的影响及对策研究"（23BGJ033）。

** 作者简介：蓝天，男，山东莱州人，副教授；研究方向为数字服务贸易、全球价值链；电子邮箱：bmwskylan@163.com。孙萌（通讯作者），女，河北邢台人；研究方向为数字服务贸易；电子邮箱：smeng0233@163.com。

　　数字技术对经济产生越来越显著的影响，数字服务贸易的范围也在不断扩展。这种趋势表现为贸易方式的数字化和贸易商品的数字化。"十三五"时期，我国服务贸易中数字化技术和贸易的快速融合，促进了我国服务贸易数字化的发展。中国的服务贸易已逐渐呈现出数字化的特点，并且正在向规模化发展。2015~2020年，中国数字化提供的服务贸易总额从1794亿美元上升至2940亿美元，增长了1146亿美元，在全球服务贸易中所占比例从31%上升至39%。虽然从总体上看，中国数字服务业出口的发展势头不错，但在可持续发展与有效管理方面，仍存在一些问题。在此基础上，应结合我国的实际状况，提出明确、精确的数字服务贸易政策。党的二十大报告明确提出，未来五年的主要目标任务是，经济高质量发展取得新突破科技自立自强能力显著提升，构建新发展格局和建设现代化经济体系取得重大进展。随着中美贸易的变化，国际经济环境、政治格局、能源安全、贸易结构等方面面临更大的不确定性。在过去的四十年里，中国在全球价值链的分工模式呈现出"两头在外"的特点，贸易结构与国内需求的产业结构出现"偏离"（易先忠等，2017）。立足于庞大的国内市场，挖掘和释放内需潜力成为经济可持续发展的动力支持。

　　在这一背景下，在Krugman（1980）的研究中，"本地市场效应"的重要性得以显现。在这种情况下，当企业的利润不断增加，而企业又面临着更高的贸易费用时，一个国家国内市场需求越大，这个国家就越会变成净出口国，这种现象被称为"本地市场效应"。虽然Krugman（1980）已经在其模型中证实了本地市场效应的存在，但是，由于模型的限制，本地市场效应并不能被完全解释并适用所有场景。但是，20世纪90年代初，随着空间经济的迅速发展，以空间经济学为理论基础的本地市场效应已经成为一个有说服力的理论。在IRS-MC理论的基础上，空间经济学的研究重点是在聚集与分散两种力量的交互作用下企业的空间区位选择问题。不管是哪一种机制，都会对市场产生不同程度的影响，即本地市场效应或所谓的本地市场放大效应（Home Market Magnification Effects）。这就意味着，即便是随着地区需求的增长，外部环境的细微改变，也会引起行业的重大调整。在对本地市场效应与本地市场整合度进行分析的基础上，中国本土市场的巨大规模与高度一体化等特点，会是一种新的比较优势形成的新动力。这种优势的主要表现为不断提高的生产力、完善的产业体系、通畅的流通体系和高水平的自主创新能力。

　　本文的首要目的在于研究中国数字服务贸易的本地市场效应，试图填补现有文献中对于这一领域的研究空白。通过分析数字服务贸易的类别以及是否存在本地市场效应，本文旨在为服务贸易研究提供更广泛和深刻的理解，同时为实现高质量的服务贸易发展提供新的研究观点。另外，本文关注数字服务贸易的发展前景，通过实证分析数字服务贸易的本地市场效应，试图为政府提供有益参考，以在数字服务贸易领域寻求新的经济增长点和恰当的产业贸易政策。

　　2. 文献综述

　　（1）关于数字服务贸易界定范围的讨论。UNCTAD和美国经济分析局（United States Bureau of Economic Analysis, USBEA）提出的"可数字化服务"行业分类标准，基于分行业的数字化程度和服务的交付形式对数字服务贸易的范围界定与统计口径进行了充分的探讨。而OECD提出了数字服务贸易的统计框架，该框架从交付方式、相关产品和相关平台三个维度对数字服务贸易进行了梳理和统计。欧美国家根据这些国际组织提供的统计框架，并结合本国数字服务贸易产业发展状况，建立了相对健全的数字服务贸易统计口径。然而，目前我国尚未建立起对数字服务贸易产业的系统性统计测度标准，因此，数字服务贸易的统计与定义并没有明确的规定和范围。根据商务部在《中国数字服务贸易发展报告2018》中的领域界定，数字服务贸易可以分为以下三类：信息技术服务贸易、数字内容服务贸易、基于互联网交付的离岸服务外包贸易。

此外，根据《数字贸易发展与影响白皮书（2019 年）》的定义，将"数字服务"界定为以互联网为基础，或以其他数字化方式提供的商品与服务。近年来，我国学者开始对"数字服务贸易"这一独立的概念进行讨论。例如，王拓（2019）在 OECD 关于数字服务贸易的界定和分析框架的基础上，从交易方式、产品和参与方三个角度探讨了数字服务贸易，并给出了广义和狭义两种贸易范围。梅冠群（2020）分析了全球数字服务贸易的发展现状和主要特征，并对全球数字服务贸易未来将面临的前景和挑战进行了分析讨论。岳云嵩和李柔（2020）在 UNCTAD 的分类基础上，对全球主要经济体的数字服务贸易国际竞争力进行了比较研究，并得出了对中国数字服务贸易发展的启示。此外，温湖炜等（2021）认为，数字服务贸易的范围包括通过互联网提供的电信、计算机与信息服务，以及保险和金融服务等数字化程度较高的产业。本文根据 UNCTAD 的定义，将数字服务贸易分为以下六个主要类别：电信计算机和信息服务、金融服务、保险和养老金服务、知识产权使用费、其他商业服务、个人文化和娱乐服务。

（2）本地市场效应理论研究。根据 Krugman（1980）与 Helpman 和 Krugman（1987）的研究结果，在严格的假设条件下发现并证明了本地市场效应。之后，有些学者试图在更宽泛的假设条件下，逐渐将贸易成本、异质性企业、企业策略、跨国公司、多国框架和资本等因素引入理论模型中，以探究本地市场效应并分析其福利效应，但他们的研究结论却不尽相同。例如，Head 等（2002）、Larch（2007）等研究发现本地市场效应存在。Head 和 Mayer（2004）指出，传统的本地市场效应推导是建立在两个具有对称结构的国家基础之上的。Hanson Xiang（2004）在对双边贸易方式的本地市场效应进行了实证分析，结果表明，这种影响在不同产业之间是具有差异性的。然而，Davis（1997）和 Yu（2005）指出，如果把农业领域也考虑在内，那么本地市场效应就不会出现了。然而，Zeng 和 Kikuchi（2005，2009）的研究却得出了与此相反的结论，他们指出，由于农产品的运输费用，本地市场效应并没有减弱或消失。

（3）本地市场效应实证研究。Fajgelbaum 等（2011）认为，由于居民的收入分布可以通过对需求结构的影响，进而对服务贸易的结构产生影响，因此，需要从理论和实证两个方面对我国的本地市场效应进行研究。阚大学（2013）基于 Schumacher（2003）提出的引力模型，对中国与日本的服务贸易进行了重新演绎，并通过实证分析，得出了本地市场效应存在的结论，而且相对于传统的比较优势，本地市场效应对中国服务贸易的影响更大。阚大学和吕连菊（2014）利用我国 1992～2011 年与 31 个国家及地区的数据，对我国服务贸易是否具有本地市场效应进行了实证研究。研究发现，比较优势和本地市场效应都对中国的服务业出口产生积极影响。本地市场效应受相对需求结构和需求规模的影响，这两者都能增加新兴和生产性服务业的出口。毛艳华和李敬子（2015）通过中国与 41 个国家及地区 2000～2013 年的相关服务贸易数据，研究了中国服务贸易的本地市场效应，并发现本地市场效应在整个服务贸易中都是存在的。涂远芬（2015）对此提出了另一种看法，认为从总体上来看，我国的服务贸易并不具有明显的本地市场作用。马凌远（2015）基于 Schumacher（2003）的模型，使用 2000～2011 年中国等 27 个贸易伙伴国家的服务贸易数据，对中国服务贸易的本地市场效应进行了实证分析，结果表明，中国服务贸易具有本地市场效应。李敬子等（2020）从理论的角度对总需求进行了分解，将其划分为需求结构和需求规模两个要素，并通过推导得出了相对需求结构和需求规模对服务业出口的本地市场效应的理论模型。田宇等（2018）通过对全球 39 个主要生产性服务贸易国家（地区）2000～2014 年的双边投入产出面板数据进行分析，结果表明，金砖五国在服务贸易中普遍存在本地市场效应。此外，阚大学等（2015）通过 1992～2012 年的跨国界面板数据，得出了需求尺度对中国服务业向发达国家和发展中国家的出口都产生了正向影响的结论。

当前学术界对于数字服务贸易的本地市场效应的研究仍处于起步阶段。Markusen 和 Venables

（1999）在他们的开创性工作中，将本地市场效应理论扩展到了服务领域。他们认为，本地市场效应可以适用于服务业，包括数字服务业。他们强调了国内市场规模在形成服务部门竞争力方面的作用。Hummels 和 Klenow（2005）对本地市场效应和数字服务进行了实证研究。他们发现，更大的市场倾向于生产和出口更多的数字服务。这与本地市场效应的预测一致，即能够进入更大国内市场的公司可以利用规模经济。Mattoo 等（2017）研究了政策和法规在塑造本地市场效应中的作用，即限制性法规可能会阻碍国内企业在全球数字服务市场竞争的能力。许多研究强调数字技术在推动产生本地市场效应中的作用。

二、理论基础与影响机制

1. 理论基础

（1）需求相似理论。瑞典经济学家 Staffan Linder 在 1961 年首先提出了"需求相似理论"（Preference Similarity Theory），也就是"偏好类似说"和"需求交迭说"。该理论从国内需求偏好出发，以国内需求偏好为切入点，考察了国内市场对行业内贸易的影响。传统上，Krugman 等对行业内贸易的研究主要集中在规模经济上，而 Staffan Linder 的需求相似理论则为这一研究提供了新思路。

需求相似理论包含两个关键观点。首先，产品的出口与出口国的选择都与国内需求相关。只有当国内市场对某个产品的需求足够大时，该产品才有可能显现出相对优势，并逐渐扩大其生产规模。在满足国内需求的过程中，企业规模逐渐增大，生产成本逐渐降低，从而提高了产品的国际竞争力。其次，当两个国家的需求结构相似时，两个国家之间的贸易额一般都比较大。在 Staffan Linder 看来，人均所得越接近，说明两国的需求结构就越接近。如果两个贸易国之间的需求和偏好非常相似，那么它们之间的重叠需求也就较多，这将促进两国之间更大规模的贸易。如果两个贸易国的需求结构完全相同，那么一国能够满足国内需求并进行对外贸易的产品，也很可能是另一个国家能够对外贸易的产品。

在此基础上，需求相似理论的核心思想可以总结为：对本国市场有较大需求的国家，倾向于向具有类似需求结构的国家出口其相关产品。经济增长理论认为，一国应在其国内市场占有较大份额的商品的基础上，将其出口至与其需求、偏好及人均收入相近的国家，从而使出口贸易更加有效。同时，该思路对我国出口贸易的战略选择也有一定的启示作用。

（2）新贸易理论。国际贸易理论的发展经历了多个重要阶段，主要包括新古典理论框架和新贸易理论框架。新古典理论认为，在存在完全竞争和规模报酬不变的条件下，国际贸易的分工和专业化主要取决于不同地区的要素禀赋差异。各国会专注于生产相对优势的产品，出口这些产品，同时进口相对劣势的产品，以实现资源有效配置和提高生产率。尽管新古典理论在解释产业间贸易方面发挥了重要作用，但它难以解释多样化的国际贸易现象，如产业内贸易和要素禀赋相似的国家之间的贸易增加等。

新贸易理论是 20 世纪 80 年代初期由 Krugman 等提出的，它突破了新古典经济学关于"完全竞争""规模报酬"等假定的限制。同时，还提出了一种新的国际贸易理论，强调需求对国内产业专业化和国际分工的影响。新贸易理论认为，两国在资源、技术等方面相同的情况下，由于一国的一些产业具有一定的规模经济，仍可能发生国际贸易，从而推动一国的进口与出口。在一个国家内，资源有限，而需求多样化，为了降低生产成本，生产者需要扩大生产规模，提高生产效率，降低产品价格，以实现出口的目标。这一理论更有说服力地解释了国际产业内贸易。

2. 影响机制

本地市场效应强调规模经济，其实质是"产业集聚"，也就是通过对地区资源的最优配置，从而推动行业的发展。规模经济和范围经济带来了竞争和创新的双重效应，这些效应协同作用于数字服务贸易，增强了其在国际竞争中的地位，扩大了出口，同时也实现了本地市场效应。

（1）竞争效应。在数字服务贸易的发展过程中，竞争效应是一个非常显著的现象。为了获得更大的竞争优势，更好地获得更多的资源，企业通常会采用一些战略，如降低成本、提高品质等。在规模经济的驱动下，劳动分工不断细化，企业数目不断增多。这就导致了各大公司在市场上进行激烈的竞争，以获取更多的市场份额和更多的利润。企业在地域上的聚集，使其在资本、人才、技术、市场上的竞争更加激烈。这就导致了市场在价格、质量，以及产品的差异性上的竞争。另外，由"规模经济"与"范围经济"所导致的知识与技术的溢出也会对企业的竞争造成一定的影响。这种影响使部分企业在行业中形成具有典型意义的集群，它们可以更早地察觉到市场的变化，并在技术创新中抢占先机，进而获取竞争优势。但是，在产业集群中，产品创新更易在产业集群中扩散，从而造成产业集群中的产品同质化，竞争优势丧失，价格战加剧，从而引发新一轮产业集群创新。在产业集聚区，企业面临着越来越多的竞争者，竞争压力也越来越大。企业为获得更大的市场份额，必须降低生产成本，生产差异化产品，以建立自己的竞争优势。这就不可避免地促进了该地区企业的产品与技术的创新。新的创新将会对原来的竞争格局以及利益分配格局造成破坏，因此，落后的企业将会面对更大的危机，为了不被市场所淘汰，他们会进行主动的学习与创新，以提高自己的竞争力。范围经济的兴起加剧了本地企业之间的竞争，为它们带来了更大的竞争压力。在这种激烈的竞争环境中，企业更加注重不断优化和改进，从而保持了该地区持续处于"创新活跃"的状态。

总的来说，竞争效应的存在推动了数字服务贸易领域的企业不断学习和竞争，促进了成本下降和产业结构的优化，进而促进了本地市场效应的产生。这对于数字服务贸易的发展具有积极的影响。

（2）创新效应。本地市场效应的存在对传统的贸易理论提出了挑战，传统贸易理论通常从市场供给方的角度出发，认为市场需求大的产品更容易在国际市场竞争中占据优势，同时消费者更偏好差异化的产品。但是，随着市场规模的扩大，市场的分工越来越细，消费者的需求也越来越多元化，市场竞争也越来越激烈。这就要求企业不断地进行产品创新，不断地突破传统的理论框架。同时，规模经济、范围经济对企业创新也起到了积极作用。规模经济为企业创新提供了技术创新的支撑网络，而范围经济所产生的外部性又为该地区的人才、研发机构、金融机构等提供了有效的资源供给。在本地区，企业具有较强的研发创新环境，更易于开展研发创新。局部市场对中国数字服务贸易的影响在全球范围内呈现出明显的地域聚集特征。马歇尔认为，在"范围经济"的作用下，企业聚集在不同的地区，共同构成了一种"产业机密的空气"，并由此而产生了"产业机密"。在这种情况下，企业之间相互信任，便于信息、技术的交换，同时也降低了合作的交易费用。在产业集群中，由于学习曲线的存在，企业间更易于互相学习，因此，在产业集群中，企业的研发与技术创新费用较低。同时，在激烈的竞争中，企业也必须通过技术与管理的创新来获取竞争优势。在市场竞争中，优势企业为创新投入了巨大的物力、人力资本，并因其具有一定的规模效应，生产成本逐步下降。所以，对于中国等国家而言，国内需求的大小是一个关键因素。

本地市场效应对数字服务贸易产生了重要影响，打破了传统贸易理论的框架。规模经济和范围经济的存在进一步加强了本地市场效应的作用，促使企业在创新和竞争方面表现出更高的活力。

三、数字服务贸易的本地市场效应存在性实证分析

1. 模型设定与说明

（1）模型设定。本文借鉴毛艳华和李敬子（2015）、阚大学和吕连菊（2014）以及Schumacher和Siliverstovs（2006）等学者的模型，同时将互联网普及率引入实证模型，以反映数字服务贸易的明显数字信息化特性。这一改进试图更全面地考虑数字服务业出口的影响因素，进一步提升模型的综合性。设定研究模型如下：

$$\ln re\_ex_{ijtk} = \beta_0 + \beta_1 \ln re\_gdp_{ijtk} + \sum \alpha \times Control + \lambda_{jk} + \gamma_{tk} + \xi_{ijtk} \tag{1}$$

其中，i表示出口国，j为进口国，t表示年份（$t=2010-2021$），k表示行业，被解释变量$\ln re\_ex_{ijtk}$是中国对数字服务贸易伙伴国或地区的相对出口；核心解释变量$\ln re\_gdp_{ijtk}$是相对市场规模；$Control$是包含相对贸易自由化程度、相对技术差异等的一系列控制变量，β_0是常数项，λ_{jk}、γ_{tk}分别表示伙伴国—行业固定效应、年份—行业固定效应。在实证模型中，所有变量均采用对数形式，变量之间的关系表现为弹性，即当相对市场规模的系数$\beta_1 > 0$时，表明存在本地市场效应；ξ_{ijtk}是随机误差项。

（2）变量说明。

1）被解释变量。相对出口（$\ln re\_ex$）：中国对数字服务贸易伙伴国或地区的相对出口。本文参照毛艳华和李敬子（2015）及阚大学和吕连菊（2014）的理论推导过程及实证模型设定方法，将相对出口设定为被解释变量，其公式为：

$$\ln re\_ex_{ijtk} = \ln\left(\frac{X_{ijtk}}{X_{jitk}}\right) \tag{2}$$

其中，i表示中国，j表示伙伴国，k表示行业，X_{ijtk}表示t年k行业i国对j国的出口额；X_{jitk}表示t年k行业j国对i国的出口额。本文所使用的中国与22个国家或地区的双边数字服务贸易数据取自联合国服务贸易数据库与OECD数据库。由于进出口贸易均以现价美元计算，因此，根据各贸易伙伴或地区的进口和出口价格指数，本文将实际进口和出口数据折算至2000年为基期的数值。这些进口和出口价格指数数据均来自世界发展指标（World Development Indicators，WDI）数据库。

2）核心解释变量。相对市场规模（$\ln re\_gdp$）：各国或地区市场规模均采用以2000年为基期的GDP来衡量。在后续稳健性检验中，本文借鉴李剑培等（2021）的做法，用相对数字服务贸易增加值（$output$）和相对总需求（$demand\_scale\_all$，所有服务的总需求规模）来衡量相对需求规模。数据来源于WDI数据库及OECD数据库。

3）控制变量。相对要素禀赋（$\ln re\_k$）：用一个国家或一个地区的实际资本存量与总劳动力数量之比来度量。在资产存量的计算处理上，运用永续盘存方法，公式表示为：

$$K_t = (1-\delta_t)K_{t-1} + I_t \tag{3}$$

其中，K_t为t年实际资本存量，K_{t-1}为$t-1$年的实际资本存量，δ_t为t年固定资产折旧率，I_t为t年投资。关于I_t，本文参考了张军等（2004）的方法，以2000年作为基准，计算了总固定资本形成的总量，并对当年的投资进行了测量。在计算基础资本存量时，本文采用了世界投入产出数据库（World Input-Output Database，WIOD）的处理方法作为参考：

$$K_0 = \frac{I_0}{g+\delta} \tag{4}$$

I_0 为 2010 年固定资本形成总额，g 为 2010~2021 年 GDP 增长率；王恕立和向姣姣（2014）在测算中国服务业资本存量时，采用 4% 的折旧率，据此本文 δ 也取 4%。企业的固定资产形成总额和劳动人口总数都取自 WDI 数据库。

相对贸易自由化程度（lnre_lib）：借鉴 Kimura 和 Lee（2006）的方法，采用全球经济自由度指数衡量服务贸易的自由化程度。世界经济自由度（Economic Freedom of the World，EFW）指数来自加拿大弗雷泽研究所。

相对技术差异（lnre_tech）：采用服务业生产率来衡量各国的技术水平，指标来源于 WDI 数据库。

相对需求结构（lnre_ineq）：阚大学和吕连菊（2014）的研究表明，在非位似偏好的假设下，收入分布将直接影响需求偏好和结构，因此，相对收入差距可以反映相对需求结构。用于衡量收入分配不平等程度的指标主要包括 RP20% 和基尼系数。在本文中，采用一国最富有 20% 人口所占财富与最贫困 20% 人口所占财富的比值作为度量指标，相关数据来自 WDI 数据库。

相对互联网渗透率（lnre_ms）：相对互联网渗透率也可以称为"互联网使用率"或"互联网普及率"。这一指标通常用特定地区或人群中互联网用户的数量占总人口的比例来衡量，反映了互联网在该地区或国家中的普及程度。数据指标来源于国际电信联盟（International Telecommunication Union，ITU）数据库。

由于控制变量中存在 0 值，因此在回归中采用控制变量加 1 再取对数。

（3）样本选择。本文选取 2010~2021 年中国与 22 个国家或地区的 6 个行业双边贸易数据。这 22 个国家或地区包括：澳大利亚、奥地利、比利时、加拿大、捷克、丹麦、芬兰、法国、德国、希腊、匈牙利、意大利、日本、荷兰、新西兰、波兰、俄罗斯、斯洛文尼亚、瑞典、英国、美国、欧盟。之所以选择上述样本，是因为一些国家或地区的双边数字服务贸易额在时间维度上存在不连续性，并且缺失值占 70% 及以上，这不利于获得相对科学的回归结果。同时，这些国家或地区是中国数字服务贸易的重要合作伙伴，其贸易额占到了中国数字服务贸易总额的 93%。这个样本具有一定的代表性，因此可以从中得出一些有意义的结论。行业包含电信计算机和信息服务、金融服务、保险和养老金服务、知识产权使用费、其他商业服务、个人文化和娱乐服务。本文的实证分析基于 2010~2021 年涵盖了中国与上述 22 个国家或地区的 6 个行业双边服务贸易数据，研究中国数字服务贸易的情况。

2. 回归结果分析

在回归模型中，本文纳入了多个变量，因此需要进行多重共线性检验。结果显示，各个变量的方差膨胀因子（Variance Inflation Factor，VIF）均小于 10，这表明所选择的变量之间不存在多重共线性问题。接下来，本文进行了回归分析，并将结果呈现在表 1 中。

表 1　基准回归结果

	(1)	(2)	(3)	(4)	(5)	(6)
	lnre_ex	lnre_ex	lnre_ex	lnre_ex	lnre_ex	lnre_ex
lnre_gdp	1.207**	1.491**	1.403**	1.468**	1.176**	1.185**
	(0.585)	(0.584)	(0.583)	(0.580)	(0.596)	(0.597)
lnre_k		1.785***	1.648***	1.846***	1.846***	1.815***
		(0.407)	(0.409)	(0.411)	(0.410)	(0.414)
lnre_lib			12.392***	10.803**	9.176*	9.647**
			(4.725)	(4.721)	(4.778)	(4.860)

续表

	（1）	（2）	（3）	（4）	（5）	（6）
	lnre_ex	lnre_ex	lnre_ex	lnre_ex	lnre_ex	lnre_ex
lnre_ms				3.690***	3.387***	3.313***
				(1.042)	(1.051)	(1.060)
lnre_ineq					0.357**	0.340*
					(0.172)	(0.175)
lnre_tech						1.132
						(2.110)
_cons	-3.160**	-3.436***	-10.155***	-7.718***	-6.129**	-6.253**
	(1.276)	(1.267)	(2.856)	(2.923)	(3.017)	(3.027)
R^2	0.774	0.778	0.780	0.782	0.783	0.783
伙伴国—行业固定效应	是	是	是	是	是	是
年份—行业固定效应	是	是	是	是	是	是
观测值数	1229	1229	1229	1229	1229	1229

注：***、**、*分别表示在1%、5%、10%的统计水平上显著，括号内为变量的标准误。

表1呈现了中国数字服务贸易存在本地市场效应的结果。在第（1）列至第（6）列中，lnre_gdp 的系数均为正且具有显著性。随着中国数字服务业市场规模不断扩大，规模经济效应降低了生产成本，提高了生产效率并促进了差异化产品的产生，从而有助于促进数字服务贸易的出口增长。

要素禀赋的系数为正且显著，表明资本密集度越高越有利于增加出口，即要素禀赋增强有利于促进数字服务贸易出口增加。资本密集度高的企业能够进行更多的研发和创新，提供更具竞争力和高附加值的数字服务产品。此外，资本投入还可以用于改善服务质量、提高生产效率以及引进先进的技术和设备，这些因素都能够吸引更多的国际客户并提升出口水平。资本密集度高还能够吸引更多的投资和合作伙伴，推动数字服务行业的发展和国际化。外部资本的注入可以支持企业拓展市场、开拓新业务领域以及加强国际营销等方面的努力，进一步促进数字服务贸易出口的增加。与此同时，比较优势增强对数字服务贸易出口的促进作用大于市场规模扩大的本地市场效应的促进作用。这意味着，企业提高自身的比较优势方面更为关键，比如通过技术创新、质量提升、成本控制等方式，以在国际市场中获得竞争优势。虽然本地市场效应也能促进数字服务贸易出口的增加，但相对而言，比较优势的提升对于企业更为重要。政府和企业应该致力于提升数字服务行业的比较优势，以更好地适应国际市场竞争的需求。

lnre_tech 系数呈正向，同时 lnre_lib 系数也呈正向且具有显著性，这表明数字化服务贸易的技术进步和开放性提升充当了出口增长的"加速器"。正如 Huang 等（2014）所指出的，一个国家若拥有较高的技术优势，将在不同产品中占据更大的市场份额，从而促进其出口增长。数字服务贸易的开放政策使得跨境交易更加便捷和灵活，为企业和个人提供了更广阔的市场。同时，技术水平的提高使得数字服务的质量和创新能力得到了提升，能够更好地满足用户需求，增加了出口的竞争力。在这种双重作用下，数字服务贸易得以迅速发展，为经济增长提供了新的动力。政府和企业在制定政策和战略时应重视数字服务贸易的开放性和技术水平的提高，以提升国家在数字服务贸易领域的竞争力。具体包括：进一步降低数字服务贸易的壁垒，推进国际贸易合作，加强技术创新与人才培养，从而推进数字服务贸易的可持续发展，为经济的增长与转型升级提供强有力的支撑。

数字服务贸易的出口显示出受需求结构的影响而存在本地市场效应。值得注意的是，$lnre\_ineq$ 系数在统计上是正向且显著的，这意味着随着高收入群体的增多和收入差距的扩大，服务消费的收入弹性也显著提高。与此同时，人们对多样化和差异化数字服务的需求也会显著增长，尽管替代弹性有所降低。这种情况导致了服务业出口中需求结构作用的本地市场效应的出现。需求结构作用在数字服务贸易出口中起到了重要的作用。随着高收入群体数量的增加，他们对多样化和高品质数字服务的需求也随之增加。这一趋势有助于推动数字服务贸易的出口，尤其是那些差异化和高附加值的数字服务产品。高收入群体的存在为数字服务供应商提供了更广阔的市场，鼓励他们开发创新的数字服务解决方案，以满足不同需求。此外，收入差距的拉大也加剧了服务消费的收入弹性，即高收入群体更愿意购买数字服务，因为他们更有能力支付。这进一步增加了数字服务贸易的出口需求，尤其是那些高价值的服务。这也减少了数字服务的替代弹性，因为高收入群体更愿意支付高价获得所需的服务，而不容易被其他低价替代品吸引。因此，需求结构作用的本地市场效应在数字服务贸易中具有重要意义，政府和企业可以通过满足高收入群体的需求、提高数字服务的质量和创新水平来推动数字服务贸易的出口。这有助于提高数字服务贸易的竞争力，促进经济的增长。

$lnre\_ms$ 系数为正且显著，这说明居民互联网使用率促进了数字服务贸易出口。互联网的广泛应用推动了数字服务贸易的出口增长。随着互联网普及程度的提高，全球范围内越来越多的企业和个人能够通过在线平台提供各种数字服务，如软件开发、设计、咨询等。这种便捷的方式使得数字服务贸易更加便利和高效，促进了跨国交流和合作。互联网的普及也降低了数字服务贸易的成本，使得中小企业和发展中国家的企业也能够参与到全球数字服务贸易中。因此，互联网的使用率对于推动数字服务贸易的出口发挥了积极的促进作用。在数字服务贸易领域，互联网的作用不仅降低了交易的空间壁垒，还提供了更广阔的市场和更多的商业机会。企业和个人可以通过在线平台轻松地与国际客户合作，不受地理位置的限制。这不仅促进了数字服务贸易的出口，还有助于知识和经验的跨国流动，推动了全球数字服务贸易的繁荣。政府和企业应继续推动互联网的普及，提高居民的互联网使用率，为数字服务贸易的可持续增长创造更加有利的环境。这包括扩大宽带网络覆盖范围、提高互联网接入的便利性、加强网络安全保护等方面的措施。通过这些举措，可以进一步释放数字服务贸易的潜力，促进经济的发展。

3. 内生性分析和稳健性检验

为了处理可能存在的反向因果关系并增强结论的稳健性，本文选择"相对市场规模"的滞后项作为工具变量进行分析。表 2 列出了回归结果，其中第（1）列和第（2）列分别表示 2SLS 的第一阶段和第二阶段结果。

表 2 稳健性检验结果

	（1）	（2）	（3）	（4）	（5）
	$lnre\_ex$	$lnre\_ex$	$lnre\_ex$	$lnre\_ex$	$lnre\_ex$
iv	0.819*** (0.008)				
$lnre\_gdp$		1.721** (0.757)	1.084* (0.579)		
$output$				1.142*** (0.382)	

续表

	（1）	（2）	（3）	（4）	（5）
	ln*re_ex*	ln*re_ex*	ln*re_ex*	ln*re_ex*	ln*re_ex*
demand_scale_all					0.881**
					（0.412）
ln*re_k*	-0.027***	1.859***	1.872***	3.053***	1.734***
	（0.006）	（0.470）	（0.419）	（0.686）	（0.411）
ln*re_lib*	-0.190***	8.269	9.640**	14.285**	11.836**
	（0.068）	（5.033）	（4.861）	（6.103）	（4.953）
ln*re_ms*	-0.157***	4.580***	3.328***	5.599***	3.481***
	（0.016）	（1.185）	（1.061）	（1.676）	（1.067）
ln*re_ineq*	0.011***	0.281	0.347**	1.068	0.366**
	（0.002）	（0.177）	（0.175）	（0.735）	（0.172）
ln*re_tech*	0.055*	0.600	1.144	26.861***	1.679
	（0.028）	（2.089）	（2.111）	（8.992）	（2.132）
KLeibergen-Paap rk LM 统计量		1043.344			
		[0.000]			
KLeibergen-Paap rk Wald F 统计量		9539.183			
		{16.38}			
_cons			-6.005**	-1.555	-6.137**
			（3.004）	（4.119）	（2.971）
伙伴国—行业固定效应	是	是	是	是	是
年份—行业固定效应	是	是	是	是	是
N	1149	1149	1229	898	1229
R²	0.713	0.726	0.783	0.790	0.783

注：***、**、*分别表示在1%、5%、10%的统计水平上显著，（）内为变量的标准差，KLeibergen-Paap rk LM 统计量用于检验工具变量是否识别不足，[ ] 内为该统计量的 P 值；KLeibergen-Paap rk Wald F 统计量检验工具变量是否为弱工具变量，{ } 内为 Stock-Yogo 检验在10%上的临界值。

对比表1中的双向固定效应回归结果，表2中的回归结果并没有显著差异。这表明，本文所使用的工具变量在回归中起到了有效的作用，并没有引入显著的偏误。工具变量的不可识别 KP rk LM 检验结果拒绝了原假设，这意味着相对市场规模变量相对于工具变量是可识别的。此外，弱识别 KP rk Wald F 检验的结果超过了临界值，表明没有出现弱工具变量问题。这些检验结果充分证明，相对市场规模与数字服务相对出口之间的正向关系确实具有因果关系：一国相对市场规模的扩大有助于促进数字服务贸易的相对出口增长。

为了确保回归结果的稳健性，本文对数据中的极端值进行了处理，将所有变量进行了1%的缩尾处理后重新进行回归分析。从表2中第（3）列的结果可以看出，核心解释变量相对市场规模的系数仍然显著为正，即相对市场规模对数字服务贸易的相对出口量具有促进作用，这与本文的结论一致，进一步证明了回归结果的稳健性。

另外，本文还对核心解释变量相对市场规模进行了替换，分别采用相对数字服务贸易增加值（*output*）和相对总需求（*demand_scale_all*，所有服务的总需求规模）进行回归分析。从表2中第（4）列和第（5）列的结果可以看出，无论是相对数字服务贸易增加值还是相对总需求，它们的系数均为正且显著，表明它们对数字服务贸易的相对出口量也有促进作用，从而形成本地市场效应，这再次证明了回归结果的稳健性。

　　4. 异质性分析

　　（1）行业异质性分析。前文的研究已经在总体上检验了中国数字服务贸易存在本地市场效应，但尚未深入研究不同细分行业之间的异质性。为了更全面地了解数字服务贸易在不同行业之间的差异和异质性，本小节将从行业层面展开深入探讨，以探究中国数字服务贸易在不同领域内的本地市场效应的存在与否。通过分析不同行业之间的差异和异质性，本文可以更清晰地了解数字服务贸易在各个细分领域的特点和规律。这有助于政策制定者更有针对性地制定政策，以更好地发挥数字服务贸易的潜力，提高其国际竞争力。同时，深入研究不同行业的本地市场效应也为相关政策和战略的制定提供了更有力的支持和依据。

　　表 3 中的第（1）至第（6）列分别展示了知识产权使用费、金融服务、保险和养老金服务、其他商业服务、个人文化和娱乐服务、电信计算机和信息服务的行业异质性回归结果。由表 3 中第（1）、第（2）、第（4）和第（5）列的结果可知，中国的知识产权使用费、金融服务、其他商业服务和个人文化和娱乐服务出口不存在本地市场效应。

表 3　异质性检验结果

	（1）	（2）	（3）	（4）	（5）	（6）	（7）
	lnre_ex	lnre_ex	lnre_ex	lnre_ex	lnre_ex	lnre_ex	lnre_ex
lnre_gdp	2.907	1.161	2.775**	−0.191	−3.031	4.911**	
	(2.843)	(1.700)	(1.163)	(0.710)	(1.585)	(1.044)	
lnre_gdp×year_dummy							0.126***
							(0.048)
lnre_k	1.973	6.075***	−1.332	−0.586	1.369	1.229*	1.505***
	(1.261)	(1.091)	(1.204)	(0.458)	(2.100)	(0.680)	(0.419)
lnre_lib	33.785*	8.511	−2.631	0.262	4.952	16.081*	9.979**
	(20.090)	(14.164)	(10.035)	(5.769)	(12.017)	(8.476)	(4.853)
lnre_tech	−1.964	−6.755	2.067	2.810	7.089	3.392	1.108
	(8.687)	(6.464)	(4.182)	(2.560)	(4.922)	(3.760)	(2.107)
lnre_ineq	0.510	0.398	0.171	0.121	0.081	0.651**	0.358**
	(0.681)	(0.539)	(0.345)	(0.209)	(0.495)	(0.308)	(0.171)
lnre_ms	10.334**	1.680	5.245**	1.163	1.367	0.943	3.151***
	(4.504)	(3.140)	(2.119)	(1.285)	(2.619)	(0.901)	(1.057)
_cons	−22.122*	−6.874	−1.385	3.571	4.967	−18.726***	−4.140
	(13.260)	(8.698)	(6.070)	(3.595)	(7.805)	(5.260)	(2.761)
伙伴国—行业固定效应	是	是	是	是	是	是	是
年份—行业固定效应	是	是	是	是	是	是	是
N	191	209	186	238	177	228	1229
R^2	0.724	0.678	0.831	0.675	0.648	0.764	0.784

　　注：***、**、*分别表示在 1%、5%、10%的统计水平上显著，括号内为变量的标准误。

　　由表 3 中第（3）、第（6）列的结果可知，保险和养老金服务、电信计算机和信息服务的出口具有本地市场效应且在 5%的统计水平上显著。中国保险和养老金市场规模庞大，拥有广泛的消费基础和潜在需求，这使得保险和养老金服务供应商在满足国内市场需求的同时，也积累了丰富的经验和品牌声誉。随着中国人口结构的变化和老龄化趋势的加剧，保险和养老金服务的需求正呈现出快速增长的趋势。在这种情况下，保险和养老金服务供应商通常会充分利用本地市场的规模和需求，以提高其服务的质量和竞争力，以满足国内居民的需求。与此同时，保险和养老金服务的出口往往受到本地市场的经验积累和品牌声誉的影响。通过在国内市场上建立起良好的声誉和品牌形象，保险和养老金服务供应商可以增加国际市场对中国保险和养老金服务的认可度和信任度。这种本地市场效应在国际市场上为中国的保险和养老金服务提供了竞争优势，并有助于推动其出口。总之，中国的保险和养老金市场规模庞大，充满机遇。本地市场的规模和需求为保险和养老金服务的提供和出口提供了有力支持。同时，积累的经验和建立的品牌声誉也有助于中国保险和养老金服务在国际市场上取得成功，为国内企业的国际化发展提供了有力支持。

电信计算机和信息技术是现代经济的核心驱动力，对于中国而言，国内市场的发展对该领域的出口具有显著影响。中国作为全球最大的电信计算机和信息技术市场之一，其庞大的国内市场规模和持续快速增长的需求为出口提供了有力的支撑。国内市场的规模和需求为国内企业提供了充分的机会和动力，以提高产品和服务的质量、创新能力和竞争力，以满足本地市场的需求。这种本地市场效应使得中国的电信计算机和信息服务能够在国际市场上获得竞争优势。此外，本地市场的经验积累和技术创新为电信计算机和信息服务的出口提供了宝贵的支持。在国内市场上积累的经验和知识使企业能够拥有独特的竞争优势，从而能够提供更具创新性和高附加值的产品和服务。这些经验积累包括了解本地市场的需求和趋势，掌握本地市场的商业模式和规则，以及建立与本地客户和合作伙伴的关系。这些在国际市场上能够为中国的电信计算机和信息服务企业提供关键的竞争优势，有助于推动其出口。总之，中国的电信计算机和信息技术领域受益于庞大的国内市场和本地市场效应。国内市场规模和需求为中国的企业提供了机会和动力，以提高产品和服务的质量和竞争力，从而在国际市场上获得竞争优势。同时，积累的经验和技术创新为出口提供了有力支持，有助于中国的电信计算机和信息服务行业在国际市场上取得成功。

（2）滞后效应分析。自 2010 年起，我国采取了一系列重要政策举措，旨在积极推动数字服务贸易的发展。例如，2013 年设立上海自由贸易试验区，试验区实施更宽松的市场准入政策，为数字服务企业提供了更多机会；2013 年提出"一带一路"倡议，促进了数字服务贸易的国际化，鼓励中国数字服务企业在相关国家和地区开展业务；2015 年启动"互联网+"行动计划，将数字技术与传统产业相结合，为数字服务贸易提供了更多机会，鼓励创新和发展数字经济。同时，政府还通过知识产权保护、金融市场改革、创新政策和创新基金的引导，为数字服务贸易提供了重要支持。这些政策举措反映了政府对数字经济和数字服务领域的高度重视，为国内外数字服务企业提供了更好的发展机会，推动了中国数字服务贸易市场的蓬勃增长。

本地市场效应的本质是市场需求带动的规模效应。这种效应的出现通常具有一定的滞后性，这意味着市场规模的变化不会立即反映在市场上。为了更好地理解这一现象，研究者划分了两个研究阶段，即 2010~2015 年和 2016~2021 年，并引入了时间哑变量（$year\_dummy$）。在回归分析中，构建了市场规模变量（$lnre\_gdp$）与时间哑变量（$year\_dummy$）的交互项。时间哑变量（$year\_dummy$）在 2016~2021 年取值为 1，而在其他时间段取值为 0。通过分析交互项的系数，可以更清晰地了解市场规模在不同时间段的变化对市场的影响。

回归结果见表 3 的第（7）列，交互项系数为正且高度显著。这意味着相对于 2010~2015 年，2016~2021 年，中国数字服务贸易市场出现了更明显的本地市场效应。这表明，市场需求带动的规模经济在中国数字服务贸易市场中存在一定的滞后效应。具体来说，市场规模的扩大是渐进的、逐步积累的结果。随着市场需求的上升，企业和投资者开始逐渐认识到数字服务贸易领域的潜在机会，因此增加了资本投入和参与度。这进一步促进了市场的成熟和发展，创造了更多的商机。然而，这一过程不会瞬间发生，而是需要一定的时间来传导和反映在市场上。

5. 机制分析

基于前文分析，本文认为市场规模通过竞争效应和创新效应来推动本地市场效应产生，为了检验上述机制，本文设定如下模型：

$$\ln re\_ex_{ijtk} = \beta_0 + \beta_1 \ln re\_gdp_{ijtk} + \beta_2 M_{ijtk} + \beta_3 \ln re\_gdp_{ijtk} \times M_{ijtk} + \sum \alpha \times Control + \lambda_{jk} + \gamma_{tk} + \xi_{ijtk} \quad (5)$$

其中，M_{ijtk} 代表机制变量，本文重点关注的是交互项 $\ln re\_gdp_{ijtk} \times M_{ijtk}$ 的系数 β_3。此外，变量的下标、控制变量与固定效应均与基准回归模型一致。

（1）竞争效应。企业在反复相互学习和激烈竞争的作用下，在成本下降的同时也优化了产业结构，进而促进了本地市场效应的产生。因此，本文进一步探究竞争效应对于中国数字服务贸易本地市场效应产生的影响机制。本文采用赫芬达尔-赫希曼指数（Herfindahl-Hirschman Index，HHI）反映各国市场竞争力，计算公式为：

$$HHI = \left(\frac{X_i^2}{X}\right), \quad i = 1, 2, \cdots, N \quad (6)$$

其中，X 为数字服务贸易总出口额，X_i 为行业 i 的出口额；N 为细分行业总数，本文 N 为 6。

表 4 中的回归结果揭示了市场规模、市场竞争力以及它们之间交互关系对相对出口额的影响。未加入市场竞争力和市场竞争力交互项的回归结果如第（1）列所示，市场规模的系数为正且显著。这意味着市场规模的增加有助于提高相对出口额。加入市场竞争力、市场规模与市场竞争力交互项后，回归结果如第（3）列所示，交互项的系数为正并且显著。这一结果表明，市场竞争力能够显著调节市场规模对于相对出口额的影响。随着市场竞争力的增加，相对出口额提升的速度会逐步加快，市场竞争力的调节效应为正。这意味着市场竞争力不仅对出口额有促进作用，还可以增强市场规模对出口额的正向影响。市场竞争力在市场规模与相对出口额之间起到了调节作用，使市场规模对出口额的影响更加显著。

表 4　机制分析结果

	（1）	（2）	（3）
	lnre_ex	lnre_ex	lnre_ex
lnre_gdp	1.185**	2.380***	1.488**
	(0.597)	(0.790)	(0.619)
lnre_gdp×lnre_hhi		2.773***	
		(0.990)	
lnre_gdp×lnre_pat			0.054**
			(0.027)
lnre_k	1.815***	1.739***	1.677***
	(0.414)	(0.416)	(0.423)
lnre_lib	9.647**	8.198*	10.473**
	(4.860)	(4.879)	(4.876)
lnre_tech	1.132	1.244	1.386
	(2.110)	(2.141)	(2.201)
lnre_ineq	0.340*	0.278	0.208
	(0.175)	(0.180)	(0.191)

	（1）	（2）	（3）
	lnre_ex	lnre_ex	lnre_ex
lnre_ms	3.313***	3.718***	3.346***
	(1.060)	(1.162)	(1.089)
_cons	−6.253**	−7.977***	−7.467**
	(3.027)	(3.078)	(3.088)
伙伴国—行业固定效应	是	是	是
年份—行业固定效应	是	是	是
N	1229	1229	1229
R²	0.783	0.785	0.784

注：***、**、*分别表示在1%、5%、10%的统计水平上显著，括号内为变量的标准误。

综上所述，市场规模和市场竞争力对于相对出口额都具有正向影响，而市场竞争力还可以显著调节市场规模对于出口额的影响。这一结果强调了市场竞争力在数字服务贸易领域的重要性，特别是在市场规模扩大的情况下，市场竞争力的提高能够进一步促进出口的增长。

（2）创新效应。创新活动不仅对经济增长具有积极作用，还对数字服务贸易本地市场效应的形成产生重要影响。在创新活动的推动下，企业和创新者通常需要高度专业的知识和技术能力，这使得他们在所在地区形成了一种独特的竞争优势，促进了本地市场效应的产生。为了更深入地研究创新效应对中国数字服务贸易本地市场效应的影响机制，本文采用了各国按技术授予的专利数来衡量数字服务贸易的创新性。这一指标统计口径包含了六类专利，分别为视听技术、电子技术、数字通信、计算机技术、游戏和其他消费品，数据来源为世界知识产权组织（World Intellectual Property Organization，WIPO）。通过衡量各国在不同领域的专利数量，可以更准确地反映出其在数字服务领域的创新水平和能力。数字服务领域的创新性对于本地市场效应的产生和数字服务贸易的发展具有重要意义。因此，本文采用专利数据作为衡量创新活动的指标，以进一步研究创新效应对于数字服务贸易本地市场效应的影响机制。

表4中第（1）列报告了不加入专利授予数、市场规模与专利授予数交互项的基础回归结果。第（3）列报告了加入专利授予数、市场规模与专利授予数交互项后的回归结果。在不加入专利授予数的基础回归结果中，市场规模的系数为正且显著，表明市场规模对于数字服务贸易的相对出口额具有显著正向影响。当考虑市场规模与专利授予数交互项时，市场规模与专利授予数的交互项系数为正且显著。这说明专利授予数能够显著调节市场规模对于数字服务贸易的相对出口额的影响，反映了技术创新对于数字服务贸易本地市场效应的促进作用。

这一现象的解释在于，技术创新通常会吸引其他相关产业和企业前来寻求合作或者利用创新成果，从而形成了一种学习效应。通过模仿并改进先进技术，企业能够提升其数字服务贸易的出口量。在数字服务领域，技术创新通常会引发新的服务产品和解决方案的产生，吸引更多的国内外市场需求。这种创新驱动的效应有助于扩大数字服务贸易的市场规模，提高其相对出口量。与此同时，专利授予数的上升也意味着企业在数字服务领域的技术竞争力增强，从而能够更好地满足国内外市场的需求，进一步推动数字服务贸易的增长。

政府可以通过加大对技术创新的支持力度，鼓励企业加大研发投入，推动数字服务贸易的技术水平提升，进而提高其国际竞争力。此外，政府还可以加强知识产权保护，为企业提供更好的创新环境和市场秩序，鼓励企业开展国际合作与出口，促进数字服务贸易的发展。企业方面也应当加大技术创新力度，提高自身的竞争力，以更好地利用数字服务贸易的本地市场效应，扩大其市场份额。

四、结论与政策建议

1. 结论

本文首先对中国数字服务贸易的现状进行了全面的分析，以便更好地理解其发展趋势和特点。其次对数字服务贸易的定义及分类进行了讨论，以确保研究的准确性和可比性。为了深入研究中国数字服务贸易的本地市场效应，本文选取了 2010～2021 年中国与 22 个国家或地区的 6 个数字服务细分行业的双边平衡面板数据。通过实证分析，本文探讨了中国数字服务贸易本地市场效应的存在性以及可能的产生机制，并且进行了异质性分析与稳健性检验。具体研究结果如下：

第一，市场规模的提高能够促进数字服务贸易相对出口额的提升，即中国数字服务贸易市场存在本地市场效应。这一市场规模的促进作用在不同数字服务细分行业之间存在明显的异质性。根据当地市场影响，保险和养老金服务、电信计算机和信息服务均显示出更为快速的发展趋势。这很大程度上是由于上述产业在本国市场上的规模较大，要求较高，这为企业提供了更多的机会和动力来提高其产品和服务的质量、创新能力和竞争力。因此，这些行业更容易形成本地市场效应，使得市场规模的增大对于相对出口额的提升起到了更积极的作用。相比之下，知识产权使用费、其他商业服务以及个人文化及娱乐服务，都显示出了对当地市场影响减弱的倾向。这主要是由于上述三个领域的产品出口受到中国本土市场大小的限制，更多地受到文化、国家政策等方面的影响。

因此，即使市场规模扩大，这些行业也不太容易形成明显的本地市场效应。此外，本文还通过实证研究发现，要素禀赋、需求结构、贸易自由化和技术差距，都是影响本地市场效应的重要因素。这些因素的作用机制具有复杂性和多样性，它们可以通过对企业的竞争力、创新能力以及市场需求结构产生影响，从而推动本地市场效应的产生。

第二，市场规模对于数字服务贸易本地市场效应的促进作用可以从竞争效应和创新效应两个方面来解释。首先，技术创新在市场规模扩大的过程中发挥了积极作用，进一步促进了本地市场效应的产生。在中国数字服务贸易领域，技术创新通常会带来技术进步，这对于提高数字服务的质量和创新能力至关重要。当一家企业在技术方面取得突破性进展时，其他企业往往会通过模仿和学习来掌握这些先进的生产技术，并将其应用于自身的生产过程中。这种学习和模仿的过程进一步提高了本地市场的整体技术水平，从而促进了数字服务贸易的相对出口量的增加。其次，市场规模的扩大会促使企业增加资金投入，尤其是用于研发和生产技术的资金。这些额外的投资将有助于企业提高其技术能力和创新水平，从而提高其产品和服务的质量和竞争力。这种内在的推动作用进一步增强了市场规模对于数字服务贸易相对出口量的积极影响。此外，市场规模的扩大还会导致企业之间的竞争加剧，促使它们不断寻求提高产品和服务的质量和创新性。为了满足消费者对高质量数字服务的需求，企业会积极进行技术创新，不断提升其在市场上的竞争力。这种竞争效应进一步推动了数字服务贸易相对出口量的增加。总之，市场规模对于数字服务贸易本地市场效应的促进作用可以通过技术创新、竞争效应和企业投资等多个渠道来解释。这些机制相互作用，共同推动了数字服务贸易在中国市场上的蓬勃发展。

以上研究结果对当前中国数字服务业如何以内需拉动生产有一定的借鉴作用，同时，本文的研究成果将为促进中国数字服务贸易向高质量发展提供重要的理论依据和技术支持。

2. 政策建议

为了促进中国数字服务贸易出口，让我国数字服务贸易更好地服务并赋能社会高速发展，本文提出如下政策建议：

第一，政府应重点关注市场规模的提升。为了扩大数字服务贸易市场规模，政府可以采取积极的贸易促进措施，以鼓励中国企业更好地进军海外市场并拓展新的贸易渠道。具体而言，政府可以简化贸易手续和流程，降低贸易壁垒，以促进数字服务贸易的顺利进行。此外，政府还可以提供金融支持，如贸易融资和出口信用保险等，以帮助企业解决融资问题和降低经营风险，进一步激发数字服务贸易的发展潜力。此外，政府还应积极推动中国企业与目标市场之间的商务合作。通过组织商务交流活动、推动合作项目、提供市场信息和咨询等方式，政府可以帮助企业更好地了解目标市场的需求和趋势，提供适应性强的数字服务产品和解决方案，从而提高其在海外市场的竞争力和市场份额。同时，政府应加强数字服务贸易的国际合作和合作伙伴关系。这可以通过积极参与国际贸易组织和多边贸易谈判来实现，与其他国家和地区建立互利合作机制，共同推动数字服务贸易的发展。各国政府可签订双边及多边贸易协议，以推进制订及执行贸易便利化措施，并在数字服务贸易中推动数据信息跨国流动。通过这些合作举措，可以进一步拓展数字服务贸易的国际市场，并建立稳定可靠的合作伙伴关系。以上政策建议旨在促进中国数字服务贸易的出口，加强与国际市场的联系，提高数字服务贸易的国际竞争力。政府应积极采取相应措施，以支持数字服务贸易行业的健康发展，推动中国数字服务贸易在全球范围内的更大发展。

第二，为了促进不同数字服务行业的出口，政府应根据行业分类采取不同的措施和政策。具体来说，对于保险和养老金服务领域，政府可以采取以下一系列措施来促进出口；首先，简化市场准入程序和降低市场准入门槛，使外国保险机构能够更便捷地进入中国市场。这将有助于吸引更多外国保险机构与中国企业合作，共同开拓国际市场。其次，政府可以提供优惠税收政策，如减免关税、降低企业所得税等，以提高外国保险机构在中国市场的竞争力。这将有助于吸引更多的外国投资和资源，促进中国保险和养老金服务的出口。此外，政府还可以加强对保险服务的监管和标准制定，提高服务质量和安全性，增强中国保险行业的国际竞争力。这对于提升中国的保险与养老服务在世界范围内的知名度与可信度具有重要意义，进而增加出口机会。对于电信计算机和信息服务领域，政府应采取以下措施来促进出口；一方面，政府应鼓励技术创新和研发投入，提高中国企业在电信计算机和信息服务领域的技术水平和创新能力。政府可以设立专项基金，支持企业的研发项目，培育核心技术和自主知识产权。另一方面，政府可以加强国际技术交流和合作，与其他国家和地区的企业、研究机构开展合作项目，共同推动技术的应用和交流，提高中国企业的国际影响力和竞争力。同时，政府还应增加对知识产权的保护措施，为企业提供良好的创新环境和市场秩序，鼓励企业开展国际合作与出口。这将有助于提高中国电信计算机和信息服务的国际竞争力，促进出口。通过针对不同行业的分类措施，政府可以更精准地促进数字服务的出口。这样的政策差异化有助于满足不同行业的特殊需求和挑战，提高出口的效率和质量。同时，这也为不同行业的企业提供了更多的机会和激励，鼓励其加大出口力度，拓展国际市场份额。

第三，为了促进本地市场效应的产生，政府应充分发挥技术创新和市场竞争的作用，并采取以下措施：首先，国家应该加强对数字化技术的扶持；这可以通过设立专项资金、提供税收优惠以及研发补贴等方式，从而鼓励企业增加研发投入，促进数字服务领域的技术创新。政府可以通过与高校、科研院所、企业等开展合作，组建创新联盟或研发中心，推动科技成果的跨国整合与共享。通过本文的研究，可以提高中国企业在数字化服务贸易领域的技术与创新能力，为数字化服务贸易的发展提供更加有效的支撑。

其次，政府要强化对市场的监督管理，强化对竞争政策的实施，营造一个公平的市场环境；通过构建完善的法律法规体系，强化市场监管和执法力度，坚决严惩不正当竞争行为和垄断行为，保护企业的合法权益，提供一个公平竞争的市场。同时，政府也应通过制定与完善相关的竞争政策，提高公平与效率，抑制市场垄断与不公平竞争。

在此基础上，通过提高市场准入的公平、透明程度，进一步降低进入门槛，使更多的企业有机会、有平台参与到市场中来。这对于保持一个公平的市场环境、激励企业参与竞争、提高市场效率具有重要意义。政府在区域市场中扮演着技术创新与市场竞争的角色，能够促进区域市场效应的形成与发展。技术创新能够为企业创造新的竞争优势，赢得新的市场机遇，激发其创新潜能，增强其市场活力。在市场竞争中，可以促使企业提高产品质量，降低成本，同时也可以为顾客提供更有竞争力的价格和服务，以满足顾客多样化的需求。通过技术创新和市场竞争的相互作用，可以促进数字服务贸易的本地市场效应的形成，推动本地企业的发展壮大，为国家的高质量发展注入新的动力。这些措施将有助于加强数字服务贸易的本地市场效应，提高出口量，促进中国数字服务的健康发展。

参考文献

[1] Davis D R. The Home Market, Trade, and Industrial Structure [J]. 1997, 56 (2): 219-231.

[2] Fajgelbaum P, Grossman G M, Helpman E. Income Distribution, Product Quality, and International Trade [J]. Journal of Political Economy, 2011, 119 (4): 721-765.

[3] Hanson G H, Xiang C. The Home-Market Effect and Bilateral Trade Patterns [J]. American Economic Review, 2004, 94 (4): 1108-1129.

[4] Head K, Mayer T, Ries J. On the Pervasiveness of Home Market Effects [J]. Economica, 2002, 69 (275): 371-390.

[5] Head K, Mayer T. The Empirics of Agglomeration and Trade [M]//Handbook of Regional and Urban Economics (Vol. 4), 2011.

[6] Helpman E, Krugman P. Market Structure and Foreign Trade: Increasing Returns, Imperfect Competition, and the International Economy [M]. MIT Press, 1987: 199-214.

[7] Huang Y Y, Lee C T, Huang D S. Home Market Effects in the Chamberlinian - Ricardian World [J]. Bulletin of Economic Research, 2014, 66 (S1): S36-S54.

[8] Hummels D, Klenow P. The Variety and Quality of a Nation's Exports [J]. American Economic Review, 2005, 95 (3): 704-723.

[9] International Trade in ICT Services and ICT - enabled Services [R]. UNCTAD Publication, 2015.

[10] Kimura F, Lee H. The Gravity Equation in International Trade in Services [J]. Review of World Economics, 2006, 142 (1): 92-121.

[11] Krugman P. Scale Economies, Product Differentiation, and the Pattern of Trade [J]. The American Economic Review, 1980, 70 (5): 950-959.

[12] Larch M. The Home Market Effect in Models with Multinational Enterprises [J]. Review of International Economics, 2007, 15 (1): 62-74.

［13］Markusen J R，Venables A J. A Multi-Country Approach to Factor-Proportions Trade and Trade Costs［J］. The Canadian Journal of Economics，1999，32（4）：799-830.

［14］Mattoo A，Rathindran R，Subramanian A. Regulatory Cooperation，Services Trade，and India［R］. World Bank Policy Research Working Paper No. 8060.

［15］Schumacher D，Siliverstovs B. Home-market and Factor-endowment Effects in a Gravity Approach［J］. Review of World Economics，2006，142：330-353.

［16］Schumacher D. Home Market and Traditional Effects on Comparative Advantage in a Gravity Approach［R］. DIW Discussion Paper，2003：344-359.

［17］Yu Z H. Trade，Market Size，and Industrial Structure：The Home Market Effects Rivisited［J］. Canadian Journal of Economics，2005，38（1）：255-272.

［18］Zeng D Z，Kikuchi T. Home Market Effect and Trade Costs［J］. The Japanese Economic Review，2009，60（2）：253-270.

［19］Zeng D Z，Kikuchi T. The Home Market Effect and the Agricultural Sector［J］. 2005，76（2）：309-321.

［20］阚大学，吕连菊，吴晓东. 中国服务贸易本地市场效应研究——基于发达国家和发展中国家视角［J］. 华中科技大学学报（社会科学版），2015，29（6）：82-91.

［21］阚大学，吕连菊. 中国服务贸易的本地市场效应研究——基于中国与31个国家（地区）的双边贸易面板数据［J］. 财经研究，2014，40（10）：71-83.

［22］阚大学. 中日服务贸易本地市场效应估计［J］. 南方经济，2013（3）：75-81.

［23］李剑培，顾乃华，潘捷. 中国制造业省际贸易的本地市场效应研究［J］. 国际经贸探索，2021，37（7）：50-68.

［24］李敬子，陈强远，钱学锋. 非位似偏好、非线性本地市场效应与服务贸易出口［J］. 经济研究，2020，55（2）：133-147.

［25］马凌远. 中国双边服务贸易的本地市场效应研究［J］. 经济经纬，2015，32（5）：55-60.

［26］毛艳华，李敬子. 中国服务业出口的本地市场效应研究［J］. 经济研究，2015，50（8）：98-113.

［27］梅冠群. 全球数字服务贸易发展现状及趋势展望［J］. 全球化，2020（4）：62-77+134.

［28］盛斌，高疆. 超越传统贸易：数字贸易的内涵、特征与影响［J］. 国外社会科学，2020（4）：18-32.

［29］田宇，马鹏，刘恩初. 金砖国家服务贸易的本地市场效应对比研究——基于投入产出面板数据的实证分析［J］. 南京大学学报（哲学·人文科学·社会科学版），2018，55（1）：41-50+158.

［30］涂远芬. 中国服务贸易的本地市场效应研究——基于面板协整模型的分析［J］. 经济问题探索，2015（5）：100-106.

［31］王恕立，向姣姣. 对外直接投资逆向技术溢出与全要素生产率：基于不同投资动机的经验分析［J］. 国际贸易问题，2014，40（9）：109.

［32］王拓. 数字服务贸易及相关政策比较研究［J］. 国际贸易，2019（9）：80-89.

［33］温湖炜，舒斯哲，郑淑芳. 全球数字服务贸易格局及中国的贸易地位分析［J］. 产业经济评论，2021（1）：50-64.

［34］易先忠，包群，高凌云，等．出口与内需的结构背离：成因及影响［J］．经济研究，2017，52（7）：79-93.

［35］岳云嵩，李柔．数字服务贸易国际竞争力比较及对我国启示［J］．中国流通经济，2020，34（4）：12-20.

［36］张军，吴桂英，张吉鹏．中国省际物质资本存量估算：1952—2000［J］．经济研究，2004（10）：35-44.

Research on the Home Market Effect of China's Digital Service Trade

LAN Tian   SUN Meng

Abstract：Digital service trade has become a new driving force for world trade growth and plays an important role in promoting the high-quality development of China's economy. In order to promote the sustainable development and high-quality governance of digital service trade, this article selects bilateral balanced panel data from China and 6 digital service sub sectors from 22 countries or regions from 2010 to 2021 to test the existence of local market effects. The results show that there is a local market effect in China's digital service trade during the research period, and the existence of local market effects has industry heterogeneity. This article proposes three suggestions：Firstly, attention should be paid to the expansion of market scale；Secondly, different measures should be taken based on industry classification to promote local market effects；Thirdly, leverage technological innovation and market competition to promote local market effects, and better utilize domestic demand to drive domestic and foreign dual circulation.

Keywords：Digital Service Trade；Local Market Effects；Market Size